BERTRAM ENGEL

MIT ALTEN MÄNNERN SPIEL' ICH NICHT

BERTRAM ENGEL

MIT ALTEN MÄNNERN SPIEL' ICH NICHT

Der Schlagzeuger von Udo Lindenberg und Peter Maffay über sein bewegtes Leben

unter Mitarbeit von Tom Schäfer

riva

Bibliografische Information der Deutschen Nationalbibliothek
Die Deutsche Nationalbibliothek verzeichnet diese Publikation in der Deutschen Nationalbibliografie. Detaillierte bibliografische Daten sind im Internet über https://dnb.de abrufbar.

Für Fragen und Anregungen
info@m-vg.de

Wichtiger Hinweis
Ausschließlich zum Zweck der besseren Lesbarkeit wurde auf eine genderspezifische Schreibweise sowie eine Mehrfachbezeichnung verzichtet. Alle personenbezogenen Bezeichnungen sind somit geschlechtsneutral zu verstehen.

Originalausgabe
5. Auflage 2025

Türkenstraße 89
80799 München
Tel.: 089 651285-0

Textautor: Tom Schäfer

Redaktion: Kanut Kirches
Umschlaggestaltung: Marc-Torben Fischer
Umschlagabbildung: © Harald Peter
Satz: inpunkt[w]o, Wilnsdorf (www.inpunktwo.de)
Druck: GGP Media GmbH, Pößneck
Printed in Germany

Wir produzieren nachhaltig
www.m-vg.de

ISBN Print 978-3-7423-2762-8
ISBN E-Book (EPUB, Mobi) 978-3-7453-2536-2

INHALT

PETER MAFFAY

VORWORT

Wir übten fleißig an einem Titel und dachten, wir wären gut dabei. Aber nach zwei Stunden warf Bertram die Stöcke weg und sagte in forschem Ton: »Mit alten Männern spiel' ich nicht.« Das war 1984. Dieser Satz, den er damals wütend formulierte, hat mich enorm getroffen. Und er ist mein Korrektiv geblieben über all die ganze Zeit. Es gibt nichts, was mich mehr daran erinnert, was ich zu tun habe auf der Bühne, als dieser Ausspruch. In diesem Satz steckt die dichteste Form einer Charakterisierung, die Bertram für sich selbst getroffen hat. Dieser Satz offenbart in präziser Weise seine ganze Haltung. Berte ist der Radikalste von allen – sich selbst gegenüber und anderen gegenüber. Ich habe nie jemanden erlebt, der deutlicher artikuliert hat, was er mit auf die Bühne bringt und was er von anderen erwartet. Berte setzt, wenn 100 Prozent als das Maximum dessen anzusehen sind, was zu leisten ist, oben noch ein bisschen was drauf. Ich habe nie stärker als bei ihm gespürt, was wir uns und dem Publikum schuldig sind. Sein Anspruch ist enorm hoch. Er ist empfänglich für Kritik und für Lob, aber er ist auch selbst gnadenlos in seiner Kritik. In der ganzen Band gibt es niemanden, mit dem ich länger zusammenspiele als mit ihm. Bertram und ich sind die Achse. Er gibt mir die Energie von hinten und ich gebe sie nach vorne weiter. Meine Aufgabe ist es, von vorne alles zu empfangen und an Berte weiterzugeben. Das ist unser Verständnis. Es ist ein Segen, dass wir uns über den Weg gelaufen sind.

VORSPANN

DER TOTALE PUNK

Unser Tourbus hat gerade das Open-Air-Gelände des Zeppelinfelds erreicht, als der Regen einsetzt. Es ist der 3. September 1977. An diesem Tag spielen wir mit dem Panikorchester auf dem Nürnberg Rock Festival im Vorprogramm von Chicago und Santana. Auch die legendären Thin Lizzy mit Brian Downey am Schlagzeug sind einer der Acts. Das Ganze wird vom Fernsehen unter dem Titel *Rockstars unterm Himmelszelt* aufgezeichnet.

Wir haben nachmittags als erste Band gespielt – mit einem Udo Lindenberg, der total breit war. Wir sind auf die Bühne rauf und haben vor 70 000 Leuten um unser Leben gekämpft.

Es war mein erster großer Auftritt in einem Stadion! Ich war 18 Jahre alt und erst wenige Monate in Udos Band. Was sich jetzt abspielte, war einer der härtesten Gigs überhaupt. Unser Bühnensound glich einem katastrophalen Niedergang, und die Monitorboxen brüllten, als würden sie augenblicklich zur Hölle fahren. Mein riesiges Schlagzeug mit zwei Bassdrums und einer ganzen Batterie an Rocktoms erinnerte an den mit Testosteron vollgepumpten Patronengürtel von John Wayne. Die Hälfte der Show spielte ich im Stehen und trug einen blauen Catcheranzug. Wir haben reingehauen wie die Wahnsinnigen und schon nach zwei Minuten hatte ich blutige Finger. Das alles war der totale Punk und es hätte kaum schlimmer kommen können, doch beim Song »Das kann man ja auch mal so sehen« war Udo schwer angeschlagen vom Alkohol. Und bei »Meine erste Liebe« ist er dann auf der Bühne umgekippt. Er hat im Liegen weitergesungen! Wie ein Käfer lag er auf dem Rücken und hat sich das Mikrofon vom Roadie hinhalten lassen.

Wir haben gespielt, als gäb's kein Morgen mehr – so, als wären hinter uns Soldaten, die uns das Gewehr an den Kopf halten und brüllen: »Wenn ihr jetzt nicht spielt, werdet ihr erschossen!«

Nach dem Gig war mir klar: *Ich werde mit diesem Mann als Sänger nicht mehr lange überleben.*

Doch die Geschichte verlief völlig anders …

KAPITEL 1

IN DER WILDNIS VON WESTFALEN

LUDWIG DER TROMMLER

Mein Bruder Thomas hatte schon seine ersten Bands am Start. Und er kaufte sich immer die neuesten Schallplatten. Die Kinks, Stones, Zombies und The Pretty Things wummerten hinter seiner Zimmertür, an der ich lauschte, als wären es heimliche Signale, die ich als kleiner Junge empfangen sollte.

Unten im Wohnzimmer thronte der stolze Besitz unserer Eltern: ein Riesenapparat der Marke Nordmende in Nussbaumfurnier mit aufgeblähter Mattscheibe. Ich saß wie angewurzelt davor, als aus diesem Fernseher der berühmte Auftritt der Beatles im Shea Stadium flimmerte. Das war 1965. Was mich auf Anhieb fesselte, war dieses wahnsinnig hohe Podest mit dem Schlagzeug obendrauf. Vorne auf dem Bassdrumfell stand der Name Ludwig. Ich konnte gerade lesen und dachte, der Trommler heißt so – unwissend, dass es sich lediglich um den Namen des Schlagzeugherstellers Ludwig

Drum Company handelte. Ich war völlig hypnotisiert von Ringo, der mit aller Macht versuchte, gegen die Lautstärke des kreischenden Publikums anzukämpfen. Das Ganze war für mich wie ein Mythos und Ringo der erste Mensch auf der Welt. Ich wollte in dieser Welt sein, wollte da oben hin, in das Auge des Orkans, und überlegte, was zu tun wäre, um dieses Ziel zu erreichen.

Angeblich hat mein Vater während des Zweiten Weltkriegs in einer Militärband gespielt, weshalb bei uns zu Hause eine alte Marschtrommel herumstand. Ehrlich gesagt weiß ich nicht, ob die Geschichte stimmt oder ob ich sie in meiner Fantasie nur erfunden habe. Auf jeden Fall hat die Trommelei bei mir irgendwie ihren Ursprung gefunden.

Zu besonderen Anlässen bekam man Geschenke. Von Nachbarn, Verwandten und irgendwelchen Tanten, die man vorher noch nie gesehen hatte. Einmal war ein riesiges Paket dabei. Als der Pappkarton endlich sein Inneres freigab, traf es mich wie der Blitz: ein Schlagzeug der Firma Neckermann. Sofort räumte ich alle anderen Geschenke beiseite und stellte das Wunderwerk auf den Küchentisch. Jetzt hatte ich mein eigenes Drumpodest mit dem Schlagzeug obendrauf.

ONKEL GÜNTER

Obwohl die Niederlande gar nicht weit von Steinfurt entfernt liegen, kam mir die Busfahrt wie eine Weltreise vor. Ich durfte die Sommerferien 1965 in einem Zeltlager in Dalfsen verbringen. Zwar drückte anfangs das Heimweh etwas, aber immerhin hatte ich mich des Ansinnens meiner Tante Liesel entledigt, den Sommer bei meinen Cousinen in Gütersloh zu verbringen.

Es war ein glühend heißer Augusttag. Mit ein paar Jungs hatte ich den Nachmittag am Badesee verbracht und lag faul auf der Wiese. Plötzlich steht ein Mann vor mir. Unten sehe ich aschgraue Schuhe und oben trägt er eine dicke Hornbrille. Dazwischen gibt sich die flatternde Stoffhose alle Mühe, unter einem Bauchwulst Halt zu finden. Es ist Onkel Günter! Seine wenigen Haarsträhnen sind sorgfältig von Ost nach West über die glänzende Kopfhaut gelegt. Jetzt steht er mitten im Zeltlager und zieht peinliche Blicke auf sich. Er hat den Auftrag, mich vorzeitig abzuholen, und soll mir die Nachricht überbringen, dass mein Vater gestorben ist. Nicht nur das – man hatte ihn bereits beerdigt. Die Familie wollte nicht, dass ich das Begräbnis miterlebe. Auf der Rückfahrt nach Hause erzählte Onkel Günter, was passiert war.

Ich konnte es nicht glauben. Erst in der Nacht hab ich geweint, weil ich merkte, wie die Stimmung zu Hause war. Alle waren schwarz gekleidet, meine Tante Liesel, meine Mutter. Da wusste ich, dass mein Vater nicht mehr wiederkommen würde. Am 1. August 1965 ist er mit einem Segelflugzeug abgestürzt, und der Pastor stand mittags bei meiner Mutter vor der Tür, als sie gerade den Sonntagsbraten auf den Tisch brachte. Grausam. Meine Mutter war gerade 40 geworden. Sie hat nie wieder geheiratet. Mein neun Jahre älterer Bruder Thomas übernahm zeitweise die Rolle des Vaters und versuchte auf meine Erziehung einzuwirken, was pädagogisch nicht immer sinnvoll war. Musikalisch verstehen wir uns super, aber menschlich ist unser Bruderverhältnis schwierig.

Der Tod meines Vaters saß tief. Ich war ein ziemliches Papakind, obwohl er seine autoritäre Hand über mir hatte und nicht wollte, dass ich die Beatles und Stones hörte. Bei »Twist and Shout« hat er die Nadel vom Plattenspieler genommen. Für ihn war Vico Torriani das Maß – und natürlich Klassik. Aber dass mich andere Musik interessiert, das hat er nicht akzeptiert. Meine Mutter war da anders. Sie erkannte die musikalischen Impulse in mir. Für sie war jedoch gewiss, dass erst mal der Unterricht an einem *anständigen* Instrument angebracht sei. Also wurde ich zum Klavierunterricht geschickt.

TRUDE STURM

Jede Woche ging ich die sechs Minuten von der Mühlenstraße in die Kirchstraße. Noch jetzt höre ich die quietschende Eichentreppe, die zu der morbiden Mansardenwohnung führte. Der ganze Flur roch nach Bohnerwachs. Trude Sturm war um die 60, und ihre resolute Art gipfelte in einem Haardutt, der ihrer Disziplin Ausdruck verlieh. Als Siebenjähriger hat man Respekt davor. Trude Sturm war sehr erpicht auf Spieltechnik. Ich musste die Hände gerade halten und nur die Fingerspitzen durften die Tasten berühren. Sie hat mir ein Stück Schokolade auf die Handrücken gelegt, während ich irgendwelche Fingerübungen durch sämtliche Tonarten spielte. Die Schokolade durfte dabei nicht runterfallen. Das war schon fast wie eine Benimmschule. Jahrelang ging ich brav zu Trude Sturm und wir arbeiteten mit dem Lehrbuch *Hanon*. Aber zu Hause übte ich heimlich den ganzen Rock-'n'-Roll-Wahnsinn.

Die kreative Ader hab ich wohl von meinem Vater mitbekommen, der einer der angesagten Architekten in der Region Münster war. Mit meiner Affinität zur Kunst konnte ich allerdings keinen großen Freundeskreis gewinnen. Ich war eher der Einzelgänger, hatte mit Mädchen wenig am Hut und auch kein großes Interesse an Fußball. Unter der Obhut meiner Mutter war meine Jugend recht familiär geprägt, während mein Bruder Thomas sich schon deutlich vom Elternhaus befreit hatte.

DER HEIMLICHE MENTOR

Karl Allaut – alias Karl Brutal – war der erste Gitarrist des Panikorchesters und zugleich ein Schulfreund meines Bruders. Die beiden sind als 16-Jährige mal nach London ausgerissen und wurden von Interpol gesucht. Ich wäre damals gern so alt gewesen wie mein Bruder, der die ganze Entwicklung in den Sixties und Seventies mitgekriegt hat – die Musik, die alles Spätere aus dieser Zeit geprägt hat. Thomas hatte schon sein eigenes Leben. Und wenn er sich irgendwo Bands anschaute, war ich oft in seinem Schlepptau und durfte mit.

Mein heimlicher Mentor aber war Karl Allaut. Ihm schien viel daran gelegen, mir die Welt der Musik zu erklären. Ständig setzte er mir Kopfhörer auf, ließ mich am Sound seines Universums teilhaben und spielte mir alles Mögliche an Musik vor – von den Stones über Jimi Hendrix bis Miles Davis und einer Band namens Mountain. Die war durch Woodstock zu einer Ikone der 70er aufgestiegen, und ihren Song »Mississippi Queen«, der mich vom Schlagzeug, aber auch vom ganzen Habitus tief beeindruckte, habe ich heute noch im Ohr. Im Grunde hat mir mein innerer Puls gesagt, was mir gefällt und was nicht. Miles Davis hab ich beiseitegelegt. Das war mir zu kompliziert. Ich bin bei den Stones hängen geblieben, bei Mountain, The Pretty Things und *Edgar Winter's White Trash* – einer Platte mit der heißesten Bläsersektion ihrer Zeit. Karl hat mir auch meine ersten Trommelstöcke geschenkt. Durch seinen Einfluss wurde ich musikalisch regelrecht gepolt.

Er machte schon damals auf mich den Eindruck eines extremen Typen – ein bisschen crazy, aber total nett. Und er hatte wahnsinnig viel Ahnung von Musik. Sein ganzer Stolz war eine Stratocaster-E-Gitarre, auf die er übermäßig dicke Stahlsaiten gespannt hatte. Man musste mit den Fingern unglaublich drücken, um einen Ton rauszukriegen. Karl hatte dann immer diesen verstohlenen Blick drauf und seine stechenden Augen verrieten die messerscharfe Ansage: *Das trennt den Jungen vom Mann.*

Mein Bruder und er trieben sich regelmäßig in der Londoner Mod-Szene rum. Sie wurden Augen- und Ohrenzeugen eines der ersten Cream-Konzerte, der Anfang des Progressive Rock! Fernab dieser brennenden Revolte saß ich in Burgsteinfurt im Keller vor meinem legendären Mister-Hit-Plattenspieler und trommelte auf einem heruntergekommenen Schlagzeug zu alten Vinylscheiben. Jenes Set der Firma Tromsa hatte mir meine Mutter 1970 für 300 Mark gebraucht gekauft. Ich liebte dieses Schlagzeug genauso wie den kargen Waschkeller, an dessen Decke eine einzelne Glühbirne an zwei Drähten hing. Es war meine Flucht in eine Welt, in der ich mich wohlfühlte. Bei Knäckebrot, Käse und Sinalco. Von der Fliesenwand schauten mich die ganzen Poster meiner Helden an. Ich hab das alles nachgespielt und versuchte rauszuhören, wie die Trommler das gemacht haben. Es war ein intuitives Learning by Doing. Manchmal zeigte mein Bruder mir ein paar Trommelschläge und ermutigte mich weiterzumachen.

Doch dann passierte die Explosion in meinem Kopf: Ich hörte Jimi Hendrix' Drummer Mitch Mitchell und diese irre Bassdrumfigur im Song »Little Miss Lover« und war schier fassungslos. So was hatte noch keiner gebracht. Es rockte und alles klang unglaublich frech. Zum ersten Mal war eine Bassdrum auf einer Schallplatte richtig hörbar. Die 60er-Jahre brachten nur schlechte Tonaufnahmen zustande und ein Schlagzeug auf einer LP glich eher dumpf wabernden Geräuschen. Aber jetzt war es ein lauter Aufschrei. Sensationell! Manche behaupten, dass eine richtig hörbare Bassdrum zum ersten Mal auf der 1969er Led-Zeppelin-Scheibe bei »Good Times Bad Times« aufgetaucht wäre. Drummer John Bonham spielte diese Triolen, und alle dachten, er hätte das mit zwei Bassdrums gemacht. In Wirklichkeit spielte er mit einem einzigen Bassdrumpedal. Ab da redeten alle von Bonham und er wurde zum Inbegriff des Drummer-Rockstars. Aber kaum einer redete von Mitch Mitchell, der zwei Jahre zuvor »Little Miss Lover« getrommelt hatte. Damit hatte er ganz klar Bonham beeinflusst, der diese Figur schlichtweg geklaut hatte, sie bei »Immigrant Song« einbaute und die Lorbeeren als Pionier des Rockdrumming einheimste.

Diese Bassdrumfigur hatte es mir also angetan – ein kompliziertes Ding für einen kleinen Jungen. Tagelang verkroch ich mich im Keller und ließ nicht locker, bis ich den Groove flüssig spielen konnte. Thomas bekam das mit und holte alle seine Freunde aus der Schule: »Mein kleiner Bruder spielt ›Little Miss Lover‹

von Jimi Hendrix.« In ganz Burgsteinfurt machte es die Runde und plötzlich standen 30 Leute bei mir im Keller.

Jeden Samstagnachmittag saßen Thomas und ich vor dem Fernseher und schauten den *Beat-Club.* Diese Sendung von Radio Bremen war unser Kult. Hier traten alle möglichen Bands auf, zum Teil live, und ich träumte mich jedes Mal in die Welt meiner Sehnsucht. 1968 waren die Rolling Stones mit »Jumpin' Jack Flash« dabei. Dieser freche Auftritt mit den geschminkten Typen und einem lasziven Mick Jagger hat mich auf der Stelle umgehauen! Rock 'n' Roll und Rebellion! Meine Mutter stellte sofort den Fernseher ab. Das war nicht jugendfrei. Die Stones mit diesem Titel waren für mich die Bibel des Rock 'n' Roll. Yes – da geht der Weg hin! Wenn ich meinen Enkeln heute erklären sollte, was Rock 'n' Roll ist, würde ich ihnen »Jumpin' Jack Flash« vorspielen.

Ein weiterer game changing moment war die Elton-John-Livescheibe *17-11-70*. Diese Platte hat mein Leben verändert. Da waren Nigel Olsson am Schlagzeug, Dee Murray am Bass und Elton am Klavier. Die haben mit drei Mann Los Angeles plattgespielt. Elton John war schon so ein Wahnsinniger, der aufs Klavier sprang und von oben herab auf die Tasten einhämmerte. Die brauchten keine Gitarre für die Heavyness, die machten das mit Klavier und Bass. Bei Nigel Olsson habe ich diese Einfachheit im Spiel genossen. Als junger Typ konnte ich gar nicht erklären, was mich an ihm faszinierte. Aber sein Schlagzeug hatte diesen magischen Atem. Ganz das Gegenteil von Mitch Mitchell, der wesentlich komplizierter trommelte. All diese Einflüsse strömten auf mich ein und entfalteten ihre Wirkung.

EIN GERUCH VON ROCK 'N' ROLL

Inmitten der Krautrockzeit, deren ganze Leidenschaft und experimentelle Wildheit mir um die Ohren flog, gründete ich meine erste Band – ein Trio. Wir nannten uns Agnostos Theos. Das ist Griechisch und heißt unbekannter Gott. Man musste einen Namen haben, der irgendwie intelligent klingt, egal welch verstiegener Sinn dahintersteht. Außerdem wollten wir damit unsere Haltung gegen das Establishment zum Ausdruck bringen. Unser Trio war allerdings keine normale Besetzung. Keiner von uns konnte Gitarre spielen. Mein Schulfreund Wolfgang Treutler war ganz gut am Piano, sogar etwas besser als ich. Und ich dachte: *Okay ... dann mach ich auf Ringo Starr und spiele Schlagzeug.* Hinten zu sein und die Band zusammenzuhalten fand ich irgendwie interessanter, als in der ersten Reihe rumzuspringen.

Und dann war da noch Wilfried Wacker, der kein Instrument spielen konnte, aber unser Freund war. Wir haben ihm Congaspielen gezeigt! So kam es 1970 zur merkwürdigen Besetzung Klavier, Schlagzeug und Congas. Zunächst spielten wir Stücke nach, Nummern wie »Child in Time« von Deep Purple oder auch Songs von Elton John. Wolfgang hatte allerdings überhaupt kein Talent zum Singen, also übernahm ich diesen Part am Schlagzeug. (Okay ... Wolfgang ist später professioneller klassischer Konzertsänger geworden.)

Etwas später betätigten wir uns an Eigenkompositionen. Das war ganz krudes Zeug. Aber wir spürten die Dringlichkeit unseres musikalischen Schaffens. Und die Band war unsere Göttin. Was die Rolling Stones damals machten, war unser Ansporn. Deren Botschaft hatte eine klare Ansage: *Das könnt ihr auch!* Und es erklärte uns, dass es reicht, mit zwei Akkorden auf die Gitarre einzuhämmern, um berühmt zu werden. Das allerdings konnten wir mit einem so sperrigen Namen wie Agnostos Theos vergessen. Also benannten wir uns kurzerhand in Fancy um. Aus welchem Grund auch immer wechselte Wilfried nun von den Congas zum Bass. Und dann kam es in der Aula des Gymnasiums in Burgsteinfurt zu unserem ersten großen Auftritt. Es war der 16. Dezember 1972. Fancy spielte im Vorprogramm von Atlantis! Wir platzten vor Stolz, denn jetzt kamen die Stars ... der berühmte Organist Jean-Jacques Kravetz, Trommlerlegende Curt Cress, Deutschlands Gitarrenikone

Frank Diez und die Rockröhre Inga Rumpf. Der Wahnsinn! Und wir waren dabei! Zum ersten Mal hab ich den Rock 'n' Roll gerochen. Allerdings ist Fancy kurz drauf auseinandergedriftet, weil ich auch nach anderen Bands Ausschau hielt. Ich wollte mehr von der Musik. Wilfried ging zur Bundesbahn und Wolfgang kümmerte sich um sein Abitur.

Einige Zeit später stieg ich bei Relation ein. Die wollten mich unbedingt dabeihaben, weil deren Schlagzeuger zu schlapp war. Also wurde Egon ausgetauscht und ich kam rein. Relation war schon eine Lokalgröße, und ich hatte den Vorteil, mit Leuten zu spielen, die allesamt besser waren als ich. Dieser Aufstieg bedurfte allerdings eines besseren Schlagzeugs. Ich besaß ja nur mein abgerocktes Tromsa. Glücklicherweise gab es in der Stadt noch einen anderen Trommler, dessen Vater einen lokalen Handwerksbetrieb hatte. Der Sohn durfte in der Firmenhalle mit seiner Band proben und irgendjemand von uns kam zufällig an den Schlüssel. Also sind wir heimlich da rein und haben uns für Auftritte seines schicken Black-Oyster-Ludwig-Schlagzeugs bemächtigt. Natürlich brachten wir das Set nach dem Auftritt in die Halle zurück und bauten es genauso an seinem Platz wieder auf. Er hat nie etwas bemerkt.

Mein nächster step on the way war das Rocktrio R. F. I. Da war ich 13 oder 14. Viele Bands hatten sich damals verschlüsselte und scheinbar bedeutungsvolle Kurznamen zugelegt. Völlig bekloppt, aber wir waren jung und haben rumgesponnen. Tatsächlich war R. F. I. die Abkürzung für Relation, Fancy und Image. Relation war die frühere Band des Bassisten, Fancy war die Nachfolgeband von Agnostos Theos und Image war die Band des Heavy-Gitarristen Georg Hülsmann, der später als Jim Voxx mit Skew Siskin zur Hardrock-Legende wurde. Ihn wiederum kannte ich durch meinen Bruder. Bei R. F. I. hab ich ein bisschen was Erwachseneres gemacht, weil die beiden Kollegen zehn Jahre älter waren. Da wurden auch die ersten Joints gereicht und man musste cool sein. Wir spielten irgendwelches Hendrix-Zeug und coverten Stücke von einer Band namens Stud. Diese bestand aus dem späteren Rod-

Stewart-Gitarristen Jim Cregan und der Rhythm Section von Rory Gallaghers Taste mit Drummer John Wilson und Richard »Charlie« McCracken am Bass. Stud hatte eine LP rausgebracht, die uns total beeindruckte. Vorne auf dem Cover war ein Pferd drauf, und ihre Musik brachte uns in Versuchung, mit romantisiertem Folk und Artrock zu experimentieren.

Plötzlich wurde das Mahavishnu Orchestra mit dem Album *The Inner Mounting Flame* zum Kult. Diese Musik hat uns an die Grenzen gebracht. Für uns war es der Schockeffekt einer Band, die etwas spielte, was es vorher noch nie gegeben hatte. Es war ein schreiend lauter Cocktail hoch komplizierter Fusion aus Jazz und Rock mit elektrischen Gitarren. Auch wenn keiner begriffen hatte, was da passierte, war *The Inner Mounting Flame* das Album überhaupt. Ich fand den Sound zwar faszinierend, aber die ganze Message war mir zu abgehoben und lag weit außerhalb meiner Rock-'n'-Roll-Welt.

Obwohl ich meine Erfahrungen in experimentellen Rockformationen sammelte, hatte ich immer das Kommerzgen in mir. Ich stand heimlich auf T. Rex und The Sweet mit »Ballroom Blitz«. Die schier unendlichen Einflüsse der bewegten Musik dieser Zeit prasselten mit Wucht auf mich nieder. Mit der Band R. F. I. gelang mir ein wichtiger Schritt, den ich nicht gemacht hätte, wäre ich damals bei Agnostos Theos geblieben. Die Erfahrung, mit älteren Musikern zu spielen, war elementar. Sonst wäre ich mit 17 gar nicht ready gewesen für Udo Lindenberg. Irgendwann hat sich das Projekt R. F. I. in den Wirrungen einer provinziellen Jugendkultur allerdings verabschiedet.

ILLUSTRE HERRSCHAFTEN

Tagtäglich verschlang mich die Welt meines kargen Trommelkellers, während sich nur wenige Kilometer weiter einige illustre Herrschaften in Steffi Stephans Wohnung trafen und mit ein paar Zaubergetränken auf die Idee einer musikalischen Vision anstießen. Friesenring 77 in Münster war der Ort, wo alles begann. Im Sommer 1973 gründeten Steffi Stephan und Udo das Panikorchester. Auf einem abgewrackten Bauernhof neben der Landesversicherungsanstalt probte die Urbesetzung mit Keyboarder Gottfried Böttger. Steffi war am Bass, Karl Allaut spielte die Gitarre und Peter »Backi« Backhausen Schlagzeug. Steffi hatte damals einen Job bei der Stockmeyer-Würstchenvertretung seines Bruders. Damit war er der Einzige, der einem normalen Job nachging. Er hat den Proberaum besorgt und alles bezahlt. Ohne ihn hätte es die Band nicht gegeben. Daher gilt Steffi als Urvater.

Udo war selber Trommler und durch Klaus Doldingers Passport eine Größe in der Szene. Damals hatte er noch eine Band namens Emergency am Start und verdingte sich als Schlagzeuger in irgendwelchen Jazzquintetts. Aber er hatte keinen Bock mehr auf die brotlose Tingelei und feilte an neuen Plänen. Er wollte Rockstar werden! Sänger mit deutschen Texten! Deutsche Texte jedoch kannte man nur vom Schlager oder von irgendwelchen Protestsängern wie Hannes Wader. Das war aber keine coole Rock-'n'-Roll-Sprache. Udo war ein guter Swingdrummer und mit diesem Talent machte er sich die deutsche Sprache zu eigen. Seine pointierten Sätze hatten diesen ureigenen Groove. Es fing an mit Nummern wie »Hoch im Norden«, »Jonny Controlletti«, »Rudi Ratlos« und »Alles klar auf der Andrea Doria«. Das hatte noch keiner gebracht! Am 13. August 1973 gab es die erste Show des Panikorchesters. Die frühen Liveauftritte waren noch recht divers mit einem Panikorchester-Block und einem Lindenberg-Block. Die Band spielte zunächst ein Set mit instrumentalem Halbjazz-Progrock-Kram, bevor Udo schließlich die Bühne betrat und man die Rocknummern mit deutschen Texten präsentierte. Das war eine außergewöhnliche Mischung und gleichsam die Feuertaufe für das Material. Und mit Karl Brutal war nicht nur eine exzentrische Lichtfigur an Bord, sondern auch ein hochgradig begnadeter Musiker, der es draufhatte, zwei Gitarren gleichzeitig zu spielen. Auf dem Rücken die eine und vorne die andere. Während eines Stücks warf er die Gitarren über den

Schultergurt mit Schwung um sich und konnte auf Punkt zwischen akustischer und elektrischer Gitarre wechseln.

Die erste Panikorchester-Tour führte auch nach Münster und ich war live dabei. Für mich war es in dem Moment das Größte, was ich je gehört hatte. Ich stand in der ersten Reihe und dachte nur: *Wow, wenn man da mal irgendwann mitspielen könnte.*

HERR HEGENKÖTTER & DIE MUSIKHOCHSCHULE

Nach der Mittleren Reife folgte ich meinem Freund Wolfgang Treutler aufs Gymnasium. Aber mein Bruder brachte mich auf den Pfad der Musik zurück. Es stand die Entscheidung an: drei weitere Schuljahre und Abitur oder jetzt gleich auf die Musikhochschule. Thomas hatte mich immer wieder für Musik entzündet, weil er selbst begeistert war – und das tat er auch in dieser Situation. »Du willst doch Rockstar werden!« Ohne sein Drängen und seinen Einfluss hätte ich wahrscheinlich die Schule weitergemacht. Doch im Endeffekt gab es keine berufliche Alternative zur Musik. Die Alternative war nur, Angst zu haben vor der eigenen Courage.

Mit 16 bewarb ich mich an der Musikhochschule in Münster. Obwohl ich am Klavier inzwischen sehr gut war und vielleicht sogar besser als andere Studenten, wählte ich Schlagwerk als Hauptfach und Klavier als Nebenfach. Die Aufnahmeprüfung war sehr viel aussichtsreicher, da es für Klavier rund 150 Bewerber gab und für Schlagzeug lediglich zwei. Das waren – wir nennen ihn mal so – Helmut und ich. Da ich bei dem Lehrer der Hochschule monatelang schon Unterricht am Schlagwerk hatte und er letztlich auch die Aufnahmeprüfung abnahm, während Helmut nicht sein Schüler war, konnte man sich ausrechnen, wer angenommen wurde. Im Sommer 1974 bestand ich die Prüfung. Der unendliche Stolz, diesen eigenständigen Schritt vollbracht zu haben, beflügelte meine Fantasie bezüglich einer musikalischen Zukunft.

Mein Hochschuldozent hieß Theo Hegenkötter. In Studentenkreisen wurde er spaßeshalber auch Heckenköter genannt. Er war in frühen Tagen der Schlagzeuglehrer von Udo Lindenberg gewesen. Einmal nahm er mich zur Seite und erzählte so ganz väterlich: »Der Lindenberg war damals schon sehr talentiert. Ein super Swingschlagzeuger. Aber wissen Sie, was sein Manko war? Er wollte einfach nicht üben. Udo kam immer zum Unterricht, und nie konnte er das, was ich ihm aufgetragen hatte. Und eines Tages hab ich mich köstlich amüsiert. Da kam er um 17 Uhr in meinen Unterricht und entschuldigte sich mit den Worten: ›Herr Hegenkötter, könnte ich heute ein bisschen früher gehen? So 'ne halbe Stunde? Da draußen wartet eine Dame, der hab ich die Heirat in Aussicht gestellt.‹« Udo hatte damals schon diese schnoddrigen Sprüche drauf.

Bei Hegenkötter studierte ich den ganzen klassischen Kram wie Marschtrommel, Xylofon, Pauken und so weiter Das wirkliche Drumsetspiel brachte ich mir autodidaktisch bei. Auf die ganze Musiktheorie und Notenlernen hatte ich wenig Bock. Ich wollte auf die Rockbühne, wusste aber nicht genau, wie. Das Studium war eher ein Vehikel dorthin. Um Hegenkötter aus der Reserve zu locken und ihn vielleicht auch vorzuführen, brachte ich öfters mal sonderbare Schallplatten aus meiner Sammlung zum Unterricht mit. Aufnahmen mit Schlagzeuger Billy Cobham oder auch den verrückten Kram von Hendrix' Drummer Mitch Mitchell. Natürlich wusste ich, dass diese Sachen den Horizont von Hegenkötters musikalischer Vorstellungskraft überstiegen. Für ihn war das moderner Krach. »Herr Passmann (so hieß ich damals noch), so was machen wir hier nicht.« Das höchste seiner Gefühle waren alte Swingnummern.

IM PROBERAUM DES PANIKORCHESTERS

Mein Bruder Thomas nahm mich einmal mit zu dem alten Bauernhof, auf dem das Panikorchester probte. Da erstarrte man vor Ehrfurcht. An den Wänden standen überall Regale mit Whiskyflaschen. Die waren trinkmäßig schon gut dabei. Für mich war Udo der größte Schlagzeuger in Deutschland. Ich sah ihn einmal in der TV-Sendung *Beat-Club*, wo er mit Doldingers Passport spielte. Er war der Erste, der nicht so krautrockmäßig trommelte. Mani Neumeier von Guru Guru oder Peter Panka von Jane und all die anderen spielten so deutsch. Aber Udo hatte dieses amerikanische Flair, luftig und dynamisch.

In diesem Proberaum standen die Schlagzeuge von Backi und Udo. Beide hatten einen Deal mit den Schlagzeugherstellern Hayman und Paiste. Das eine Set war mattschwarz und Udos Kit war durchsichtig in Acryl. Ab und zu spielte er noch eine Nummer am Schlagzeug – so wie Phil Collins bei Genesis. Was mich auch beeindruckte, war Udos Fußmaschine, ein französisches Modell namens Asba. Das Pedal hütete er, es war ihm heilig und musste immer mit.

Udo hatte gehört, dass ich wohl ganz gut trommeln soll, und er fragte lässig: »Weißte eigentlich, wie man Schlagzeuge stimmt? So mit den Schrauben …? Nach Gefühl, ne …. immer nach Gefühl.« Dann fragte er: »Haste mal Bock zu spielen? Was kannste denn so?«

Weil mein Bruder mir Musikkassetten geliehen hatte, auf denen auch Lindenberg-Songs drauf waren, und ich das ganze Material wie ein Schwamm aufgesogen hatte, konnte ich einige Udo-Songs auswendig. Ich saß an seinem Schlagzeug und hab diesen legendären Controlletti-Beat eisenhart durchgetrommelt. Mir war nicht bewusst, dass ich in dem Moment meine erste inoffizielle Audition hatte. Das muss Ende 1973 gewesen sein. Ich war 16 Jahre alt! Udo meinte: »Wenn sich Backi mal 'n Bein bricht, ruf ich an … ich ruf an, ne.«

LOLITA

Thomas kam mal wieder aus London zurück und hatte in einem Club die Gruppe Silverhead gesehen. Total geflasht von den

Jungs brachte er zwei Schallplatten mit – das Debüt *Silverhead* sowie *16 and Savaged.* Die hatten den charismatischen Sänger Michael Des Barres dabei, der später Robert Palmer bei Powerstation ersetzte. Der Sound von Silverhead befand sich irgendwo zwischen Free und Humble Pie, aber mit Glam-Touch. Sie kamen mit einem echten Tiger auf die Bühne und Des Barres ließ eine Schlange über seine nackte Schulter kriechen. Ihr Sound hat uns damals echt umgehauen. In Deutschland war Silverhead völlig unbekannt. Also kam Thomas auf die glorreiche Idee, deren Songs zu kopieren. Und nicht nur das: Wir taten so, als wären es unsere eigenen Songs.

Mit dieser Idee im Kopf gründeten wir im Herbst 1973 mit einigen Freunden die Band Lolita – benannt nach Vladimir Nabokovs gleichnamigem Roman, der in den 60er-Jahren für Skandale sorgte. Auch Glamrock war im Grunde Skandal. Dieses Genre zündelte an den Verkrustungen einer konservativen Gesellschaft. Mit überzogenen Darstellungen, laszivem Auftreten, schrillen Kostümen und tonnenweise Make-up transportierte die Glam-Droge ihre plakativen Muster. Wir sind auf diese Welle aufgesprungen. Es gibt Fotos von mir im Lurexoutfit mit silberner Spandexhose und hohen Schuhen – natürlich voll geschminkt. Das Image war genauso wichtig wie die Musik.

Während wir uns die Songs von Silverhead draufschafften, lernten wir, wie man etwas bis zur Perfektion kopiert und es wirklich original klingen lässt. Tage und Wochen verkrochen wir uns im Übungsraum, den mein Bruder nur wenige Kilometer von Münster in einem Möbellager in Nienberge eingerichtet hatte. Wir zogen uns die Silverhead-Platten rein und kopierten jeden Ton haarscharf. Die Idee war, uns zügig ein Repertoire anzueignen, um schnell an Gigs zu kommen, Geld zu verdienen und gleichzeitig eigene Stücke in Ruhe angehen zu können. Ich weiß noch, dass ich nach der Probe immer spätnachts mit dem Bus nach Hause fuhr und meine Mutter sich tierisch aufregte, wenn es spät wurde, weil ich ja noch so jung war. Aber ich musste ja proben, da ich so leidenschaftlich dabei war. Mein ganzer Drang erforderte jetzt ein besseres Schlagzeug aus der professionelleren Liga. Mein Bruder mit seinem alten Benz und ich auf dem durchgesessenen Beifahrersitz tuckerten zielstrebig nach Holland zu einem großen Musikladen. Es war sofort klar, was ich wollte. 1300 Mark legte ich für ein Oyster Green Pearl der amerikanischen Firma Ludwig auf den Ladentisch. Damit konnte man sich sehen lassen. Und dann sprach es sich herum, dass in Münster ein junger Schlagzeuger unterwegs war, der ganz gut trommelt.

Eines Abends tauchten in unserem Proberaum ein paar Typen der Rockband Karthago auf. Gitarrist Joey Albrecht galt damals als bester Rock-'n'-Roll-Gitarrist Deutschlands. Der hatte lange Haare und trug Schlangenlederhosen. Das war richtig Rock! Ingo Bischof, der später zu Kraan wechselte, war der Keyboarder. Diese beiden Typen kamen in den Übungsraum und wollten mich auschecken. Ihr Schlagzeuger Panzer Lehmann war nämlich abhandengekommen und trommelte jetzt bei Epitaph. So kam es zu einer Audition, ohne dass ich wusste, dass es eine war. Allerdings versagte ich in deren Augen, weil ich zu viel spielte. Zumindest hat mir mein Bruder das später so erzählt. Ich war wohl einfach noch zu jung.

Eine Fügung des Schicksals bescherte uns in der Lolita-Glamrock-Besetzung einen einzigen großen Auftritt. Dieser fand auf einem Krautrockfestival zusammen mit Kraan, Epitaph, Karthago und Grobschnitt in den Hammer Zentralhallen statt. In unserer Selbstüberschätzung bestanden wir damals darauf, als letzte Band nach Grobschnitt zu spielen und unser riesiges Schlagzeugpodest aufzubauen. Als wir endlich startklar waren, hatte sich die Halle sichtlich geleert. Wer kannte schon Lolita? Nach Kraan und Grobschnitt war eh nichts mehr zu reißen. Doch wir ließen uns nicht davon abhalten, unsere geplante Show durchzuziehen, die groteskerweise mit mir allein am Klavier begann. Ich spielte nämlich »Goodbye« von Elton John und musste dabei zusehen, wie sich immer mehr Leute auf den Weg zum Ausgang machten. Also war es höchste Zeit, diesen Fluchttrieb zu stoppen und mit der Band richtig Gas zu geben! Wir legten beherzt los mit »Hello New York«, aber das Publikum verließ weiterhin in Scharen die Halle. Die USA waren nach dem Vietnam-Desaster nicht gerade beliebt und unseren Style mochten die bekifften Westfalen schon gar nicht. Einige brüllten »schwule Säue« und Ähnliches. Frustriert strichen wir die Segel. Unser Manager Albrecht Scheuerle von Wintrup Music meinte noch: »Vielleicht war es doch nicht so eine gute Idee, eine Band zu kopieren, die selbst keinen Erfolg hat.« Für uns hieß es: Weg mit der Schminke und dem ganzen Glam-Firlefanz. Neues Image, neue Fotos, neue Songs. Und zwar eigene!

GEBRÜDER ENGEL

Sicherlich beeinflusst von all dem, was aus dem Dunstkreis des Panikorchesters hervorging, begann mein Bruder, gemeinsam mit Co-Texter Axel Schulz (nicht zu verwechseln mit dem Boxer), deutsche Texte zu schreiben. Seit Udos »Andrea Doria« waren Songs auf Deutsch angesagt – und plötzlich zeigte Steffi Stephan Interesse an unseren Songs. Steffi wollte sich ein zweites Standbein als Produzent aufbauen, um nicht nur im Schatten Udo Lindenbergs zu stehen. So kam die Idee auf, mit uns eine Platte zu machen. Also haben Thomas und ich 1975 die Band Gebrüder Engel gegründet – und Steffi war mit im Boot, als Bassist und Produzent. Er und Udo waren zu der Zeit wegen finanzieller Unstimmigkeiten aneinandergeraten. Zwar gab es immer schon eine klare Trennung zwischen Lindenberg und dem Panikorchester, aber als Kumpel von Udo hatte Steffi eine Sonderstellung und war bis dato an den Konzertumsätzen beteiligt gewesen. Udo wollte das jetzt alles unter seinen eigenen Hut bringen. Auch sollte die Band plötzlich nicht mehr an den Plattenerlösen beteiligt werden. Diese Umstände gaben den Ausschlag, dass Steffi Abstand zu Udo nahm und sich vermehrt um unsere Band kümmerte.

Endlich hatte ich einen Weg eingeschlagen, der zumindest die Möglichkeit versprach durchzustarten. Auch wenn ich als Trommler sicherlich kein Licht in der Landschaft zündete, hatte ich das Gefühl, meine Geschicke mit der Band entwickeln zu können. Ich glaubte an das, was ich tat, und war der Protegé von Karl Allaut, der offenbar mein Talent witterte und sich für den jungen Trommler einsetzte, dem er damals die ersten Stöcke geschenkt hatte. Durch ihn schlitterte ich in mein erstes offizielles Engagement als Studioschlagzeuger. Nicht nebenan in Münster, sondern ganz weit weg in München-Unterföhring im berühmten Union Studio.

JACKBOOT

Karl Allaut war beim Panikorchester ausgestiegen und wartete jetzt auf die Stunde der Eingebung. Er und Olaf Kübler, der immer wieder mal im Panikorchester als Saxofonist mitwirkte und einst Produzent der legendären 60s-Krautrockband Amon Düül II war, suchten eine Möglichkeit, Geld zu verdienen. Kübler hatte die verstiegene Idee, sich mit einer gut produzierten Heavy-Rock-Band den Zugang zum Goldtresor zu verschaffen. Ein Sänger war schon vorhanden – und zwar Wolfgang Jass (Jahre später verdingte er sich in der Goombay Dance Band und fuhr mit der Euro-Disco-Nummer »Sun of Jamaica« einen Hit ein). Mit seiner kratzigen Roger-Chapman-Stimme wollten Olaf und Karl ihn als Rocksänger aufbauen und mit einer gecasteten Band ins Rennen schicken. Das Projekt wurde unter dem Namen Jackboot aus der Taufe gehoben. Bassist wurde Olafs bester Freund Lothar Meid, der auch von Amon Düül II kam und später Produzent von Westernhagen wurde. Jetzt suchte man noch einen Schlagzeuger, und Karl Allaut überzeugte alle, dass ich das richtige Trommlertalent für diese Platte sei. Geldgeber der ganzen Sache war kein Geringerer als die Schlagerlegende Michael Holm, der mit »Mendocino« bereits zum Schnulzenstar der 70er aufgestiegen war. Jetzt wollte er unbedingt einmal mit Rockstars im Studio sitzen und bezahlte dafür, dass er das durfte. Sonst hätte ihn wohl keiner reingelassen.

Mit 17 hatte ich nun mein erstes Engagement und sollte in einem richtigen Tonstudio arbeiten. Ich wurde zum ersten Mal in die große weite Welt geschickt. Olaf Kübler sollte mich am Münchner Bahnhof abholen. Als Erkennungsmerkmal schwenkte ich zwei Trommelstöcke wie eine Fahne in der Luft. Olaf kam, sah mich und eilte Richtung Telefonzelle. »Ich ruf mal eben Conny an.« Conny war seine Lebensgefährtin. Sie sollte schon mal die Spaghetti aufsetzen, damit wir sogleich essen könnten. Es machte mich ein bisschen misstrauisch, als er in der Telefonzelle verschwand. Später erfuhr ich, dass er gar nicht Conny, sondern heimlich den Schlagzeuger Keith Forsey angerufen hatte. »Keith, der Trommler, den Karl da angeschleppt hat, ist dünn und klapprig. Wenn der das nicht bringt, bist du auf Stand-by.«

Am nächsten Tag liefen wir im Studio ein und ein altes 60s-Ringo-Schlagzeug der Firma Ludwig war mir als Geschirr zugeteilt. Unsere erste Nummer war eine Coverversion der Mädchengruppe Shangri-Las und hieß »Remember (Walking in the Sand)«. Ein Shuffle. First Take. Und Keith Forsey wurde abgesagt. Auf dieser Platte hab ich mir den Arsch abgespielt. Und plötzlich waren alle begeistert, dass dieser junge Teenager aus Münster wie der Teufel trommelt. In dieser Altherrenszene war ich junges Blut und wurde behandelt wie das Jesuskind.

Aber wir hatten auch jeden Tag Michael Holm da rumsitzen und er gab seinen Senf in die Runde. Meistens wurde er ignoriert, und man tat nur so, als würden seine Worte erhört. Schließlich hatte er die Produktion bezahlt. Um Herrn Holm aus der Reserve zu locken, trank Olaf Kübler Pernod-Cola aus seinem Westernstiefel. Er zog die Lederboots aus, kippte das Gebräu da rein, schüttete noch Eiswürfel drauf und setzte den Stiefel an. Michael Holm fand das ganz toll: »Das ist richtig Rock 'n' Roll … endlich bin ich dabei.«

Das Jackboot-Debüt *Angel* erschien Ende 1975. Es ist die einzige Platte, auf der ich als Bertram Passmann erwähnt werde. Damals hieß ich noch nicht Engel. Und es ist das allererste Album, auf dem ich je gespielt habe.

KAPITEL 2

BEI ANRUF MORDSEE

DIE EINÄUGIGE KATZE

Münster 1976. Es gab keine Handys, kein Internet, kein gar nix. Immerhin hatte in der Altstadt auf der Salzstraße ein Schallplattengeschäft eröffnet. Der Laden hieß Rund & Eckig – rund wie die Platte und eckig wie das Cover. Während des Musikstudiums verbrachte ich hier meine Mittagspausen. Man konnte umsonst die neuesten Platten hören und einen Kaffee gab's auch noch. Im Grunde habe ich mich in diesem Laden weitergebildet. Auf der Hochschule wurde nur Klassik gelehrt, also Mozart, Beethoven, Debussy, Bach und so weiter, aber das war auf Dauer nicht so mein Ding. Ich hörte viel lieber Blues und Rock 'n' Roll. Und in diesem Plattenladen zog ich mir die ganzen Scheiben rein von Blood, Sweat & Tears über *Edgar Winter's White Trash* bis hin zu James Taylor. Dies waren wegweisende Eindrücke für einen jungen Typen wie mich. Plötzlich rief mich dort eines Mittags Udo Lindenberg an, der zuvor meine Mutter zu Hause am Telefon erreicht hatte. Sie sagte ihm, ich sei immer in diesem Schallplattengeschäft. Rufen Sie da doch mal an, Herr Lindenberg.

»Hier is' Udo … wir kenn' uns doch, hast ma gespielt, talentiert, ne, talentiert. Unser Trommler ist ausgestiegen, äh, traust dir Olympiahalle München zu? Nächsten Monat … Olympiahalle … traust dir zu, ne? Steffi macht dann alles klar.«

Ich sagte: »Olympiahalle – kein Problem! Ich bin am Start! Es gibt keinen, der das machen kann außer mir.« Diese Attitude fand Udo wohl geil. Es war ein Moment, den ich nie vergessen werde. Ich wollte den Job und hab ohne Zögern JA gesagt.

Wie sich herausstellte, war Schlagzeuger Backi Backhausen schon länger nicht mehr im Panikorchester und es kam 1975 Drummer Keith Forsey ins Spiel – genau der, den Olaf Kübler zuvor in München angerufen hatte, um mich im Falle meines Versagens zu ersetzen. Eine Koryphäe und Legende zugleich. Keith hatte in den 70ern in den Union Studios in München die ganzen Disconummern eingespielt … Silver Convention, Donna Summer, Boney M. und so weiter. Tag für Tag stampfte er von morgens bis abends diese Umpf-Umpf-Beats aufs Band. Monatelang! Er konnte das mit einer unglaublichen Präzision und seine massentauglichen Discobeats waren stilprägend für den berühmten Munich Sound. Doch irgendwann war Keith genervt von dieser stupiden Fließbandarbeit und fing an, die Umpf-Beats nur noch in Geld zu zählen. Umpf, umpf, umpf … eine Mark, zwei Mark, drei Mark.

Noch heute ist die Geschichte legendär, dass in seiner Bassdrum die Studiokatze Florian wohnte. Das war eine einäugige Katze und sie war zudem noch taub. Sie lag den ganzen Tag auf dem Kissen in der Bassdrum, während Keith Forsey die Boney-M-Nummern eingedroschen hat. Offenbar liebte die Katze diese vibrierenden Kicks und das regelmäßige Wippen des Kissens … so wie man Kinder in den Schlaf wiegt. Florian war völlig entspannt.

Jedenfalls wurde Keith ins Panikorchester berufen, nachdem er vorher schon als Studiodrummer einige Tracks auf den Alben *Ball Pompös, Votan Wahnwitz* und *Galaxo Gang* getrommelt hatte. Als englischer Drummer war er sehr speedy und spielte gerne upfront. Udo jedoch ist sehr laid back, also mehr an der Kante des

Langsamen. Keiths Spiel war ihm immer zu weit vorne: »Bisschen weniger spielen, und nich' so hurtig.«

Anscheinend gab's zwischen den beiden öfters Reibereien, die schließlich während einer TV-Show endgültig aus dem Ruder liefen. Bekanntlich muss man bei Fernsehproduktionen lange Wartezeiten überbrücken. Also wurde entweder gesoffen oder man nahm etwas Marschierpulver ein, um die Leere auszuhalten. Allerdings war Keith an dem Tag so auf Droge, dass er bei den Fernsehproben ausflippte, das Schlagzeug zertrümmerte und on the spot die Band verließ. Der Schlagzeuger war also weg und zu allem Überfluss sollte in Kürze der zweite Teil der *Galaxo-Gang*-Tour beginnen. In dem Moment muss sich Udo an mich erinnert haben, an den jungen Typen von damals im Proberaum.

NORDSEE IST MORDSEE

Eine Studioproduktion wurde zum Anlass genommen, mich erst mal auszuprobieren. Udo war gerade dabei, für Hark Bohms Film *Nordsee ist Mordsee* den Titelsong aufzunehmen. Das Stück hieß »Ich träume oft davon, ein Segelboot zu klau'n«. Diese Segelbootnummer war meine erste offizielle Zusammenarbeit mit Udo. Steffi holte mich mit einem alten Citroën DS ab. Er war immer schon ein Oldtimerfan und fuhr mit ständig wechselnden alten Karren durch die Gegend. Diesmal war es der nostalgische »Haifisch«, der uns nach Hamburg bringen sollte. Steffi hatte eine mördermäßige Clarion-Anlage darin eingebaut, die wahrscheinlich teurer war als das Auto. Wir beschallten die A1 mit mit Rod Stewart, Free und Led Zeppelin und liefen mittags im Teldec-Studio ein. Hier im Heußweg 25 hatte Udo bislang alle Platten aufgenommen.

Die Sache mit dem Filmsong lief gut an. Vor allen Dingen trommelte ich so, wie Udo es sich vorstellte. Jeder Schlag war genau dort, wo er ihn selbst auch gesetzt hätte. Eine Art Seelenverwandtschaft.

Tage später gab mir Steffi sämtliche Panikorchester-Aufnahmen inklusive Kassetten von Livemitschnitten der letzten Tour. Ich sollte mich vorbereiten für die Bandproben zur *Galaxo*-Tour. Mir war klar, dass Udo mich weiter checken wollte. Mit vollem Enthusiasmus schaffte ich mir das gesamte Material von A bis Z drauf, was nicht besonders schwierig war, da ich als Fan die Songs wahrscheinlich besser kannte als jeder andere in der Band.

Für mich stand nun die erste Probe mit dem Panikorchester an.

Und wieder hieß es: ab nach Hamburg. Auf der Fahrt gingen mir viele Gedanken durch den Kopf. Ich hatte Respekt vor den Schlagzeugern, die bis dato im Panikorchester getrommelt hatten. Und vor Udo sowieso. Für mich war er einer der größten deutschen Schlagzeuger! Ich wusste, es ging jetzt um alles.

Ich betrat den Proberaum, eine Art Tanzsaal mit knarrendem Holzfußboden, abgewetzt und muffig. Der Schuppen gehörte Uwe Seemann, einem alten Haudegen aus Hamburg. Während ich mein Schlagzeug aufbaute, ging ich im Geiste noch mal die Songs durch. Und dann ging's los. Ich spielte selbstbewusst und hatte das gesamte Repertoire 1 : 1 wie auf den Platten drauf. Hätte ich in dem Moment nicht funktioniert, wäre ich rausgeflogen. Anscheinend hatte ich überzeugt und irgendwie war klar: Ich bin jetzt der neue Schlagzeuger vom Panikorchester!

EASY RIDER

Inzwischen war ich häufiger in Hamburg als in Burgsteinfurt. Immer wenn der Auftrag kam, bin ich von Münster die A1 hochgekachelt. Aber diese Kutschiererei nahm schnell überhand. Weil die Kohle noch nicht für schöne Hotels reichte, konnte ich bei Steffi Stephan unterkommen. Er war in Hamburg nicht nur bekannt wie ein bunter Hund, sondern hatte auch eine Arbeitswohnung in der Hartwig-Hesse-Straße 42 in Eimsbüttel gemietet. Ohne Dusche, ohne alles. Obwohl Steffi durch die Platten mit Udo gutes Geld verdiente und sich gerade einen Jaguar-XJ-12-Zylinder zugelegt hatte, lebte er in dieser Zweizimmer-Schweinebude ohne Bad. Wir sind immer in eine Sauna gegangen, um da zu duschen. Eine richtige Heizung gab's auch nicht. Nachts stieg ich in das eiskalte Bett und kauerte wie Frau Holle unter den Federkissen. Eines Morgens saß Steffi mit 'nem dicken Schinkenbrot hinter der Zeitung und entdeckte in den Secondhandanzeigen eine Dusche. »Ey Berte, hier is' 'ne tierische Dusche, kaum gebraucht, für 'n Hunderter, müssen wir gleich abholen!«

In dieser Wohnung kamen ständig illustre Gäste vorbei. Einmal auch der Hollywoodstar Dennis Hopper. Es war im Winter 76. Hopper drehte gerade in Hamburg mit Wim Wenders *Der amerikanische Freund.* Kurz zuvor war er von den Dreharbeiten zu *Apocalypse Now* von den Philippinen gekommen und saß jetzt vollkommen verstört im kalten Hamburg. An jenem Abend hingen Karl Allaut, Steffi und ich in dieser Hippiebude ab und entschwebten in die Sphären einer grasbenebelten Jamsession, als unser musikalischer Flug jäh durch das Schrillen des Telefons unterbrochen wurde. Irgendeiner vom Filmset rief bei Steffi an.

»Hast du für Dennis was zu rauchen? Der muss dringend was haben, sonst kann er nicht weiterspielen.« Ich hörte Steffis Reaktion am Telefon. »Dennis … *Easy Rider* … kenn ich … soll mal rüberkommen. Wir sitzen hier gerade und machen ein bisschen Mucke. Und zu rauchen gibt's auch – kein Thema.«

Steffi bestellte sogleich beim Dealer jede Menge Zeug, so als hätte er den Pizzadienst in der Leitung. »Mach mal schön was fertig – und alles doppelt, ne.«

Ich hatte das mit Dennis Hopper als dummen Scherz gewertet. Doch plötzlich klingelt es an der Haustür und Dennis Hopper kommt mit seinen Wildweststiefeln fünf Stockwerke die knarrende Holztreppe hoch. Als wenn er unten sein Pferd abgestellt hätte! Der kommt da rein mit einem riesigen Cowboyhut. »Hi guys, I'm Dennis. How are you doing?«

Wir taten so richtig kumpelhaft: »Hey, setz dich, schnapp dir die Bongos und spiel mit.« Nur Karl Allaut in seiner typischen Art guckte den gar nicht an und nörgelte: »Dennis was? Kenn ich nich'. Kann der spielen?«

Dennis setzte sich einfach dazu, zog sich den Joint rein und spielte mit. Der wollte eigentlich nur in Ruhe was rauchen, aber plötzlich waren vier Stunden vergangen und er saß mit uns immer noch in dieser Bude rum. Er laberte über den ganzen erlebten Filmscheiß und seine Streitereien mit Francis Ford Coppola und Marlon Brando, zog über die Gagen der Filmstars her und packte eine Story nach der nächsten aus. Plötzlich rief der Regisseur an, wo denn Dennis wäre. Die wollten weiterdrehen und das komplette Filmteam war seit Stunden auf Stand-by. Dennis Hopper war eine meiner verrücktesten Begegnungen.

PEU À PÖ

Hamburg war für mich nicht nur der Mittelpunkt der Welt, sondern auch die Rockhauptstadt in Deutschland. Udo Lindenberg hatte Münster lange hinter sich gelassen und hing jetzt öfter auf dem Kiez rum. Auch Bands wie Atlantis, Lake und Frumpy machten Hamburg zu einem Ort der Sehnsucht. Ich wollte dieses Fieber hautnah spüren und hörte die Geschichten über Onkel Pös Carnegie Hall. Da musste man einfach hin – in diesen Laden mit den sagenumwobenen Rock-'n'-Roll-Mythen.

Als ich die Eingangstür einen Spalt öffne, schlägt mir ein säuerlicher Dunst aus Bier und Qualm entgegen. Wie geflasht stehe ich in diesem heiligen Universum. Eine dieser berüchtigten Jamsessions soll stattfinden und an diesem Abend sitzt Dicky Tarrach am Schlagzeug, der original Drummer von den Rattles. Dicky war ein angesagter Schlagzeuger in Hamburg und für mich irgendwie auch eine Größe in der Szene. Ich ergriff die Chance, bei der Jamsession mitzumachen. Dicky Tarrach hat mich jungen Typen tatsächlich ans Schlagzeug gelassen und mir dann eine große Zukunft prophezeit. Von ihm bekam ich sozusagen den Ritterschlag.

Angetrieben von all den glorifizierten Storys aus dem Pö, war ich neugierig auf die Szene in diesem Kultladen. Also tauchte ich regelmäßig dort auf und erhaschte im Schatten dunkler Nischen manche Geschichten. Die Schickeria aus Blankenese, Prominente und Sankt-Pauli-Gestalten gaben sich die Klinke in die Hand. Regisseur Burkhard Driest war so ein Typ, der sich öfters dort feiern ließ. Im Grunde war das ein Krimineller, der sich Zugang zur intellektuellen Szene verschaffte und auf Edelpartys den Champagner spendierte. Er machte auf Kunst, trieb sich mit Schauspielern rum und spielte in Krimiserien den Originalverbrecher. Der kam ins Pö rein und hat erst mal einen Zungenkuss gegeben. Und wenn du den Zungenkuss nicht erwidern wolltest, dann hat's aufs Maul gegeben. Sein Lakai, den er wie einen Kampfhund an der Leine immer dabeihatte, war der Boxer Norbert Grupe alias Prinz Wilhelm von Homburg. Ein gefährlicher Typ. Und der Einzige, der ihn unter Kontrolle hatte, war Burkhard Driest. Weil: Burkhard Driest war dreimal so gefährlich. Als ich mich Mitte der 70er im Pö rumtrieb, war das schon die Endphase jener legendären Zeit, in der die ersten Auftritte vom Panikorchester dort stattfanden und Otto Waalkes seine Performances probierte. Ende der 70er ist das Pö renoviert worden, aber danach war das Flair weg. Heute ist der Laden nur noch ein Touristenschuppen.

WIMBLEDON

Im März 1976 hatte ich meinen allerersten Auftritt mit dem Panikorchester. Der Gig in Stadthagen bei Hannover war eine Promoveranstaltung für die Teeniezeitung *Bravo* und gleichzeitig eine öffentliche Generalprobe mit dem neuen Tourprogramm. Wäre ich damals nervös gewesen, hätte ich es wahrscheinlich verkackt.

Aber ich war selbstbewusst, und nichts konnte mich daran hindern, diese Feuertaufe mit Bravour zu bestehen.

Udo hat mich nie gefragt, welche Technik ich draufhab. Das hat ihn überhaupt nicht interessiert. Er wollte den richtigen Groove. (Dieser Fachterminus bezeichnet die Vollkommenheit eines musikalischen Zustands, der aus dem Zusammenwirken von Feel, Timing und Sound erwächst.) Und was ich da am Schlagzeug veranstaltete, fühlte sich für ihn gut an. Die einsamen Jahre im Waschkeller meiner Mutter trugen nun Früchte. Ich hatte mir eine gute Auffassungsgabe für Songs angeeignet und mit diesem Kapital im Gepäck sah ich der *Galaxo-Gang*-Tour entgegen. Die erste offizielle Show war dann sogleich die Olympiahalle in München. Das war für mich wie Wimbledon für Boris Becker. Der weiß ja bis heute nicht, wie er da gewonnen hat. Und jetzt stand ich in der Olympiahalle und konnte es kaum fassen. Komischerweise ging mir gar nicht die Düse. Ich hatte mir einen gewissen Selbstschutz zugelegt und war überzeugt davon, dass ich's tatsächlich draufhatte. Damit hab ich mich über die Runden gerettet. Hätte ich damals gezweifelt, wäre mein Leben in eine andere Richtung gegangen. Es ist mir heute noch unbegreiflich, dass ich in dem jungen Alter ready war für eine Band, die schon Goldstatus hatte und Tourneen spielte. Ich war gerade mal 18 und offizielles Mitglied im Panikorchester. Mein Glück war, zur richtigen Zeit am richtigen Ort gewesen zu sein.

ZUM ERSTEN MAL IM TOURBUS

Man stelle sich die *Magical-Mystery*-Tour der Beatles vor. Ein bunter Reisebus vom Typ Setra S6 mit lauter Verrückten drin. In diesem Ding mit dem Charme der nostalgischen Glaskuppeln aus *Lautlos im Weltraum* fuhren wir durch die Gegend. Und vorne sitzt ein Busfahrer aus Ahrweiler, der immer kölsche Sprüche klopft. Das war Alfredo, eine Urnatur. Der hat später die ganzen Schlagerleute gefahren und wurde in der Szene der berühmteste Busfahrer Deutschlands. An der Fahrertür hatte er außen eine Kuh-Hupe montiert, und immer wenn wir vor die Halle fuhren und die ganzen Mädels da warteten, hat er mit dem Ding gehupt … muhhhh … muhhh! Die Zeit mit ihm war superlustig und man saß stundenlang neben ihm und hat Zeug gequatscht. Einmal rief er nach hinten in den Bus: »Bertram, gib mal deinen Pass, wir fahren über die bayerische Grenze!« Naiv, wie ich war, brachte ich ihm den Pass.

Der Nightliner war noch nicht erfunden, also rollten wir tagsüber quer durch die Republik. Von Luxus hatte man zwar schon gehört, aber das ersehnte Rockstarleben war Lichtjahre entfernt. Es gab auch nicht die Vorzüge des Bandcaterings. Vielmehr dienten klebrige Autobahnraststätten der Nahrungsaufnahme. Schon vor der Tür drang einem dieser ölige Geruch von altem Frittierfett in die Nase. Nachts stiegen wir in Garni-Schweinehotels ab und die Zimmer mussten wir auch noch selbst bezahlen. Unerfahren, wie wir waren, haben wir das alles so hingenommen. Das war alles noch sehr rudimentär und auch die gesamte Tourorganisation steckte in den Kinderschuhen. Wir haben zwar pro Auftritt 500 Mark bekommen – das war damals eine Menge! Doch mit Geld umzugehen, hatte ich noch nicht gelernt. Und so war die ganze Kohle nach der Tour komplett weg.

Meine Mutter hatte sich ein Versprechen von Steffi Stephan abgeholt, dass er mich von dem ganzen Alkohol und den anderen Dingen fernhält. Hinten im Bus saß nun der brave Bertram, der eifrig Songs lernte. Ich war ausschließlich auf dem Musiktrip. Der ganze Zirkus passierte um mich herum. Und den ausgelassenen Spaß des Rock 'n' Roll ließ ich nur in kleinen Dosen an mich heran. Trotzdem wollte ich dieser Testosterongemeinschaft angehören und beklatschte die absurden Geschichten, die vor lauter Übermut im Bandbus stattfanden. Wie zum Beispiel die berüchtigte Äquatortaufe: Einer musste sich die *Bild*-Zeitung in den nackten Hintern klemmen, dann wurde die angezündet und der brennende Arsch lief schreiend durch den Bus. Ein anderer rannte mit dem Feuerlöscher hinterher und versuchte, sie zu löschen. Udo hat sich köstlich amüsiert über den Irrsinn. Vielleicht auch wegen dieser Verrücktheiten fand ich es total krass, mit dem Panikorchester unterwegs zu sein, mit den Typen, die ich immer verehrt hatte.

GENE GALAXO & RUDI RATLOS

Wenn man als junger Typ auf den Olymp gehievt wird, macht man Dinge mit, ohne sie zu hinterfragen. Auch wenn ich mich hauptsächlich als Rockdrummer fühlte und Schlagzeugspielen mein Ding war, ließ ich mich auf manch schräge Bühnengeschichten ein, die Udo sich ausgedacht hatte. Es waren die frühen Versuche des Panikorchesters, mit Theaterelementen und Bühnendarstellern eine Kombination aus Rockmusik und Revue zu kreieren. So kam es, dass mir auf der *Galaxo-Gang-Tour* die Rolle des Gene Galaxo zugedacht wurde – eine Figur aus der Zukunft, die nach Udos Idee eine Zukunftsprophezeiung darzustellen hatte. Für diese Nummer glitt ich in einen Lurexbodysuit. Ich war so dünn und der Einzige in der Band, der in dieses Kostüm hineinpasste. In diesem Ganzkörperkondom mit Goldflitterüberzug stand ich nun auf der Bühne und machte zur Musik komische Roboterbewegungen, während das Schlagzeug vom Tonband lief. Mit der Story zu »Gene Galaxo« hatte Udo vorausgesehen, dass es in Zukunft Castingshows geben würde. Und ich verkörperte den Kandidaten, der sozusagen *Deutschland sucht den Superstar* gewonnen hatte. Wenn man bedenkt, dass wenige Jahre später tatsächlich die ersten Showformate dieser Art im Fernsehen liefen, hatte Udo mit der Galaxo-Nummer eine visionäre Weitsicht bewiesen (48 Jahre später sollte ich selbst als Juror in einer solchen Show sitzen).

Dann ereignete sich die Geschichte mit *Je später der Abend*, eine Talkshow im WDR, die von Hansjürgen Rosenbauer moderiert wurde. Im Rahmen der *Galaxo-Gang*-Tour traten wir dort auf. Wie es der Zufall so wollte, hatte sich mein Musikschullehrer Herr Hegenkötter einen gemütlichen Fernsehabend gemacht, saß mit der Chipstüte auf dem Sofa und erkannte mich in der Sendung. Am darauffolgenden Montag erschien ich zum Unterricht und Hegenkötter zog mich zur Seite: »Herr Passmann, kann das sein, dass ich Sie am Samstagabend im Fernsehen gesehen habe – mit Udo Lindenberg? Bitte tun Sie mir einen Gefallen«, er hatte fast Tränen in den Augen, »brechen Sie nicht das Musikstudium ab. Machen Sie es nicht wie Herr Lindenberg, der keine Reifeprüfung gemacht hat und jetzt nichts Festes in der Hand hat und nur seinen ›Rudi Ratlos‹ singt. Der ist doch schnell wieder weg vom Fenster.«

Insgeheim dachte ich: *Herr Hegenkötter, Sie selber waren noch nie an irgendeinem Fenster. Sie sind noch nicht mal in der Nähe eines Fensters gesichtet worden.*

Ich aber, Bertram Passmann, hatte den Wunsch, nur einmal im Leben an diesem Fenster zu stehen! Studium und Panikorchester waren zeitlich nicht mehr miteinander vereinbar. Ich musste mich entscheiden für Klassik oder »Hottentottenmusik« und erklärte Hegenkötter: »Ich werde das Studium jetzt und hier beenden.« Wieder konnte er einen Schüler nicht zur Reifeprüfung bringen. Ratlos stand er vor mir.

BLONDE ENGEL

Jetzt übernahmen zwei Bands die Regie über mein komplettes Leben: das Panikorchester und die Gebrüder Engel. Zu der Zeit hatte ich bereits meinen Künstlernamen Engel angenommen. Dass es zu diesem Pseudonym kam, entsprang einer Idee von Steffi, als Thomas und ich am Fenster saßen und die Sonne von hinten auf unsere Köpfe schien. Unsere langen blonden Haare ließen uns wohl aussehen wie Engel.

Die Aufnahmen für unsere erste Platte fanden 1976 in Hamburg statt, im Star-Musikstudio in der Wrangelstraße 25. Das alles sehe ich heute noch bildhaft vor mir. Steffi kannte Ralf

Arnie, den Besitzer des Studios, der zudem noch einen eigenen Verlag hatte. Das Tonstudio und den Verlag konnte er damals aus den Tantiemen des Evergreens »Tulpen aus Amsterdam« finanzieren. Damit hatte er Millionen gemacht. Steffi verkaufte ihm Gebrüder Engel, und in diesem Star-Studio entstand unser Debüt, auf dem meine ersten selbst komponierten Songs erschienen: »Sie machte auf Pädagogik« und »Der Typ, der du mal warst.« Für die Aufnahmen hatte Steffi unter anderem Keith Forsey reingeholt, weil er mich nicht für erfahren genug hielt, um die ganze Platte zu trommeln. Zwar hatte ich mitkomponiert und gesungen, durfte selbst aber nur drei Nummern trommeln. Es musste alles schnell gehen, weil Studiozeit damals nach Stunden abgerechnet wurde. Also wurde Keith geholt, der das Schlagzeug routiniert aufs Tonband jagte.

Durch Ralf Arnies Connection landeten wir mit unserem Debüt bei EMI Electrola. Aber unsere friedlichen Popgeschichten waren – offen gesagt – der totale Flop.

Kurz nach dieser Enttäuschung prasselten neue Einflüsse auf uns ein. Thomas und ich besuchten im Hamburger Audimax das Konzert einer uns bis dato unbekannten Band namens Dr. Feelgood. Die spielten diesen dreckigen Rhythm 'n' Blues – so wie die Stones 1965 – und haben den ganzen Laden plattgemacht. Wir sind aufgesprungen: yes! So eine Musik wollten wir spielen – und das mit deutschen Texten! Die haben uns so sehr beeinflusst, dass wir letztlich Dr.-Feelgood-Nummern coverten und sie mit deutschen Texten versahen. »She does it right« hieß bei uns »Sie macht es gut«. Und aus »Walking the dog« wurde »Klau, lies und kotz«, ein Song in Anspielung auf die *Bild*-Zeitung. Unser Sound wurde dreckiger, wir spielten harten Rhythm 'n' Blues und waren Mitgestalter einer rebellischen Jugendkultur. Zu unserem Programm gehörte unter anderem der Anti-Neonazi-Song »Sie fangen wieder an« – eine Warnung vor dem Erstarken des Rechtspopulismus und im Prinzip eine Steilvorlage für den späteren Udo-Lindenberg-Klassiker »Sie brauchen keinen Führer«.

Dank Steffis Verhandlungsgeschick traten wir am 16. Juni 1979 in Frankfurt bei der Veranstaltung Rock gegen Rechts auf.

Eigentlich wollten die Udo haben, doch Steffi sagte dessen Auftritt nur unter der Voraussetzung zu, dass die Gebrüder Engel dort auch spielen. Jetzt galt es noch, Udo rumzukriegen, der damals mit parteipolitischen Dingen nichts am Hut hatte. Steffi überzeugte ihn, dass die Teilnahme bei Rock gegen Rechts keine Frage von Partei sei, sondern eine Frage der Gesinnung. Udo gab grünes Licht und ergo spielte ich – gerade mal 21 Jahre alt – mit zwei Bands auf dieser Großveranstaltung. Mit Gebrüder Engel landeten wir im Vorprogramm und räumten voll ab. Wir hatten die richtigen Themen und passten als politisch engagierte Band perfekt auf dieses Festival. Ich erinnere mich, dass mein Bruder auf der Bühne zu »Klau, lies und kotz« *Bild*-Zeitungen verbrannte und seitenweise Titelblätter der Springer-Presse zerfetzte. 30 000 Leute jubelten uns zu. Rock gegen Rechts war für uns der absolute Durchbruch.

Auf diesem Festival spielte ich dieses irrsinnige Schlagzeug der Firma North Drums, auf das ich mit aller Wucht einprügelte. Das Ding klang abscheulich, sah aber mit den futuristischen Alphörnertrommeln einfach geil aus.

Im Nachhinein war Rock gegen Rechts auch für Udo eine entscheidende Geschichte. Steffi hatte ihn mit Nachdruck in eine politische Ausrichtung gelenkt, die seiner ganzen Präsenz in der Öffentlichkeit guttat. Offenbar war Udo jetzt erst richtig wach geworden und vier Jahre später erschien auf *Götterhämmerung* dann auch sein politisches Statement »Sie brauchen keinen Führer«.

Im Herbst 1979 hatte Sky Records die Gebrüder Engel unter Vertrag genommen und so konnten wir als inzwischen gefeierte Undergroundband das Album *Skandal* veröffentlichen. Die großen Plattenfirmen hatten wegen der harten Texte zu viel Schiss, unser Zeug rauszubringen, aber Günter Körber von Sky traute sich und in kurzer Zeit gingen 13 000 Alben über den Ladentisch. Jetzt sorgte das Stück »Fassade« für heiklen Zündstoff – ursprünglich »Big City« von The Pretty Things. Inspiriert von der Horst-Königstein-

TV-Doku über die Hamburger Trabantenstadt Mümmelmannsberg, hatte Thomas einen Text verfasst, den er an jene Rockstars adressierte, die sich in der Öffentlichkeit politisch engagiert zeigen und ihren Einsatz für Bedürftige proklamieren, obwohl sie letztlich doch nur Kohle verdienen wollen, im goldenen Turm sitzen, Koks nehmen und Champagner saufen.

Da gibt es wirklich Typen aus dem Schaugeschäft,
die geben vor, sozial zu sein.
Sie lassen sich herab in den Proletensumpf
und die Medien steigen ganz groß ein.
Fassade – Fassade, schlag sie ein und dir wird besser sein.

Damals war es Mode, gegen das Establishment zu sein. Doch plötzlich gab's Riesenprobleme mit Udo, weil er dachte, das wäre auf ihn gemünzt, obwohl der Name Udo gar nicht auftauchte. Er rieb sich an dem Text auf, legte sich mit Steffi an und verstieg sich in verbaler Brutalität: »Verräter … Krebsgeschwüre müssen rausgeschnitten werden.«

Das war nur Udos Eifersucht, weil mein Bruder clevere Texte schrieb. Udo wollte genau das auch machen, aber er verlor sich zu sehr im Alkohol und merkte, dass wir ihm das Wasser abgruben. Je mehr er sich aufregte, desto mehr musste er sich den Schuh des Schuldigen anziehen. Die Sache ist dann im Sande verlaufen und auf der *Dröhnland*-Tour hatte sich alles wieder eingerenkt.

Das dritte Album *Magengesicht* kam bei Musikant raus, einem Unterlabel der EMI Electrola, das seinerzeit von Herrn Dr. Dieter Dehm gemanagt wurde. Obwohl wir fast 30 000 Alben verkauften, waren wir immer noch Underground, hatten aber jede Menge Fans. Das Quartier Latin in Berlin war drei Tage ausverkauft und das Logo in Hamburg mit 500 Leuten voll! Mein Bruder ist in die Leute reingesprungen, hat sich von der Crowd tragen lassen und Frauen regten sich über unsere sexistischen Texte auf. Dabei waren es bloß Karikaturen männlichen Machoverhaltens, voller Ironie und völlig übertrieben. Was wir mit Gebrüder Engel machten, war von der Attitude absoluter Punk. Lange vor Extrabreit und den Toten Hosen waren wir wegbereitend in dieser Zeit.

Nach *Magengesicht* entschied ich mich auszusteigen, weil das ganze Image doch eher mein Bruder war. Thomas schrieb alle Songs und war quasi Chef geworden. Ich konnte mich mit den Texten nicht mehr ganz identifizieren. Außerdem wollte ich als Trommler weiterkommen und dachte in internationalen Kategorien. Thomas ließ mich meinen Weg gehen, er hatte ja noch Axel Schulz und Steffi Stephan an seiner Seite. Das vierte Album *Kopfsalat* hab ich also nicht mehr mitgemacht.

PARADIESVÖGEL

Das komplette Gegenteil von Gebrüder Engel war die Welt Udo Lindenberg. Kein Punk, keine Radikalgigs auf irgendwelchen DKP-Veranstaltungen, sondern futuristischer Hippiezirkus und Lametta.

Der ganze Glamour eines Revuetheaters gehörte zum Konzept des Panikorchesters und gewann von Tour zu Tour mehr an Stellenwert. Nach dem Motto »Das Auge hört mit« wurden kultige Figuren ins Rampenlicht gerückt, die als Lindenberg-Schöpfungen das Bühnenprogramm aufmischten. Udo umgab sich gerne mit exaltierten Leuten und verzauberte sie in Charaktere seiner Inszenierung. Dabei hatte er ein Faible für Typen aus dem Milieu, die abseits der Gesellschaft leben und als Freiheitsdenkende ihre eigenen Gesetze verfolgen. Für Udo ist das alles Rock 'n' Roll – und Nachtgestalten finden sich. So traf er auf Romy Haag – eine Travestiekünstlerin, Sängerin und Schauspielerin. Ein wahrer Paradiesvogel. Sie betrieb in Berlin einen Nachtclub und empfing berühmte Gäste wie Bryan Ferry und David Bowie. Udo nahm sie Ende der 70er-Jahre mit auf die *Sister-King-Kong*-Tour.

Zunächst war ich noch Zuschauer dieses Theaters und betrachtete die Szenarien von außen. Aber es dauerte nicht lange und ich glitt immer tiefer in die absurde Symphonie des Panikorchesters.

Einmal wurden Catcher-Anzüge für die Band angefertigt. Bei einer *Bravo*-Fotosession zwängten wir uns in diese scheußlichen Gummihäute rein. Gedacht war, dass wir die Dinger auch live auf der Bühne tragen. Letztlich war ich der Einzige, der sich traute, zumal ich das Outfit irgendwie geil fand, selbst wenn das Textil im Schritt auch mal zwickte. Ich habe Dinge dieser Art immer freiwillig gemacht. Udo hatte nie jemanden dazu gezwungen. Es waren vielmehr Empfehlungen: »Mach doch ma, ne … ist doch für die Show tierisch.« Für mich war es Teil des Jobs. Wenn ich mich exaltiert darstellte, dann lachte Udo – der Kaiser nahm das wohlwollend auf.

Eine der berühmtesten Schöpfungen war Elli Pyrelli. Udo suchte für die Show eine dicke Frau, die eine Opernsängerin mimen sollte. Renate war eigentlich von Beruf Avon-Beraterin. Und seit *Votan Wahnwitz* gehörte sie zum Inventar der schillernden Bühnenstatisten. Jahrelang ging sie mit uns auf Tour und verkörperte die Rolle der Operndiva. Das Problem war nur, dass sie später selbst glaubte, eine Opernsängerin zu sein, obwohl ihre Stimme vom Band kam. Auch Dr. Chicago war einer der Lindenberg-Akteure. Udo kannte ihn aus seiner Jugendzeit in Gronau, als beide sich in einer Tanzband verdingt hatten. In der pränatalen Panikorchester-Phase gesellte er sich zeitweise als Saxofonist in Steffis Wurstkeller hinzu. Später studierte er Medizin und wurde Kinderarzt. Aber Udo rekrutierte ihn regelmäßig für seine Tourneen. Weniger als Musiker, sondern hauptsächlich als Bandarzt Dr. Chicago.

Er versorgte die Jungs mit Captagon und allem Zeug, was auf Tour der mentalen Aufhellung diente. Zudem verkörperte er auf der Bühne die Figur Bodo Ballermann, kickte im Fußballoutfit Bälle ins Publikum und durfte in einer Nummer sogar Saxofon spielen. Da seine Präsenz auf der Bühne nur wenige Minuten ausmachte, hatte er zwischendurch viel Zeit und verschwand nach seinem Kurzauftritt jedes Mal backstage. Während wir oben unter heißem Scheinwerferlicht und der tonnenschweren Wucht der Lautsprecher an der

Rock-'n'-Roll-Show schweißten, vergnügte sich Dr. Chicago hinter der Bühne und hat die ganzen Groupies abgegriffen. Wie jemand, der vor Eröffnung des Büfet schon das Beste wegnascht.

DER DRUMMER SAH IN SEINEM OUTFIT ÄUSSERST ABSCHEULICH AUS

Auch wenn die Panik-Family langsam zu einem Heimathafen wurde, kamen mir trotzdem Zweifel, ob ich gut genug war, um mein Leben als Musiker zu bestreiten. Aber jetzt den Mut zu verlieren war keine Option. Das Leben mit den Rockstars war ja auch bequem. Also stieg ich wieder in den Tourbus und fuhr weiter. 1977 ging's mit Udo nach London. Er war in Deutschland so erfolgreich, dass er seine Texte ins Englische übersetzen ließ und mit der Platte *No Panic* versuchte, auf der Insel ins Geschäft zu kommen. Anlässlich der Veröffentlichung sollten wir in der legendären Rocksendung *The Old Grey Whistle Test* auftreten. Bekannte Acts wie Mick Jagger, Tom Waits, David Bowie und Alice Cooper hatten dort schon ihre Visitenkarten hinterlassen. Die Sendung wurde im Londoner Hammersmith Odeon aufgezeichnet und von der BBC im zweiten britischen Fernsehen ausgestrahlt. Also sind wir nach England rüber und machten erst mal Pressefotos auf einem ehemaligen Flughafen. Als Kulisse hatte man kuriose Oldtimer und alte Flugzeuge rangekarrt. In dieser Szenerie fand eine halb improvisierte Fotosession statt. Mit dabei waren die Gitarristen Thomas Kretschmer und Paul Vincent, Saxofonist Olaf Kübler, der ehemalige Pianist von Doldingers Passport Kristian Schultze, welcher anstelle von Jean-Jacques mitgekommen war, Steffi, ein Vampir, Rudi Ratlos, Elli Pyrelli sowie einige Komparsen. Dann wurden wir mit einem Bus ins Hammersmith Odeon gekarrt. Am Abend gingen die roten Lichter an und der Moderator in der Fernsehshow kündigte uns als »die verrückten Deutschen« an.

Für die waren wir ja Glamrock-Exoten, die mit Elli Pyrelli auftraten. Als Bühnenoutfit trug ich einen bescheuerten Catcheranzug und bin wie ein Wahnsinniger hinter dem Schlagzeug rumgesprungen. Am Ende bekamen wir in der Zeitschrift *Melody Maker* eine gar nicht so schlechte Kritik. Ich bekam ein tierisches Kompliment und wurde als Einziger von der Band persönlich erwähnt mit der Zeile: »The drummer looked utterly revolting in his leotard. But he made Keith Moon look like a dormouse.« Mein Outfit fanden sie also grässlich, aber durch meine Trommelleistung hätte ich den legendären Schlagzeuger von The Who alt aussehen lassen.

Letztlich war der Plattenfirma eine Tour durch England mit dem gesamten Equipment und all den Komparsen zu teuer. So ist das englische Album irgendwann im Sande verlaufen und wir haben nie wieder was davon gehört.

HAVIXBECK

Claudia kannte ich noch aus der Schulzeit. Wir trafen uns zufällig im Freibad in Burgsteinfurt wieder und wurden ein Paar. Steffi Stephan hatte zu dieser Zeit in Havixbeck auf dem Land einen Bauernhof gemietet. Mit Scheune, wilden Wiesen und eigenem Bachlauf. Im ehemaligen Hühnerstall wurde ein Tonstudio eingerichtet. Oben unterm Dach war noch eine Wohnung frei. Frisch verliebt zogen Claudia und ich dort ein – mit Hund Bimbo und den zwei Katzen. Die eine hieß Bowie und die andere Kaili. Sie wurde benannt nach dem indischen Sektengott aus dem Beatles-Film *Hi-Hi-Hilfe!* Auf diesem Bauernhof machten wir ein bisschen auf Familie, so auch Steffi, der mit Udos Schwester Inge zusammen war. Die beiden bekamen den Sohn Marvin. Havixbeck entwickelte sich zur perfekten Location für musikalisch umtriebige Aktivitäten. Da wurde gearbeitet, abgehangen und viel geraucht. Allmählich wuchs Steffis Studio zu einer kreativen Keimzelle. Hier konnten wir mit Gebrüder Engel proben und auch die Matinee-

Auftritte vorbereiten, die im alten Jovel auf der Weselerstraße in Münster stattfanden. Das Jovel in seiner Frühzeit war ein echter Szeneclub, das Baked Potato von Münster, wo sich alle trafen. Da kamen dann auch Leute wie Hendrik Schaper oder Thomas Kretschmer vorbei und spielten bei unseren Sessions mit. Zugleich entwickelte sich der Havixbecker Hof zu einem wilden Kultort für illustre Typen und Prominente, die dort im westfälischen Outback aufschlugen. So auch Volker Lechtenbrink, ein Steppenwolf der 70er. Er hatte sich vorgenommen, in Steffis Hühnerstall ein paar Songs aufzunehmen. Die Sache lief jedoch völlig aus dem Ruder, denn Lechtenbrink war jemand vom Typus Hardcore-Rock-'n'-Roll in der Kategorie Ben Becker und Keith Moon. Völlig crazy! Eines Abends ist er vollkommen durchgedreht und fuhr besoffen auf einem Parkplatz mitten in Münster fremden Leuten hinten ins Auto rein. Da war ein Riesentheater zugange, denn jetzt behauptete er, die anderen wären ihm reingefahren, und die ganze Szenerie flackerte kurz drauf im Blaulicht der Polizei. Aber Lechtenbrink hatte die Bullen sofort auf seine Seite gezogen und machte auf nüchtern: »Herr Wachtmeister, Sie kennen mich doch … ich bin der aus *Die Brücke* mit Fritz Wepper.« Die Polizisten wollten tatsächlich ein Autogramm und gaben den anderen die Schuld. Wir haben ihn dann zurück zum Bauernhof geschleppt und ihn im Zimmer eingesperrt. Aber Volker ist oben ausm Fenster rausgesprungen und wurde am nächsten Morgen auf irgendeinem Bauernhof in der Nähe aufgefunden. Dort saß er bei fremden Leuten in der Küche am Frühstückstisch.

IM NOTFALL UNTER SCHUTZ ZU STELLEN MIT FRAUEN UND KINDERN

Abgesehen von solchen Eskapaden war Havixbeck die reinste Idylle, in die plötzlich die Axt einer Zäsur einschlug. An der Haustür klemmte ein wenig verheißungsvoller Brief. Der Anblick des blauen Kuverts mit dem schwarzen Stempel drauf versetzte mich augenblicklich in einen Schockzustand. Kreiswehrersatzamt! Es war der Musterungsbescheid. Ich hab das direkt Steffi erzählt, der völlig entrüstet über den Hof schrie: »Das geht nicht! Das müssen wir verhindern!« Mit meinen sportlichen 1,90 Metern war ich ein begehrter Kandidat für die Bundeswehr. Zudem war ich fit und kerngesund. Die ersten Proben für die *Sister-King-Kong*-Tour waren bereits im Gange, und nun mussten wir etwas erfinden, um meine Gesundheit kurzzeitig außer Gefecht zu setzen. Steffi rief sogleich den damaligen Arzt und Freund von Udo an. Dr. Bruder war Frauenarzt und über ihn besorgten wir uns die berühmte Droge Captagon – je nach Dosis ein ziemlich starkes Aufputschmittel. Ohne Rezept gab's damals nur die AN1-Pillen, die bei vielen Lkw-Fahrern beliebt waren. Auf der Packung stand »gegen Arbeitsunlust«. Man hat sich also Speed reingepfiffen, um zu arbeiten. Nur waren diese AN1 für unser Vorhaben zu schwach und mit Captagon hatten einige von uns schon Erfahrungen gemacht. Das wurde auch mal vor dem Auftritt verabreicht, wenn man zu lahmarschig war. Dann gab's ein Glas Pernod und 'ne schöne Captagon.

Jetzt war der Plan so, dass ich kurz vor dem Musterungstermin genügend Captagon einwerfen sollte und zugleich eine Spezialtablette, die die Sichtbarkeit von Captagon im Urin verhindert. Ich hatte Panik vor der Aktion und verbrachte die Nacht in Steffis Wohnung. Dann schluckte ich fünf von den Dingern – wahnsinnig viel für mich, der noch nie Drogen genommen hatte. Und morgens um 8 Uhr brachte mich Steffi mit seinem Jaguar E-Type zum Kreiswehrersatzamt. Ich hab den Amtspsychologen total zugelabert und erzählt, warum ich auf keinen Fall Soldat werden kann. Schweißgebadet verkaufte ich denen eine Story von meiner innigen Liebe zur klassischen Musik, die mein zartes Gemüt beseelte. Durch die mentale Berufung sei ich auch körperlich eher schwächlich veranlagt und Liegestütze seien mit meinem hohen Blutdruck unverantwortbar. Man hat mich auf der Stelle als vorläufig untauglich eingestuft. Draußen wartete Steffi mit einer Flasche Sekt und ich konnte die *Sister-Kong-Kong*-Tour spielen.

Ein Jahr später musste ich allerdings einen zweiten Musterungstermin antreten. Quasi zur Kontrolle, weil der erste Bescheid nur vorläufig galt. Ohne weiter nachzudenken, zog ich das gleiche Programm erneut durch, jetzt allerdings mit einer erhöhten Dosis. Ich schluckte etliche von den Dingern und bekam wieder diese Paranoia, den hohen Blutdruck und war nicht zurechnungsfähig. Finally hat man mich wegen eines allgemein kranken Zustands ausgemustert. Ich war offiziell nicht brauchbar für die Bundeswehr. Tatsächlich wurde mir eine Amtsbescheinigung ausgestellt: *Im Notfall unter Schutz zu stellen mit Frauen und Kindern.*

PYROS

Im September 1977 kam es zu jenem bemerkenswerten Auftritt mit Udo auf dem Nürnberger Rockfestival. Diese Geschichte habe ich eingangs ja schon im Kapitel »Der totale Punk« erwähnt. Die Erinnerungen daran werden nie verblassen. Erstens weil's mein erster Auftritt in einem großen Stadion war, zweitens weil's die grottigste Show war, die wir jemals mit dem Panikorchester hingelegt haben, und drittens weil ich zum ersten Mal mit internationalen Stars die Bühne teilte. In mir pochte das stolze Gefühl, endlich einer von den Großen zu sein, und ich witterte die unfassbare Magie eines Rockstars. Wenn auch nur für einen Moment. Chicago und Santana waren die Headliner. Dass wir mit einem desolaten Udo an diesem Nachmittag nicht zu Helden wurden und ich mir die Finger blutig getrommelt hatte, war längst vergessen. Denn direkt nach uns sollten Thin Lizzy das Festival rocken. Menschenmassen hatten sich vor der Bühne versammelt, und so weit das Auge reichte, strömten immer mehr Fans auf das riesige Gelände. Dass man sich auf historischem Boden befand, war in der Festivaleuphorie kein Thema. Tatsächlich wurden hier in der dunklen Zeit der Geschichte NSDAP-Propaganda-Aufmärsche abgehalten. Aber heute an diesem Sommerabend fand der friedliche Aufmarsch der Rockgiganten statt. Und ich war im stolzen Besitz eines Backstagepasses … dachte also, ich bin jetzt einer von den VIPs, und wollte mir den Thin-Lizzy-Gig von der Bühne aus ansehen. Die waren für mich die Shufflekings und ich ein riesiger Fan. Das berühmte Album *Live and Dangerous* zählte nicht nur zu den Top 10 meiner Plattensammlung, ich hatte es mir auch schon hundertfach gegeben. Und jetzt war ich mittendrin, live dabei, hautnah, in echt und in Farbe. Brian Downey spielte bei diesem Auftritt ein Rogers-Double-Bassdrum-Kit in Silber. Das sah aus wie Stainless Steel, war aber ein Holzkit mit silbernen Wraps drum. Ich ergatterte mir einen On-Stage-Platz direkt hinter seinem Schlagzeug.

Dann fangen Thin Lizzy an. Die Bühne hüllt sich in Trockeneisnebel. Außerdem haben sie gewaltige Pyrobomben dabei, die hinter dem Gong von Downey gezündet werden sollen. Wie hypnotisiert folge ich dem Schauspiel, als mich plötzlich ein wütender Roadie nach hinten zieht und rumbrüllt: »Get the fuck out of here!« Es gibt ein kurzes Gerangel, aber der Typ will mich nur schützen, weil augenblicklich die Pyrobomben vom Intro hochgehen. Kurz drauf taucht unser Manager Fritz Rau auf und schreit: »Das ist mein Künstler! Keiner scheißt meinen Künstler an!«

Abends saßen wir noch mit einigen Mitgliedern der Band Chicago auf dem Hotelzimmer. Gitarrist Terry Kath war auch dabei, der sich wenige Wochen später versehentlich mit seiner eigenen Pistole in den Kopf geschossen hat. Und wie das dann so ist unter Musikern, wird da auch Zeug rumgereicht. Aber diese Rock-'n'-Roll-Vitamine und die Trinkerei hab ich zu der Zeit wenig mitgemacht.

KAPITEL 3

FSK: AB 18!

1,68 MIT LEDERJACKE

Peter Maffay durfte man damals nur heimlich hören. Das war wie mit The Sweet und T. Rex. Eigentlich galt Maffay als Schlagerfuzzi, aber er war viel besser als Roy Black und die anderen, denn er hatte eine begnadete Stimme. Eigentlich eine gute Grundlage, um mehr Rock 'n' Roll an den Start zu bringen. Aber das Schlagerimage klebte an ihm wie Pattex.

Ich muss zugeben, dass ich einige Lieder wie »Josie« und »Es war Sommer« damals auch gehört habe. Und da hatte ich mit Peter noch gar nichts zu tun. Irgendwie fand ich die Songs vom Konzept her gut gemacht. »Es war Sommer« klang zwar etwas kitschig, basierte aber auf einer guten Story. Genauso »Josie« – eine ursprünglich amerikanische Songwriter-Nummer von Dion DiMucci.

Anscheinend auf der Suche nach neuen Wegen, veröffentlichte Maffay gemeinsam mit Johnny Tame ein englisches Country-Rock-Album. Zumindest war Country schon mal eine Ecke weiter weg vom Schlager. Trotzdem konnte dieses Album das Image nicht in die Verbannung schicken.

Und so kommt dann die Jungfrau zum Kinde: Peter Maffay kommt während der *Sister-King-Kong*-Tour zu unserer Show ins Deutsche Museum. Er hatte seinen Manager Michael Conradt dabei, der ihm zu verstehen gab, dass er mehr verdient hätte, als nur in Schlagersendungen anzutreten und irgendwelche Galas zu spielen. Schlagersänger hatten sich in den großen Hallen noch nicht etabliert. Das waren immer nur die Rockstars. Also schaute sich Maffay unsere Lindenberg-Rockshow an und am nächsten Tag bekam ich folgenden Anruf: »Hallo, mein Name ist Michael Conradt, ich bin der Manager von Peter Maffay … du hast sicherlich schon mal was von ihm gehört.« Ich dachte nur: *O Gott, bitte jetzt nicht Peter Maffay.* Das war irgendwie uncool, obwohl ich heimlich drauf stand. Conradt ergänzte, dass Frank Diez von Atlantis mittlerweile in der Maffay-Band spielen würde und auch Jean-Jacques Kravetz. Das seien doch meine Kollegen, und er fragte, ob ich nicht mal Lust hätte, den Peter zu treffen. Wir könnten ja mal gemeinsam essen gehen und Peter hätte eine Frage an mich.

Wenige Tage später lag ein Lufthansa-Ticket im Briefkasten. Also flog ich nach Berlin und Maffay saß im Schweizerhof in seiner Suite. Damals schon Star mit Lederjacke. Aber ich merkte, er wollte musikalisch einen Schritt weiter. Die Schlagerjahre waren für ihn vorbei. Sein Drummer Holger Brandt hatte die Band verlassen, und Maffay suchte jetzt einen jungen, wilden, dynamischen Trommler, der die Wandlung vom Schlagermucker zum Rocker musikalisch mittragen würde. Als wir in seinem Hotelzimmer saßen, wollte er klarstellen, ob ich dazu bereit wäre. Er hatte mich ja kurz zuvor bei *Sister King Kong* gesehen und gesagt: »Der spielt in der größten deutschen Rockband, den will ich haben.« Ich bat um eine paar Tage Bedenkzeit, doch dann ging alles ganz schnell. Und bumm … war ich in der Band.

STABILITÄT DER EXISTENZEN

Peter Maffay erinnert sich so an den Beginn unserer gemeinsamen musikalischen Reise: »Ich war auf einem Konzert im Deutschen Museum wegen eines angeblich phänomenalen jungen Schlagzeugers. Damals war ich auf der Suche nach einem neuen Drummer. Lange hatte ich das Vergnügen, mit Keith Forsey zu spielen, der war in seiner Zeit die unangefochtene Messlatte. Aber Keith hatte andere Pläne und dann hörte ich von Berte und bin mit meinem damaligen Manager Michael Conradt nach München. Ich sollte mir unbedingt das Panikorchester angucken … was da passiert, sei außergewöhnlich. Bertram hatte diese lange blonde Matte und säbelte auf seinem Schlagzeug rum. Für mich war klar: Der ist es! Nur wusste er noch nicht, was auf ihn zukommt. Wir trafen uns, er war interessiert und meinte: ›Gib mir mal deine Songs rüber.‹ Wenige Tage später kam seine Antwort: ›Ja, mach ich.‹ Außerdem schlug er vor, dass Steffi Stephan mitspielen solle.

Und dann kam, was kommen musste: Steffi, Jean-Jacques und Bertram waren in meiner Band – und Udo hatte die Schnauze voll von mir. Das war in dieser Zeit, als wir beide ziemlich polarisiert haben und von den Medien benutzt wurden. Aber die Band war das Bindemittel – der Katalysator. Sowohl Berte als auch Jean-Jacques und Steffi waren diejenigen, die gesagt haben: ›Stellt euch nicht so an. Ihr lauft doch auf ähnlicher Schiene. Es gibt keinen Grund, sich nicht miteinander zu verstehen.‹ Das hat dazu geführt, dass Udo und ich anfingen, uns richtig gut zu verstehen. Die Jungs haben einen erheblichen Beitrag dazu geleistet. Man darf dabei nicht vergessen, dass die Stabilität der Existenzen maßgeblich dadurch bestimmt wurde, was Udo und ich miteinander oder voneinander getrennt veranstalteten. Es war eine einzigartige Situation wie keine andere im Musikgeschehen.«

Mein erstes Projekt mit Peter war das Album *Dein Gesicht*, aber dies war noch ein Zwitter zwischen Schlager und Rock. Die Hallentour dazu lief eigentlich ganz erfolgreich. Immerhin kamen pro Show um die 1500 Leute. Aber das Album hatte sich nicht so gut verkauft. Deswegen arbeitete die Plattenfirma mit Maffay an der Idee, ihn nach amerikanischem Vorbild ganz groß rauszubringen. So was wie Bruce Springsteen und die E Street Band.

Daraufhin ist Peter mit einem Jeep sechs Monate in die Sahara gefahren und hat auf einem Diktiergerät seine Ideen für das Album *Steppenwolf* festgehalten. Er spielte uns seine Demos vor, und wir hatten sogleich den Eindruck, dass die Songs eine neue musikalische Dimension erreichten. Ich holte Steffi Stephan in die Band und alles wurde jetzt sehr viel rockiger. Keiner ahnte damals, was passieren würde, aber *Steppenwolf* war der Durchbruch in eine neue Ära. Das ganze Ding ging 1979 mit einer Million verkaufter Alben und dem Hit »So bist du« durch die Decke. Ich weiß noch, dass eines Abends auf meinem Hotelzimmer eine Flasche Champagner stand und eine Karte lag dabei: »Mit einem schönen Gruß, wir sind Nummer eins.« Und ich bekam meine erste Goldene Langspielplatte.

Das Erfolgsrad drehte sich für Peter plötzlich ganz schnell und die Einladung in die berüchtigte *ZDF-Hitparade* ließ nicht lange auf sich warten. Wir von der Band dachten: *Na gut, einmal kann man dort ja antreten. Aber dann bitte inkognito, damit die Leute uns nicht erkennen als Lindenberg-Musiker in der Hitparade.* Udo hatte sich stets geweigert, dort aufzutreten. Also haben wir uns alle Sonnenbrillen aufgesetzt in der Annahme, unerkannt zu bleiben. Aber Dieter Thomas Heck verkündete prompt in seiner Moderation: »Und es ist super, dass die Jungs von Udo heute dabei sind.« Er ließ uns voll auflaufen. Peinlich berührt nahmen wir die Sonnenbrillen ab. Das Stärkste war, dass wir mit »So bist du« dreimal in der Sendung antanzen mussten, bis wir endlich rausgewählt wurden.

Das einzig Gute an der Sendung war, dass Dieter Thomas Heck mich auf das Sonnenbrillenimage brachte. Diese *ZDF-Hitparade* war die Geburtsstunde eines Styles, der mich bis heute konsequent begleitet. Eine Brille an sich war mir als Kurzsichtigem ja nicht fremd, aber eine Sonnenbrille 24/7 zu allen Tages- und

Nachtzeiten zu tragen und in der Öffentlichkeit ausschließlich mit »angewachsenen« Sonnenbrillen exklusiver Marken aufzutreten, hatte auf Dauer einen Impact.

Schon als kleiner Junge war ich kurzsichtig. Aber ich wollte nicht mit einer normalen Brille rumlaufen. Die Kassengestelle aus den 70ern passten nicht in mein Bild eines Rockstars. Wenn schon, dann trugen sie dunkle Sonnenbrillen. Das sah cool aus und war bühnentauglich. Weil ich Kontaktlinsen nicht vertrug, ließ ich mir getönte Gläser anfertigen. Und durch die dunkle Brille erhoffte ich mir schon als Teenager in meinen ersten Amateurbands, dass ein bisschen was vom Rockmusikerimage an mir haften würde.

Dieses Image habe ich von da an ausgeschlachtet bis zum Gehtnichtmehr und es wurde zum Bertram-Engel-Effekt. Plötzlich war ich der arrogante Typ mit der ewigen Sonnenbrille.

ICH GLAUB', SIE SIND BEIM FALSCHEN ARZT

Mit Peter zu arbeiten war für mich anfangs wie beim Militär. Er konnte einen fertigmachen. Während meiner ersten Tour mit ihm – das war 1978, *Dein Gesicht* – bekam ich einen Hautausschlag, weil ich seinen Druck nicht mehr aushielt. Er hat mir manchmal Spielfehler unterstellt und meinte, ich würde schleppen. Also habe ich mir nach den Auftritten die Liveaufnahmen angehört – damals noch Musikkassetten – und festgestellt, dass er selbst total upfront war. Trotzdem zweifelte ich meine eigene Time an. Das ist so mit das Schlimmste, was einem Schlagzeuger widerfahren kann. Peter Maffay hat ein extremes Charisma, sodass ich total klein wurde unter seinem Diktat. Es war Psychohorror. Um das auszuhalten, gab es für mich nur diese eine Formel: *Ich habe das Talent, das durchzustehen und ich werde mir von diesen Leuten nichts sagen lassen.* Ich habe teilweise nachts geweint und bin am nächsten Tag wieder auf die Bühne gegangen, weil meine Liebe zur Musik größer war. Nach der Tour bin ich direkt zum

Dermatologen und er fragte mich nach meinem Beruf. »Ich spiele bei Peter Maffay und Udo Lindenberg.« Er sagte: »Sie sind beim falschen Arzt, Sie brauchen einen Psychiater.« Wenn ich mal vier Wochen Pause einlegen würde, ginge der Hautausschlag weg. Und genau so war es. Ich wäre untergegangen, hätte ich mir nicht ein dickeres Fell zugelegt. Nach dieser Tour hatte ich mich gefangen und danach ging's bergauf.

Dass ich in dieser Zeit von Marius Müller-Westernhagen für *Sekt oder Selters* engagiert wurde, kam mir wie Medizin vor, die mein Selbstwertgefühl aufrichtete. Mal wieder hatte ich es Karl Allaut zu verdanken, dass er mich da reinbrachte. Auch Olaf Kübler und Lothar Meid, die ich damals bei Jackboot kennenlernte, waren mit von der Partie. Als Pianist wurde noch Jean-Jacques Kravetz hinzugezogen. So lässt sich eins und eins zusammenzählen: Wäre Jackboot nicht passiert, hätte Westernhagen für mich nicht stattgefunden. Und so kam es, dass ich mit 22 Jahren an diesem legendären Album beteiligt war, das wir in nur wenigen Tagen einspielten.

BARGELD ODER LÖSCHEN

Abseits des ganzen Tourneegeschäfts gab es immer wieder mal Recording Jobs, um für andere Künstler bei Schallplattenproduktionen mitzuwirken. Das war zwar selten, aber meist lustig und gab gutes Geld. Als heimlicher Mentor hatte Karl Allaut mir so manche Studiojobs zugeschustert, zu denen wir gemeinsam erschienen. Jedoch waren meine Begegnungen mit ihm stets von besonderer Natur. »Der galante Karl Brutal«, wie ihn Udo einst taufte, war sein eigener Herr mit starkem Ego, ein bisschen crazy und gleichzeitig der absolute Perfektionist. Bezeichnenderweise war seine Mitgliedschaft im Panikorchester nur von kurzer Dauer. Noch während der Aufnahmen zum Album *Alles klar auf der Andrea Doria* verließ er aus ideologischen Gründen das Schiff. Oft konnte er mit dem, was andere machten, wenig anfangen. Bei Karl liegen Genie und Wahnsinn eng beieinander. Jederzeit musste man damit rechnen, dass er aus der Rolle fiel und seine undiplomatischen Anwandlungen für Verwirrung sorgten. Er hingegen nannte das »konsequentes Verhalten«. Allerdings begriff niemand, was er damit wirklich meinte. Erst wenn er von seiner Konsequenz Gebrauch machte, dann war man jeglicher Option beraubt und es schien, als würde für einen Moment die Welt stillstehen. Solche Situationen konnten jederzeit eintreten – so wie damals in Ottos Rüssl-Studio in Hamburg. Es sollten Stücke für einen deutschen Songwriter aufgenommen werden. Nachdem ich mein Schlagzeug eingerichtet und Karl all seine Gitarren aufgebaut und alles verkabelt hatte, fragte er in den Raum, für wen wir denn eigentlich spielten. Außerdem wollte er vorab die Songtexte lesen. Nach zehn Minuten legte er die Blätter zur Seite und packte wortlos seinen ganzen Kram wieder ein. Alle blickten Karl fragend an.

Seine Antwort: »Die Texte sagen mir nichts. Dafür kann ich nicht Gitarre spielen.« Und er verließ, ohne Tschüss zu sagen, das Studio.

Eine andere Karl-Brutal-Story ereignete sich ebenfalls im Rahmen einer Studiosession. Die Verabredung zwischen dem Produzenten und Karl war, dass es am letzten Tag der Produktion Bargeld gibt. Karl war von der Bundeswehr abgehauen und man durfte ihn nicht finden. Er war nirgendwo gemeldet und hatte demzufolge auch kein Konto. Sonntagnachmittag war die Produktion fertig, alle Tonspuren hatten sich zu gut klingenden Titeln gefügt und Karl fragte nach dem Bargeld. Der Produzent lehnte sich in seinem Regiestuhl zurück und es begann folgende Szene:

»Ach, das wollte ich dir noch sagen, Karl. Ich bin nicht mehr zur Bank gekommen. Können wir das mit dem Geld morgen machen?«

Karl: »Nein, wir haben gesagt, die Platte ist Sonntag beendet und am Nachmittag gibt's Bargeld.«

Produzent: »Ich renn ja nicht weg, ich verspreche dir dein Geld für morgen.«

Karl: »Nein. Bargeld oder löschen!«

Er sorgte tatsächlich dafür, dass alle Gitarrenspuren gelöscht wurden. Dann packte Karl seine Gitarren ein, wünschte allen einen schönen Sonntag und verschwand. Soweit ich weiß, hat er danach nie wieder ein Hamburger Studio betreten. Solche Geschichten haben ihn seine Reputation gekostet.

Allerdings tauchte Karl Jahre später immer mal wieder als rekrutierter 007-Gitarren-Agent bei besonderen Lindenberg-Missionen auf.

MEHR SCHNEE, MEHR SCHNEE ...!

Udo hatte seine Shows, die Bühnenausstattungen und Dramaturgien jahrelang nahezu allein konzipiert. Aber jetzt wollte er das ganz große Theater an den Start bringen und entwarf 1979 die Idee zu *Dröhnland-Symphonie*. Ein gigantisches Ereignis schwebte ihm vor. Die Geschichte einer Grönlandfahrt mit Eskimos, Pinguinen, dicken Frauen und Utopienmenschen sollte als turbulente Rockrevue auf die Bühne. Für das große Kino brauchte er allerdings einen Regisseur – einen Gleichgesinnten. Er holte sich Peter Zadek ins Boot, seines Zeichens skandalumwobener Theatermann mit einem Faible für ungewöhnliche Inszenierungen. Anscheinend fanden sich zwei Alphatiere, die ihre exzentrischen Flugbahnen aufs Parkett brachten, um mit der Synergie aus Theater und Rock 'n' Roll zu experimentieren. Alles sollte Wagner-mäßig aufgeblasen werden. Zum Team gehörte auch Samy Molcho, damals ein Superstar unter den Pantomimen, der für Choreografien zuständig war. Peter Pabst sorgte für das Bühnenbild. Das Ganze entwickelte sich zu einem Happening aus Rock 'n' Roll und abgedrehter Revue mit 50 Akteuren vor und hinter den Kulissen. Ich wollte eigentlich Rock 'n' Roll spielen und hatte mich bis dato wenig mit Zadek befasst. Für mich war er ein Enfant terrible, dessen Vision plötzlich wichtiger war als unsere Musik. Der Typ hat uns wahnsinnig gemacht mit seinen zeitraubenden Showproben und den hysterischen Anfällen, wenn der Kunstschnee zum falschen Zeitpunkt von der Hallendecke fiel: »Kinder, Kinder, ich kann so nicht arbeiten … könnt ihr den Schnee mal später kommen lassen?« Seine theatralischen Aufregungen waren reine Selbstinszenierung. Ich wollte lieber die Songs spielen und nicht drei Stunden auf den Schnee warten, der dann nicht vom Himmel fiel.

Während der Proben erkrankte Udos Mutter schwer, was ihn stark mitgenommen hat. Udo versuchte, mit Alkohol seinen Gemütszustand aufzubessern. Lady Whisky nahm ihm die Sorgen um Hermine und machte ihn startklar für das bevorstehende *Dröhnland*-Liveprojekt.

Als die Tour endlich losging, war Udo in einem Alkoholzustand jenseits von Gut und Böse. Manchmal kam er auf die Bühne und flüsterte mir mit seinem Vollbreitkopf ins Ohr: »Es gibt nich' viele, die sich trauen, so auf die Bühne zu gehen.« Er hatte ziemliche Promille intus, aber alle Texte drauf. Und damals gab noch keine Teleprompter. Beim Song »Sympathie für den Teufel« setzte er sich wie Jesus einen Dornenkranz auf den Kopf und der linke Fuß war ein Teufelsfuß. Als Teufel und Jesus in einer Person stand er vorne am Bühnenrand: »Erlauben Sie, dass ich mich vorstell', ich bin ein Mann von Welt und Stil.« Das war total morbide und ein Mördertext! Zugleich interpretierten wir die Stones-Nummer mit einem Popgroove à la Chic. Und wenn Udo »Lady Whisky« sang, war er selbst die Realität des gesungenen Textes. Das waren Gänsehautmomente. Er lag auf der Bühne, zerschlug eine Whiskyflasche und fluchte über die braune Braut, die ihn fertigmacht. Das alles wurde in Szene gesetzt von Peter Zadek.

Als Gaststar war das Urgestein Eric Burdon mit auf Tour, der »schwärzeste aller weißen Bluessänger«, der sich mit seiner Band The Animals und »House of the Rising Sun« damals schon im kollektiven Gedächtnis verewigt hatte. Burdon war in der Arbeitergegend von Newcastle groß geworden und der Rock 'n' Roll hatte ihn aus dem Sumpf rausgeholt. Passend zu seiner bewegten Vergangenheit sang er die deutsche Version von »We Gotta Get out of This Place«: »Verdammt, wir müssen raus aus dem Dreck«. Auf dieser Tournee konnte ich mich mit Eric Burdon ein bisschen anfreunden, was wenige Monate später dazu führte, dass ich in seiner Band Fire Department landete.

Wenn ich heute an Zadeks *Dröhnland*-Inszenierung zurückdenke, an die Skurrilität einer völlig durchgeknallten Rockrevue und die Panik-Katastrophenfamilie mit Øle Pinguin, Elli Pyrelli, den Zwergen, Schwergewichtcatchern und Rudi Ratlos, wirkt es auf mich wie ein Laientheater. Damals war es eine sensationelle Rockshow – heute würde Quentin Tarantino daraus einen erfolgreichen Trashfilm machen.

ICH DACHTE, KEITH MOON WÄRE HIER GEWESEN

Es passierte inmitten der *Dröhnland*-Tour an einem kalten Wintertag in Augsburg. Wir kamen nachmittags zum Soundcheck in die Halle, und ich dachte, The Who haben gerade gespielt. Vor meinen Augen lag die Bühne in Trümmern. Aber Drummer Keith Moon konnte es nicht gewesen sein. Der weilte ja längst schon im kühlen Grund des Rosengartens vom Londoner Golders Green Crematorium. Verantwortlich war auch nicht der Gewaltausbruch eines ausgeflippten Peter-Zadek-Kritikers.

In Wirklichkeit war eine komplette Lichttraverse auf die Bühne gestürzt und hatte alles unter sich begraben. Sämtliche Gitarren waren gespalten, die Orgel in der Mitte durchgebrochen und mein Schlagzeug glich einem einzigen Schlachtfeld. Angeblich verfügte die Halle über einen Schwingboden, der die Katastrophe auslöste. Wären wir nur zehn Minuten früher gekommen, dann hätte es Tote gegeben. Aber als es passierte, war zum Glück keiner auf der Bühne und somit ist niemand verletzt worden. Abends feierten wir eine rauschende Überlebensparty. Wir hatten Schwein gehabt, wir sollten noch nicht sterben. Bis neues Equipment angeliefert wurde, musste die Tour mehrere Tage unterbrochen werden.

Es gibt über die *Dröhnland*-Tour einen Dokumentarfilm von Horst Königstein mit dem Titel *So 'ne Tournee macht einen reichlich k. o.* In diesem Film ist das ganze Desaster von Augsburg dokumentiert und die schwierigen Umstände einer aufwendigen Theatertournee mit einem Udo Lindenberg, der zunehmend die Kontrolle verlor. Denn nicht nur der Unfall mit der Lichttraverse hatte einen Tourbreak zur Folge, auch der Tod von Udos Mutter Hermine führte zu einer weiteren Unterbrechung. Udo war vollkommen erschüttert, begann mit der besinnungslosen Sauferei und war für Wochen nicht in der Lage aufzutreten. Nach *Dröhnland* nahm er sich eine Auszeit, ging nach New York, versuchte sein Leben in den Griff zu bekommen und lauschte nach neuen Impulsen. Offenbar hatte Humphrey Bogart ein paar Signale geschickt, und Udo erfand sich neu als »Detektiv, der niemals schlief« mit Trenchcoat und seinem legendären Hut. Das Modell Open Road erstand er auf der Madison Avenue und es sollte zu seinem ewigen Markenzeichen werden.

Mit *Dröhnland* ging für mich eine Ära zu Ende. Zum einen war die Produktion die einzige Platte in meiner gesamten Lindenberg-Karriere, auf der ich tatsächlich jeden Titel getrommelt habe. Zum anderen war die Zeit meiner langen blonden Haare vorbei. Ich gönnte mir nach der Tour einen Urlaub in Griechenland mit Claudia und zwei weiteren Freunden. Es war so heiß dort, dass wir uns alle die Köpfe rasieren ließen.

Auch Udos neues Image mit Hut ließ den Beginn einer neuen Ära erahnen. Hinzu kam, dass Carola Kretschmer (damals noch Thomas) das Panikorchester verließ. Die »Tigerin von Eschnapur« hatte mit ihrer himmlischen Gitarre wesentlich zum Sound der Band beigetragen. Mit ihr war nun ein großes Kapitel des Panikorchesters zu Ende gegangen.

1,2 PROMILLE

Udo und Carola hatten sich gestritten und im Alkoholrausch unter Tränen getrennt. Die »Ehe« der beiden war beendet. Auch Paul Vincent machte sich aus dem Staub. Plötzlich waren keine Gitarristen mehr da – und das zu einem Zeitpunkt, wo *Der Detektiv – Rockrevue 2* angegangen werden sollten. Aber Udo blieb cool und folgte einem Plan. Denn als Stammgast im Reeperbahn-Club Chikago hatte er öfters die Auftritte der Band Bauer, Garn und Dyke beobachtet. Udo war auf den jungen Hannes Bauer fixiert, den wilden Gitarrenspieler, den Wahnsinnigen. Hannes Bauer jedoch wollte nur unter der Bedingung einsteigen, wenn er mit seiner Band bei Udo im Vorprogramm auftreten konnte. Der Deal ging klar und das Panikorchester stand mit einem neuen Gitarristen wieder auf festen Füßen. Hannes war ein trinkfester Typ und stieß jetzt auf seinesgleichen, die den Alkoholkonsum schon alleine aus Berufsgründen pflegten. Zu der Zeit war Pernod Cola mit Eis unser Master der Nachtschattengetränke – der Signature Drink des Panikorchesters, den Karl Allaut schon 1973 eingeführt hatte. Besonders in den 80ern war erheblich viel Promille im Umlauf. Udo machte sich teilweise einen Spaß daraus, kurz vor dem Auftritt bei jedem Bandmitglied einen Alkoholtest durchzuführen. Erst mit 1,2 Promille wurde man für die Bühne zugelassen. Im Grunde aber war es ein alberner Spaß, denn die meisten konnten betrunken gar nicht spielen. Getrunken wurde nach dem Auftritt und bis zur nächsten Show musste man sich nüchtern schlafen.

FERRARI-MODUS

Mai 1980. Das Album *Panische Zeiten* klettert in die Charts und die anschließende *Heizer*-Tour pflügt sich wie eine Dampflok durch die deutsche Clublandschaft. Früher standen die Heizer noch hinten auf dem Trailer und schaufelten Koks in den Feuerschlund. Jetzt kam auch ich zum ersten Mal mit Koks ins Geschäft. Nicht mit dem schwarzen Gold, sondern mit dem anderen. Und das lag einzig und allein an Kollege Henning. Henning war mein erster Drumtech, also ein Panikorchester-Bühnenhelfer, der sich ausschließlich um die technischen Belange meines Schlagzeugs kümmerte und für dessen Aufbau, Instandhaltung, Transport und Sound zuständig war. Henning war ein Faktotum wie aus dem Bilderbuch des schweren Rockermilieus: Bleiches Metal Face, ausgebeulte schwarze Shorts mit Kettenbehang, schwarze Sicherheitsschuhe, aus denen muskulöse Kalkstelzen ragten, und oben ein verschwitztes Shirt, auf dem Andy Warhols legendäre *Velvet-Underground*-Banane prangte. Eigentlich arbeitete er für die Scorpions und war als Herman Rarebells Drumtech eine Autorität. Henning hat mich sofort eingeweiht und mir erklärt, was im Rock 'n' Roll wirklich abgeht. Ich weiß noch, wie er an meinem Schlagzeug rumschraubte und dann zu mir rüberrief: »Bertram, komm mal her. Nimm mal das hier. Dann spielst du härter. Das ist besser. Musst du mal machen. Das machen wir in Amerika nur.« Ich war wie ein kleiner Junge und dachte: *Was ist das für ein weißes Pulver?* Ich hab's genommen, was eine unerwartete Hyperaktivierung des Broca-Areals im Frontallappen meines Gehirns hervorrief. Kurzum: In meinem Sprachzentrum funkten die Synapsen dermaßen auf Anschlag, als hätten sie zum ersten Mal den Ferrari-Modus entdeckt. Ich fing an, ohne Unterlass rumzulabern – noch mehr, als ich normalerweise schon rede. Ich auf Koks ist das Schlimmste, was man sich vorstellen kann! Und das wurde dann auch noch die Droge der Wahl.

Auf Tour pflegte die Band die Einhaltung eines etwas eigenwilligen Koksrituals für den allabendlichen Gemütsaufschwung. Meistens kurz vor der Show – mithilfe von Coladosen! Wir nahmen eine Cola aus dem Kühlschrank, rieben die Dose trocken und füllten die Bodenmulde auf der Unterseite mit Koks … und pfffft, weg damit. Die Cola musste man sofort austrinken, kurz 'ne Zigarette hinterher und dann ging's auch schon raus auf die Bühne.

Diese weißen Geschichten vor der Show habe ich schnell wieder abgesetzt, weil ich merkte, dass ich nicht gut damit spiele. Schlecht spielen kann ich absolut nicht leiden. Musikalische Qualität und Disziplin gehen vor. Nur ein einziges Mal habe ich einen Auftritt verpatzt durch irgendwelche Substanzen. Es war zum Glück kein großer Auftritt, sondern ein eingekaufter Corporate Gig mit Udo auf irgendeiner überflüssigen Gala in einer Location mit Sektbesteck und Abendkleid. Dass Udo diesen Gig überhaupt angenommen hatte, muss wohl an der horrenden Gage gelegen haben. Anfangs bemühten wir uns, dem Auftrag gepflegter Unterhaltung nachzukommen. Unten saßen die feinen Herrschaften, und oben auf der Bühne verdingten sich üble Gebrauchtwagenhändler, denen dieses Szenario schon bei der zweiten Nummer auf den Zeiger ging. Mental ruderten wir nur noch Richtung Pause, weil Steffi bereits eine psychotherapeutische Maßnahme anklingen ließ. Aus mehreren Lampenschirmchen unserer Garderobeneinrichtung bastelte er eigenwillige Vorrichtungen, die der stilvollen Aufnahme betörender Rauchwaren diente. Der Gig war inzwischen vollkommen egal, und wir wollten uns jetzt dem Selbstversuch unterziehen, inwieweit Haschischkonsum unser Glücksempfinden auf dieser Peinlichkeitsveranstaltung doch noch retten konnte. Ich ging vollkommen stoned auf die Bühne. In diesem Zustand habe ich mich total verkloppt. Ich war dermaßen sauer auf mich selbst, dass ich danach nie wieder so etwas getan habe.

DIE WELLBLECHHALLE

Zurück zur *Heizer*-Tour, deren Routing uns auch nach Villingen-Schwenningen führte. Es war ein Tag im Spätsommer 1980, die Sonne knallte und unser Tourbus parkte vor einer hässlichen Wellblechhalle. Wir waren keine Kostverächter und schon nachmittags beim Soundcheck gut angetrunken. Schließlich hieß die Tour *Die Heizer kommen.* Der Name war Programm. Die Halle war mit gefühlten 3000 Leuten ausverkauft, und als wir abends zur Show aufschlugen, brütete diese Wellblechkiste wahnsinnig vor Hitze. Kaum hatte ich die Garderobe verlassen, war meine Sonnenbrille beschlagen. Ich sah nichts mehr … schnell die Brille runtergerissen, das Wasser lief mir in die Augen und die Show ging los. Zum Glück hatte ich vorher nur noch Wasser getrunken. In dieser Sauna trommelte ich noch mit dieser naiv-jugendlichen Power. Bis kurz vor Schluss hielt ich durch. Dann kam »Honky Tonky Show« und ab da weiß ich nichts mehr. Ich sei plötzlich vom Stuhl gefallen – Kreislaufkollaps. Udo hat »Honky Tonky Show« hinten am Schlagzeug zu Ende getrommelt, während ich bereits von unserer Tourärztin an den Tropf gelegt war und Zuckerpräparate verabreicht bekam. Man hatte mich ins Hotel getragen und erst dort bin ich wieder zu mir gekommen. Zum Glück war der nächste Tag ein day off und ich hab 48 Stunden durchgepennt. In meinem Leben bin ich auf der Bühne nur zweimal umgefallen. Einmal in dieser Halle und fünf Jahre später in Moskau … doch da war es der erbärmliche Zitronenlikör, der mich zu Fall brachte.

Zum zweiten Teil der *Heizer*-Tour gesellte sich die amerikanische Sängerin Helen Schneider als Gast hinzu. Sie hatte den Bassisten ihrer New Yorker Band Kick dabei, ebenso ihren Manager, mit dem sie liiert war, und dann noch eine Freundin, deren Name mir entfallen ist. Helen führte eine Dreierbeziehung und dieses transerotische Liebestriumvirat ging nun mit uns auf Rock-'n'-Roll-Fahrt. Die immer wieder neu entfachten Konstellationen einer bunten Panik-Family waren der konsequente plakative Ausdruck von Udos sinnlichem Rausch nach verrückten Utopien.

Unter diesen Vorzeichen entstand in dieser Zeit auch die Filmkomödie *Panische Zeiten.* Ich war damals Anfang 20, wollte trommeln und war nicht besonders erpicht darauf, unter Udos Diktat eine alberne Filmrolle als Laiendarsteller auszufüllen. Zum Glück bekam ich keine Sprechrolle zugewiesen – so wie Fritz Rau, Karl

Dall oder Eddie Constantine –, sondern stand als Staffage nur im Hintergrund. Ich erinnere mich an die Inszenierung der verrückten Poolparty. Für den Dreh hatte man leichte Damen vom Kiez und dubiose Schattengestalten aus dem Onkel Pö engagiert. Was da abging, war der komplette Wahnsinn.

UDOPIA IN NASSAU

Eigentlich nahm Udo seine Platten vorwiegend in Hamburg auf. Das war sein Zuhause. Aber nachdem er sein Image geändert hatte und der legendäre Hut die Gestalt des neuen Udo verkörperte, trieben ihn größere Visionen an. Er dachte in internationalen Kategorien und eine der Aufnahmesessions für sein *Udopia*-Album sollte auf den Bahamas stattfinden. Vorausgegangen war eine Connection zu Chris Blackwell, Inhaber der Plattenfirma Island Records und Betreiber der Compass Point Studios in Nassau. Udo erhoffte sich die Chance auf einen internationalen Deal bei Island Records. Als Pilotprojekt entwickelte man die englischsprachige Single »Father, you should have killed Hitler«, wobei sich das musikalische Gerüst auf Udos Song »Grande Finale« stützte. Den Text adressierte er an seinen Vater und formulierte darin den Vorwurf, dem Aufstieg der Nationalsozialisten zugesehen zu haben. Blackwell stand auf die Nummer und produzierte die Single, aber damit wurde noch kein Erfolg geerntet. Doch das ganze internationale Flair gab Udos Vision einer weltoffenen Gesellschaft den richtigen Anstrich. Also musste man raus in die große Welt und das Panikorchester flog im Winter 1980 auf die Bahamas.

Spätnachts landeten wir mit Jetlag in Nassau und Steffi verlor keine Zeit. Er haute irgendwelche Typen wegen Haschisch an, bekam einen Tipp und eilte zu einem Taxi. »Wir fahren jetzt erst mal in die Stadt.« Ich blieb an seiner Seite und stieg mit ihm in die heruntergekommene Limousine – Steffi vorne, Jean-Jacques und ich hinten.

Der Taximan vom Typ Morgan Freeman grinst breit, als wir ihn über unser Vorhaben informieren, und fährt los. Ziel: Nassau Downtown. Seinem klebrigen T-Shirt entdünstet ein stumpfer Geruch, dem man nur entgehen kann, wenn man den Kopf etwas zur Seite dreht. Dabei entdecke ich vorne am Armaturenbrett seinen Ausweis. Er hängt an einer Kette und pendelt ständig hin und her. Mit etwas Konzentration kann ich den Namen lesen. Der Typ heißt L. D. Deveaux. Falls die Sache hier schiefgeht, habe ich wenigstens seinen Namen. Und Deveaux fährt uns immer tiefer nach Downtown, wir biegen in dunkle Straßen ein und erreichen den Over the Hill District, als plötzlich … klock-klock-klock-klock … vier automatische Türschlösser einrasten. Steffi versinkt langsam im weißen Ledersitz, und ich versuche mir krampfhaft den Namen L. D. Deveaux einzuprägen, während der Franzose neben mir darüber nachdenkt, ob sein Konto über die nötige Deckung für eine Beerdigung auf dem Pariser Montmartre-Friedhof verfügt.

L. D. fährt jetzt ganz langsam, ein paar Mülltonnen brennen vor einer Baracke und weiter hinten parkt ein Cadillac, der einen Cumulus an Dunstwolken aus dem Auspuff bläst. L. D. zieht rechts rüber und scratcht mit den Rädern den überhohen Bordstein entlang, bevor der Wagen mit schwankendem Ruck zum Stehen kommt. Wir sind in einer Sackgasse, und eine Gruppe von schätzungsweise 15 Black People mit den größten und schwärzesten Sonnenbrillen, die noch nie Tageslicht gesehen hatten, umringt sogleich unser Taxi. Zwei Typen klopfen gegen die Scheibe.

»Hi, how are you doing?« Der Boss scheint L. D. zu kennen und hält eine Kette in der Hand, die er psychopathisch um die Finger kreisen lässt. Mir kriecht die Angst in die Brust. Augenblicklich könnte jemand eine Knarre ziehen. Mit Schalldämpfer … fupp, fupp … das geht ganz schnell. Warum auch immer nimmt der Boss jetzt Jean-Jacques ins Visier, der mir um die Nase sehr blass erscheint.

»What's your name?«

»Jean-Jacques.«

»Jean what?«

»Jean-Jacques! I'm French.«

»Anyway, I'll call you Slick.«

Uns alle überkommt eine ungute Vorahnung. Die Typen entschwinden in der Dunkelheit, kehren kurz drauf aber wieder zurück. Mit Plastikbeuteln in der Hand. »What do you want?« In den Tüten befindet sich die komplette Drogenkirmes und Steffi kauft ein paar Brocken der angepriesenen Rauchware. Jetzt abzulehnen und abzuhauen wäre Selbstmord gewesen, obwohl das Zeug billiger Hausshit war. Das konnte man unmöglich rauchen. L. D. brachte uns endlich aus der Stadt, wir landeten weit nach Mitternacht in den Compass Point Studios und bezogen unsere Apartments mit Fliegengittertüren. Immerhin direkt am Ozean.

Am nächsten Tag machten wir eine Begehung der Studioräume und sahen, wie jede Menge Kisten rausgeschleppt wurden, auf denen die Aufschrift *AC/DC* zu lesen war. Die Australier waren zwei Tage zuvor mit den Tracks für *Back in Black* fertig geworden. In Studio II hatte Keith Emerson seine Keyboardwelt errichtet. Inmitten eines Arsenals verdrahteter Synthesizer nahm er gerade die Musik für den amerikanischen Actionthriller *Nighthawks* auf. Keith fuhr eine alte Triumph mit *Easy-Rider*-Lenker. Er trug eine lederne Motorradmütze, produzierte aber klassische Musik. In Studio III hatte sich Ringo Starr eingerichtet und fummelte an *Stop and Smell the Roses*. An seiner Seite schraubte der Producer Harry Nilsson sowie kein Geringerer als Engineer Alex Sadkin, der später die ganzen Grace-Jones-Scheiben produzierte.

Eigentlich dümpelten wir mit Udo die ersten Tage mehr oder weniger verloren am Strand, zogen uns Piña Coladas rein und verschwanden abends im Playboy Casino des Ambassador Beach Hotel. Das Ganze kam mir wie eine Klassenfahrt vor.

Compass Point entpuppte sich nicht als Oberknaller, sondern eher als Schuppen, der seine beste Zeit hinter sich hatte. Die Räume dünsteten einen muffig-feuchten Geruch aus und das Equipment war nicht der Hammer. Man hatte mir für die Aufnahmen Sly Dunbars Kit der Marke Slingerland versprochen. Auf seiner völlig runtergerockten Reggaebude konnte man allerdings nicht spielen und der Sound passte nicht zu meinem Style. Die Sekretärin vom Compass Studio erwies sich als hilfsbereit und meinte: »Drüben auf der anderen Straßenseite wohnt Robert Palmer! Der hat ein Gretsch-Drumkit bei sich zu Hause stehen. Da gehste mal rüber und fragst, ob er dir das leiht.« Robert Palmer hatte gerade mit »Bad Case of Loving You« seinen internationalen Durchbruch geschafft und nun sollte ich junger Typ aus Burgsteinfurt einfach in sein Haus einfallen?

Es ist der 8. Dezember 1980, der Tag, an dem John Lennon erschossen wird, als ich die Straße rübergehe und an der Haustür von Robert Palmer die Klingel drücke. Palmer öffnet persönlich und ich formuliere höflich mein Anliegen. Seine bürstigen Augenbrauen schnellen in die Höhe. »Ah, you're playing for this crazy guy who walks on the beach with leather trousers and green socks?« Er bittet mich ins Wohnzimmer. Dort steht eine alte Revox-Maschine, ein kleines Mischpult und eben besagtes Gretsch-Schlagzeug. Aber er scheint irgendwie misslaunig, ist kurz angebunden und hat offenbar Krach mit seiner Gattin. Das Kit will er mir nicht geben. Angeblich braucht er es selbst für Aufnahmen.

Die ganze Sache in den Compass Point Studios schien von Anfang an zum Scheitern verurteilt. Die Studiotechnik war nicht in Ordnung und regelmäßige Stromausfälle gehörten zur Tagesordnung. Immerhin gab es einen Aufenthaltsraum mit Billardtisch. Einmal saßen wir da alle rum und Ringo rief in die Runde: »Hey, does anyone fancy to play some pool?« Ich war sofort dabei. Am liebsten hätte ich ihn mit Fragen gelöchert, um ein paar Storys über die Beatles zu hören. Aber Ringo ist so eine Legende, dass du plötzlich vortäuschst, ganz cool zu sein. Natürlich hat Ringo das sofort gecheckt. Der wusste einfach, dass ich wusste, dass er Ringo ist.

Jean-Jacques ist mal versehentlich zum falschen Zeitpunkt ins Studio von Ringo reingegangen, als er gerade einen Vocaltrack aufnahm. »Is this an open house?« Ringo nahm Jean-Jacques in den Arm und hat ihn walzermäßig aus dem Studio rausgetanzt – pure Love-and-Peace-Mentalität.

Um irgendetwas Kreatives mit dem Panikorchester zustande zu bringen, probierten wir den Song »Gegen die Strömung«, was eigentlich ein Rip-Off war von »Against the Wind« von Bob Seger & The Silver Bullet Band. Plötzlich kommt Harry Nilsson rein, vollbreit von der Ringo-Session, und hört sich den Song an. »Okay, the first half of the song is shit, the second half is great«, sagt er und geht wieder. Und Udo in seiner typischen Art: »Hmm, wenn der Harry das sagt, ne, müssen wir noch mal spielen, ne.«

Aber dann fielen schon wieder irgendwelche Lautsprecher aus und feuchte Kabel knacksten in die Aufnahme. Wir bekamen einfach nichts Vernünftiges aufs Band und kehrten mehr oder weniger ergebnislos nach Hamburg zurück. Lediglich ein paar Spuren des Songs »Gegen die Strömung« konnten später verwendet werden. Die Aufnahmen für *Udopia* fanden dann doch wieder im vertrauten Rüssl-Studio statt und die Bahamas-Aktion wurde letztlich als Betriebsausflug verbucht.

HOUSE OF THE RISING SUN

Dieses Kapitel, das ich zu Beginn der 80er mitschreiben durfte, war nicht gerade die aufgehende Sonne. Vielmehr ein erster Versuch, mich international zu connecten. Immerhin kannte ich Eric Burdon durch Udos *Dröhnland*-Projekt. Nach einer Scheidung und Steuerschulden in Amerika war er nun in Deutschland gelandet und quartierte sich in Hamburg beim Panikorchester-Keyboarder Jean-Jacques Kravetz ein. Die beiden und Steffi hatten sich im Rahmen der Zadek-Geschichte angefreundet. Nun saß Burdon auf dem Sofa in Jean-Jacques' Wohnung und hatte keinen Plan. Stattdessen rauchte er unentwegt Gras. Er litt unter Asthmaanfällen und meinte, Gras sei gut für die Lunge.

Jean-Jacques versuchte Eric aus der Lethargie zu helfen und stellte eine Band für ihn zusammen. Zunächst waren noch Kollegen vom Panikorchester dabei und es gab vereinzelte Ausprobiergigs, unter anderem in Rom, wo der Strom ausfiel und ich mir vor Übermut die Hände blutig trommelte. Aber dann, 1980, kam es zur offiziellen Gründung des Projekts Fire Department. Und ich war dabei. Die große weite Welt lockte. Zudem war Michael Conradt am Start, der Manager von Peter Maffay, der als totaler Burdon-Fan das Projekt anschieben sollte. Wir waren hinsichtlich der finanziellen Geschichte alle gleichberechtigt. Na gut, Eric hat ein bisschen mehr gekriegt, weil er der Rockstar aus England war … »House of the Rising Sun« … aber wir waren gut beteiligt. In der regulären Fire-Department-Besetzung spielten letztlich Nippy Noya, Frank Diez, Jackie Carter, Gitarrist Bernd Gärtig von Rudolph Rock & die Schocker sowie der Bassist Reggie Worthy, der von Ike & Tina Turner kam. Steffi Stephan war also nicht mit dabei, und ich hatte nichts dagegen, auch mal mit einem anderen Bassisten zu arbeiten. Das erschien mir die Gelegenheit, mich persönlich ein bisschen von Steffi abzunabeln. Ich brauchte das, um erwachsen zu werden.

Die Band fuhr nach Südfrankreich und wir bastelten in der Nähe von Nizza ein paar Demos zusammen. Anscheinend waren die Layouts so überzeugend, dass uns die Plattenfirma Ariola den Zuschlag gab. In einem Wald-und-Wiesen-Studio in Hiltpoltstein wurde das Album *The Last Drive* produziert.

Während uns ein reichlich bestückter Tourplan wochenlang quer durch Europa führte, war es in all der Zeit Eric Burdon nicht gelungen, sich meinen Namen zu merken. Bei der Bandvorstellung brüllte er immer ins Mikrofon: »On drums: Engelbert Humperdinck!« Er nannte mich auch mal den »Mercedes-Benz of Drums«, weil ich eine perfekte deutsche Maschine war. Ich nahm es als Kompliment auf. Einmal traten wir auf einem Festival im Wiener Praterstadion auf. Wir waren erster Act, nach uns kam Van Morrison, danach Jimmy Cliff und als Headliner trat Carlos Santana auf.

Letztlich ist das komplette Eric-Burdon-Projekt den Bach runtergegangen, weil Michael Conradt uns sausen ließ. Vielleicht befürchtete er Interessenkonflikte, da er ja auch Manager von Peter Maffay war. Also hat er uns den Laufpass gegeben, schließlich war Maffay die sichere Bank. Mit ihm hatte er millionenfach Platten verkauft. Kurzerhand fiel Fire Department auseinander – und das war's dann leider. Das Album hieß wohl nicht umsonst *Last Drive*.

Zum Glück war ich auf Eric Burdon finanziell nicht angewiesen, da ich bei den Großmächten Maffay und Lindenberg fest im Sattel saß. Kurz drauf flog ich nach Berlin, um mit Peter in den Hansa Studios am Album *Ich will leben* zu arbeiten. Diese Platte war die letzte, die wir in Berlin im Hansa machten, da Peter länger schon Pläne hatte, sein eigenes Studio in Tutzing am Starnberger See zu errichten, und erste Baumaßnahmen bereits im Gange waren.

LASS DAS SCHAUKELPFERD WEG!

Im Frühsommer 1982 kommen die Rolling Stones mit *Tattoo You* auf Europatournee. Sie wollen in jeder Metropole zusätzlich zu ihrem eigenen Support, der J. Geils Band, den größten Act des Landes im Vorprogramm haben. In Frankreich war das die Punkband Téléphone. Ich erinnere mich deshalb an den Bandnamen, weil die damals nicht durchgehalten haben. Sie wurden schon beim ersten Gig ausgebuht und sind nie wieder angetreten. Aber wir mit Peter sind in der Tat sechsmal vor den Stones angetreten. Zweimal Hannover, zweimal München, zweimal Köln.

Maffay war 1982 der erfolgreichste Act in Deutschland. *Revanche* mit der Single »Sieben Brücken« verkaufte mit 1,5 Millionen Exemplaren mehr als *Saturday Night Fever*. Und das 82er Album *Ich will leben* mit dem Hit »Eiszeit« erhielt sofort Platin. Das war unsere Eintrittskarte für die Stones.

Peter als Star hatte das Selbstbewusstsein und bestand darauf, direkt vor den Stones aufzutreten. Die J. Geils Band sollte nun

Support für die Maffay-Band machen. Daraufhin gab's ein riesiges Tohuwabohu zwischen unserem Promoter Fritz Rau und Bill Graham, dem Manager der Stones. Aber Fritz Rau hatte immer eine Trumpfkarte im Ärmel, sodass die Running Order tatsächlich geändert wurde. Wir waren jetzt also Hauptact vor den Stones! Hinzu kam, dass Peter den Wunsch nach einem Soundcheck äußerte. Die amerikanische Crew hat sich halb totgelacht. Der Deutsche will Soundcheck machen. Daraufhin kam die scharfe Ansage von den Stones-Technikern, dass der Soundcheck für die Maffay-Band – wenn überhaupt – nur morgens um 8 Uhr stattfinden kann. Die wollten uns ärgern! Und Peter konterte: »Okay, meine Freunde! Machen wir!« Damit hatte Maffay die alle vorgeführt, weil sie dachten, ein Rockstar aus Deutschland sagt zu 8 Uhr morgens niemals Ja. Die hatten sich nun ins eigene Fleisch geschnitten und mussten in der Frühe antanzen, die Technik anschmeißen und uns ans Gerät lassen. Eigentlich war es kompletter Unsinn, zu dieser Unzeit einen Soundcheck zu machen, denn wenn wir nachmittags spielen sollten, hatte den ganzen Tag die Sonne aufs Stadion geknallt und der Sound war sowieso wieder anders. Solche Sachen haben uns nicht beliebt gemacht. Weder bei der Crew noch bei den Stones. Wir waren die gehassten deutschen Schlagertypen. Im Nachhinein ist rausgekommen, dass wegen dieser Geschichte einiges an Bestechungsmaterial über den Tisch gegangen ist.

Wenige Tage zuvor hatten wir im Trixi-Studio in München die Songs durchgeprobt, darunter englische Coversongs, Titel vom Album *Tame & Maffay* sowie einige coole rockigere Sachen. Die richtigen Songs auszuwählen, die im Stadion im Vorprogramm der Stones standhalten mussten, war eine Herkulesaufgabe. Wir hatten die Ahnung, dass wir vielleicht nicht nett aufgenommen werden würden. Denn immer noch haftete an Peter das Schlagerimage. Folgerichtig schlug ich vor, »Sieben Brücken« besser wegzulassen: »In Hannover im Niedersachsenstadion mit 50 000 Stones-Fans vor der Bühne, dann kommt diese Textzeile mit dem Schaukelpferd .... ich weiß nicht, ob das gut kommt. Lasst uns lieber bei den harten Rocknummern bleiben.« Aber mit meiner Äußerung bin ich bei Peter auf Granit gestoßen: »Nein, nein, ich muss dazu stehen, was ich mache, und auch zu ›Sieben Brücken‹. Es ist ein wichtiges Lied! ›Sieben Brücken‹ verbindet Ost und West.«

Als wir am Nachmittag des 6. Juni 1982 zum Niedersachsenstadion fuhren, schallte uns aus der Ferne schon die Hymne der J. Geils Band entgegen. »Centerfold« war ihr legendärer Hit. Das war deren letzte Nummer, bevor wir dann auf die Bühne kamen. Und diese Melodie von »Centerfold« sollte uns noch lange im Kopf bleiben. Denn was danach passierte, war die Hölle. Wir haben sechs Shows vor den Stones gespielt. Jedes Mal auf der Fahrt ins Stadion hörten wir diesen Song, und wir wussten, danach gibt's wieder Prügel. Denn es passierte, was ich befürchtet hatte. In dem Moment, wo bei »Sieben Brücken« der Satz mit dem Schaukelpferd kam, flog das erste Ei. Und dann war's vorbei. Eine Armada von Tomaten kam auf uns zu und alles Zeug, was die Leute mitgebracht hatten. Das war teilweise gefährlich, weil auch Äpfel flogen und harte Eier.

Unser Saxofonist Eddie Taylor hat damals einen seelischen Schock davongetragen. Er nahm es persönlich, ist irgendwann ausgerastet und musste mit Mittelchen ruhiggestellt werden. Peter saß im Hotelzimmer und hat sich die Wunden geleckt. Sein Selbstbewusstsein war ein bisschen angeknackst, aber er ist ein Typ, der immer wieder aufsteht, auch wenn es noch härter kommt. Am nächsten Tag dann die zweite Show. Es war das gleiche Spiel, nur mit dem Unterschied, dass jetzt die Eier roh waren. Die *Bild*-Zeitung hatte uns fertiggemacht und in ganz Deutschland verkündet, was uns widerfahren war. Jetzt wussten alle Bescheid, und es war modern, Maffay zu bewerfen.

Die beiden Shows am 10. und 11. Juni in München verliefen anders. Schlechtes Wetter war angekündigt und während unseres Auftritts fing es tierisch an zu regnen. Peter ging auf den Laufsteg raus in den Regen und die Gitarrenfront marschierte ihm hinterher. Wir haben gespielt wie die Teufel, auch weil wir plötzlich merkten, es kam gar nichts geflogen. Die Leute haben uns ertragen und fanden es teilweise wohl auch gut. Vielleicht klangen wir besser, vielleicht waren wir besser. Wir hatten »Sieben Brücken« immer noch im Programm, aber München hatte eine andere Fankultur. Nach dem letzten Song sind wir von der Bühne, verschwanden unten in den Katakomben der Sportlergarderoben und haben es regelrecht abgefeiert, dass wir nicht beworfen wurden. Plötzlich fiel Fritz Rau in die Garderobe ein und schrie: »Rauuuss, wieder rauuusss! Zugabe, Zugabe!« Da bauschte sich draußen was auf. Jetzt hörten auch wir dieses Rauschen der Menge, die nach Zugabe rief – und es wurde immer lauter. Dann sind wir raus, wieder in den Regen und haben »Eiszeit« gespielt. Die 50 000 Fans waren begeistert, dass wir mit denen gemeinsam im Regen standen, und feierten uns ab. Für mich war es wie eine Erlösung, dass wir es doch gebracht hatten. Die Lehre war: Selbst wenn du runtergemacht wirst, du sollst wieder aufstehen.

Mit diesem Vorsatz sind wir dann am 4. Juli in Köln angetreten. Die Stones hatten inzwischen Konzerte in Paris, London und Wien gegeben. Aber dann hieß es, in Köln seien zu wenig Tickets verkauft worden. Fritz Rau wollte deshalb die Kölner Band BAP zusätzlich ins Programm nehmen, weil die bei einem Heimspiel sicherlich gut wären für weitere 10 000 Tickets.

Peter wollte unter dem Konkurrenzdruck nicht auftreten. So wie ich mich erinnere, hatte Fritz Rau trotzdem BAP engagiert, und er dachte sich, wenn die mittags spielen, dann ist Maffay ja noch nicht da und der kriegt das gar nicht mit. Das war sehr naiv gedacht. Natürlich sind wir frühzeitig ins Stadion, um spionagemäßig zu gucken, was da passiert. BAP waren die Local Heroes und das Müngersdorfer Stadion flippte komplett aus. Die Vorzeichen für uns standen also nicht gut. Ich hatte bei der Show vorsorglich die Becken so aufgebaut, dass sie wie Schutzschilde wirkten. Köln war für uns beschissen, und es dauerte nicht lange, bis die ersten Eier flogen.

Peter war ziemlich sauer und zum ersten Mal warf er sogar Sachen zurück. Übers Mikrofon beschwerte er sich über das unverschämte Verhalten und legte sich mit ein paar Leuten in der ersten Reihe an. Als Reaktion flog dann das Fünffache an Tomaten und Eiern auf die Bühne. Und plötzlich knallte … paff … ein Ei an meinen Oberschenkel. Es war eine Riesensauerei. Fritz Rau kam persönlich auf die Bühne und hat den ganzen Mist weggefegt, damit wir weiterspielen konnten. Der hat in dem Moment auf Roadie gemacht. Total lieb. Immerhin wurde ein gutes Honorar bezahlt – ich hab das als Schmerzensgeld verbucht.

Dass die anschließende Tour den Titel *Ich will leben* trug, zeugte retrospektiv von gewissem Humor.

KOPF HOCH

Mit einem Platinalbum im Rücken war der Weg für 20 groß angelegte Shows geebnet. Längst waren die Tomatenattacken vergessen, Maffay populärer denn je und als Superstar wollte man ihn auf der *Ich-will-Leben*-Tour gebührend in Szene setzen. Also hatten sich die Stage Designer einen »sensationellen« Showeffekt ausgedacht. Peter sollte bei »Sieben Brücken« vom Untergrund der Bühne aus einem Fahrstuhlschacht mit einem elektrifizierten Riser hochgefahren werden. Eine emporsteigende Maffay-Sphinx erscheint in Rauch und Dampf vor einem rasenden Publikum. So hatte man sich das ausgedacht. Aber in Böblingen in der Sporthalle blieb das Ding auf halbem Weg plötzlich stehen, sodass nur Peters Kopf oben aus dem Bühnenloch rausguckte, während er die Zeile »Manchmal wünsch ich mir mein Schaukelpferd zurück« sang. Peter war wütend und brüllte nach unten zur Technik: »Hoch! hoch!«, aber die verstanden wegen der Lautstärke nichts und fuhren ihn stattdessen wieder runter. Schließlich ist er wie ein Grubenkumpel eigenhändig aus dem Schacht rausgeklettert. Der Showeffekt war vollkommen in die Hose gegangen und der Überhit »Sieben Brücken« bereits beim Opener verzockt.

ODYSSEE

Während wir mit Peter die *Ich-will-leben*-Tour ins Ziel brachten, saß Udo bereits im Studio und tüftelte an Songs für *Odyssee*. Er wollte einen moderneren Sound an den Start bringen und flirtete mit neuen Synthesizern, darunter auch mit der berühmten LinnDrum-Maschine, die ihren stoischen Beat letztlich dem »Sonderzug nach Pankow« zur Verfügung stellte. Die neue Technikaffinität war ein Grund, warum ich zu dem Album keinen einzigen Trommelschlag beisteuerte. Kaum einer vom Panikorchester war an diesem Album beteiligt, dafür einige Studiotypen, die für verschiedene Tracks angeheuert wurden. Zudem suchte Udo einen Keyboarder, der sich in ein modernes Soundflair reindenken konnte und möglicherweise eine Option wäre für die bevorstehende *Odyssee*-Tour. Sozusagen als zweiter Mann an den Tasten neben Jean-Jacques.

Ich erinnerte mich damals an Hendrik Schaper. Wir hatten uns Jahre zuvor bei den Matinee-Sessions im Jovel kennengelernt. Ich zwitscherte Udo ins Ohr: »Ich kenn da jemanden, der spielt in der Band, wo du auch gespielt hast: bei Doldingers Passport.«

Klaus Doldinger schien damals der Miles Davis von Deutschland zu sein. Bei ihm spielten so manche Leute, die später im Dunstkreis von Lindenberg auftauchten. Udo sah sich einen Passport-Gig an und schaute Hendrik während des gesamten Konzerts auf die Finger. Hendrik wohnte damals in Osnabrück, er hatte Zeit und wurde Mitglied im Panikorchester. Im Gegensatz zu mir durfte er einige Tracks auf der *Odyssee*-Platte spielen, mit der Udo ein Top-10-Album gelang, das mal wieder Gold einspielte. Damals gab es mit der historischen Marke von 250 000 verkauften Exemplaren diese Auszeichnung – ein historisches Relikt aus den alten Vinylzeiten.

Um die Tour anzukurbeln und die Hallen vollzumachen, wurde Udo der italienische Popstar Gianna Nannini als Support angeboten. Sie schlug gerade mit »Latin Lover« hohe Wellen in den Charts und brachte ihre Band mit. Während Gianna ihr Set spielte, hatte das Panikorchester also Pause und man saß im Backstage bei Pernod Cola. Udo war in diesen Momenten zwar oft mit dabei, aber außerhalb der Tourneen lebte er seinen eigenen Film und machte vermehrt »sein eigenes Ding«. Die politischen Umtriebigkeiten, die Udo damals bewegten – vor allem seine Haltung zur DDR und sein Wunsch, dort einmal aufzutreten – bekamen wir nur am Rande mit. Udo und das Panikorchester waren lange schon getrennte Einheiten. Er plante und engagierte sich, sein Name stand in der Öffentlichkeit, während die Band ihm als seine Crew folgte. Insofern hatten wir gar nicht auf dem Schirm, welch wichtige Rolle er als Sprachrohr für die Friedensbewegung spielte.

PALAST DER REPUBLIK

Niemand konnte ahnen, dass der 25. Oktober 1983 in die deutsche Geschichte eingehen würde. Udo hatte acht Monate zuvor den »Sonderzug nach Pankow« rausgebracht. Der Song war eine direkte Botschaft an Erich Honecker, um die verknöcherte Haltung des Staatsratsvorsitzenden aufzuweichen. Jahrelang war Udo der Wunsch verwehrt worden, eine DDR-Tournee oder zumindest ein Konzert in Ostberlin zu geben. Ein Westrocker im Osten zu Zeiten des Eisernen Vorhangs – völlig undenkbar. Udo Lindenberg war in der DDR unerwünscht und seine Lieder durften im Radio nicht gespielt werden. Man befürchtete eine aufrührerische Einflussnahme auf die DDR-Jugendkultur. Und dann kam der Sonderzug.

»Ey Honey, ich sing für wenig Money im Republik-Palast, wenn ihr mich lasst.« Honecker schien der despektierliche Text kalt erwischt zu haben. Der Song galt als Diffamierung des Staatsratsvorsitzenden und kam auf den Index.

Nachdem sich die Wogen geglättet hatten und Unterhändler daran feilten, einen Auftritt Udos doch noch zu ermöglichen, kam plötzlich Bewegung in die Sache. Offenbar hatte die Botschaft des Liedes »Wozu sind Kriege« in den Köpfen der Funktionäre ein Umdenken bewirkt. Einem Konzert und einer Tournee wurde zugestimmt, die im Nachgang eines Pilotauftritts stattfinden sollte. Man hatte wohl registriert, dass sich Udo nicht nur gegen die amerikanischen Pershing-II-Atomraketen aussprach, sondern in gleichem Atemzug auch gegen die sowjetischen SS-20.

Letztlich machte sich noch der FDJ-Vorsitzende Egon Krenz für Udo stark.

Zunächst plante man ein Festival unter dem Motto »Rock für den Frieden« und wählte den Palast der Republik in Berlin-Mitte als Austragungsort. Es sollte auch der Friedensaktivist Harry Belafonte auftreten, der in der DDR als großer Star gefeiert wurde. Für die Politprominenz war es von großem Interesse, sich mit ihm öffentlich zu schmücken. Unser Manager Fritz Rau hatte das Ganze so eingefädelt, dass Belafonte nur unter der Bedingung auftrat, dass auch Lindenberg singen durfte.

Für Udo war dieser Tag sehr wichtig. Wir vom Panikorchester haben die ganzen Umstände gar nicht so wahrgenommen. Für uns war es nur ein weiterer Auftritt im Rahmen der *Odyssee*-Tour – zumindest anfangs.

Gegen 13 Uhr wurden wir am Westhotel abgeholt. Wegen diverser Meetings war Udo bereits vorausgefahren. Die Fahrt ging über die Invalidenstraße und wir wurden regelrecht in die DDR eingeschleust. Um 14 Uhr sollte »Ton- und Kameraprobe« sein. Ausgemacht war, dass wir vor Fans und einem normalen Publikum spielen – aber diese Abmachung wurde nicht eingehalten. Karten wurden nur an sogenannte »bewährte Jugendliche« ausgegeben. Die richtigen Fans standen draußen vor der Halle und protestierten. Von unserer Garderobe aus konnten wir den Tumult auf dem Vorplatz der Halle sehen. Udo hatte das offizielle Protokoll verlassen und gelangte über einen Hinterausgang raus zu den Fans. Diese versuchten die Absperrung der Volkspolizisten zu durchbrechen, um den »Palazzo Prozzo« zu stürmen. Hunderte von Jugendlichen brüllten im Chor: »Udo, Udo, wir wollen Udo!« Die Szene drohte zu eskalieren, aber wir kamen aus der Nummer nicht mehr raus und mussten das jetzt irgendwie durchziehen. Steffi drehte sich in der Garderobe noch einen Joint, unwissend, dass unser Rückzugsort von der Stasi abgehört wurde. Später erfuhren wir, dass es vor der Halle etliche Verhaftungen von aufgebrachten Fans gab. 6000 Staatssicherheitsbeamte überwachten die Veranstaltung.

Gegen 21 Uhr ging unsere Show los, die eigentlich nur 20 Minuten dauerte. Auf der Bühne war uns augenblicklich klar, dass wir kritischen Stasiaugen ausgesetzt waren. In der Audience saßen 4000 linientreue FDJ-Blauhemden, denen man eingeimpft hatte, nur verhaltenen Applaus zu spenden. Wir wurden regelrecht für eine Propagandaveranstaltung benutzt, trotzdem rockten wir, so gut wir konnten, und Udo hat noch Sprüche abgelassen zu Raketen und Aufrüstung. »Von deutschem Boden darf nie wieder ein Krieg ausgehen. Weg mit allem Raketenschrott in der Bundesrepublik und in der DDR!«

Das Konzert war letztlich der absolute Horror. Wegen der politischen Brisanz wurden wir allerdings per Liveschalte in den westdeutschen Abendnachrichten gesendet.

Zum Finale der Veranstaltung versammelten sich alle mitwirkenden Künstler auf der Bühne und es wurde eine Hymne der Friedensbewegung angestimmt. Udo trat jedoch in den Hintergrund und setzte sich ganz ruhig an mein Schlagzeug. Fritz Rau kommentierte diesen Rückzug später mit: »Ich habe ihn beobachtet und ich kann nur sagen, er war in diesem Moment der einsamste Schlagzeuger der Welt. Denn er hat diesen ganzen hektischen Umarmungen und Brüderlichkeiten nicht getraut.«

Wir sind nach dem Gig schnell zurück ins Hotel und konnten am nächsten Tag die Tour fortsetzen. Der Auftritt im Palast der Republik war das einzige Konzert, das wir mit dem Panikorchester je in der DDR gespielt haben. Reinhold Beckmann begleitete uns damals als Tonassistent eines ARD-Kamerateams. Gemeinsam mit Falko Korth erstellte er später über die Umstände des Auftritts eine TV-Dokumentation, die unter dem Titel *Die Akte Lindenberg* erschien. Eine DDR-Tournee, wie sie uns von Kulturfunktionären versprochen wurde, hat nie stattgefunden.

SPLITTERNACKT

Im Grunde waren die 1980er-Jahre full of Spinal Tap. Bei Spinal Tap handelt es sich um eine semifiktive Rockband, die im Kultfilm *This is Spinal Tap* alle absurden Rock-'n'-Roll-Klischees bedient. Natürlich besteht der ganze Mythos aus einem Füllhorn an Geschichten. Viele werden kolportiert, aber etliche habe ich selbst eigenen Auges erlebt.

Und sowieso waren die 80er eine wilde Phase, in der wir jegliche Konventionen brachen. Nachts hing man auf dem Hotelzimmer ab, und wenn das übliche Gelaber und Musikhören nicht mehr reichte, dann fing man an, irgendeinen Mist zu machen. Daher stammt auch das Image, dass Rock-'n'-Roll-Bands Fernseher ausm Fenster schmeißen. Das haben wir jetzt nicht direkt gemacht, aber dass mal was ausm Fenster flog und man albern hinterherguckt, wie es unten ankommt, na klar, das war auch dabei. So etwas passiert. Aus reiner Langeweile entstehen dann dekadente Entgleisungen, die in der ewigen Anekdotenkiste der Rock-'n'-Roll-Storys landen. So wie jene Geschichte, die als irrationale Verrücktheit meine Erinnerung niemals verlassen wird und sich auf der *Odyssee*-Tour in Karlsruhe im Hilton wahrhaftig ereignete. Wenn ich heute darüber nachdenke, kann ich nicht erklären, was uns zu dieser absurden Tat veranlasste. Aber ich war Mitte 20 und voll drauf. Jedenfalls hatten wir spätnachts mit einem Wahnsinnskopf beschlossen, nackt auf die Straße zu gehen und Straßenbahnen anzuhalten. Ich erinnere noch, dass Olaf Kübler mit dabei war. Und der ist ja nun 20 Jahre älter als ich! Wir sind morgens in aller Frühe splitternackt aus dem Hotel raus und haben uns an die Haltestelle zu den Leuten gestellt, die schon zur Arbeit fuhren. Die waren total verwirrt, als da ein Haufen Nackter gestikulierte und den Straßenbahnen hinterherrief: Halt, wir wollen noch mitfahren! Dann sind wir zurück ins Hotel und die Rezeptionisten waren äußerst peinlich berührt. »Herr Engel, könnten Sie sich bitte etwas … Also, da kommen gleich ein paar japanische Geschäftsleute.« Keiner von uns hatte seinen Zimmerschlüssel dabei, geschweige denn konnten wir uns als Gäste des Hotels ausweisen. Kurioserweise sind wir nicht rausgeflogen.

Viele Geschichten dieser Art kursieren in Kreisen, die gerne Rock-'n'-Roll-Klischees bedienen. Jon Lord von Deep Purple soll einmal mit einem Rolls-Royce durch das Hauptportal des Beverly Hills Hotel mitten in die Lobby reingefahren sein. Vor der Rezeption glitt die getönte Scheibe runter und er sagte zur Empfangsdame: »Lord is the name!«

Aber jetzt kommt's: Zufällig lief mir Jon Lord in Tutzing in der Küche des Red Rooster über den Weg, wo Deep Purple gerade ein Album aufnahmen. Plötzlich saßen wir zusammen am Frühstückstisch, jeder aß sein Ei, und ich wagte, ihn nach dieser Geschichte zu fragen. Jon meinte ganz trocken: »Bertram, let's leave it like this, at least it sounds like a good story.«

KAPITEL 4

DER SCHMIED VON BILLERBECK

THE RAIDERS OF THE LAST CORVETTE

Es muss im Herbst 1983 gewesen sein, als Carl Carlton und ich die Band The Raiders of the Last Corvette an den Start brachten. Dass es überhaupt zu einer Begegnung zwischen mir und Carl kam, war eher ein Zufall, der sich in München während der Proben mit Peter Maffay für die anstehenden Konzerte mit den Stones ereignete. Ich weiß noch, wie angesichts unseres bevorstehenden Supports die Kompassnadel der Band zwischen Euphorie und Todesangst pendelte. Ablenkung tat also gut, und einige von der Band, darunter Frank Diez, Jean-Jacques, Steffi und meine Wenigkeit, erlaubten sich einen abendlichen Betriebsausflug ins Domicile. Das war ein angesagter Liveclub ganz in der Nähe. Und dort spielte Vitesse, eine niederländische Band mit Herman van Boeyen am Schlagzeug, Ruud Englebert am Bass und Carl Carlton an der Gitarre. Natürlich lernten wir die Jungs an diesem Abend kennen. Zu meinem Erstaunen gestand Carl Carlton, dass er mit mir immer schon mal spielen wollte. Spätnachts sind wir noch in Frank Diez' Münchner Wohnung eingefallen. Unter stark alkoholisierten Vorsätzen schöpften Carl und ich die Vision eines neuen Bandprojekts. Das Vitesse-Ding ging ihm irgendwie auf den Keks, und er hatte schon länger den Plan im Kopf, mit dem Bassisten Ruud Englebert eine neue Band zu gründen. Anton Verhagen sollte auch dabei sein. Der war ehemaliger Häftling, weil er mal 'ne Bank überfallen hatte. Er kam zwar gerade ausm Knast raus, war aber ein geiler Sänger. Als Keyboarder wurde Otto Cooymans vorgeschlagen, der spielte wie ein Oktopus und hatte mit Carl früher die Band Hollander. Und ich sollte der neue Schlagzeuger werden. Den Namen für unser Vorhaben borgten wir uns von Spielbergs *Raiders of the Lost Ark.*

Diese Band war der Beginn meiner langen musikalischen Reise mit Carl Carlton. Er war seit dieser Zeit regelmäßig als Freund in meinem Schlepptau, kam mit auf meine Konzerte und auf diese Weise hatte ich ihn nach und nach in meine Bands reingebracht. Seine ersten Gitarrentöne für Peter sollte er Jahre später der Tabaluga-Studiosession *Das leuchtende Schweigen* verleihen.

Doch zurück zu den Raiders: Ich wohnte derzeit in Burgsteinfurt, nicht weit weg von Carls damaliger niederländischer Heimat. Wir probten immer an den Wochenenden und hatten dazu das Stable Studio zur Verfügung. Der Besitzer Roel Toering war uns gewogen und ließ uns dort für kleines Geld aufnehmen. Wir haben viel Energie in dieses Projekt investiert und jede Menge Songs auf kilometerlanges Bandmaterial geschickt. Veröffentlicht wurde nur die Single »My Way Home«, die bei EMI Deutschland rauskam und durch irgendeine Connection vom ehemaligen Queen-Producer Reinhold Mack im Musicland Studio produziert wurde. Mit diesem Song schafften wir es TV-mäßig einmal in einen niederländischen *Top-of-the-Pops*-Ableger. Viel mehr war aber nicht.

Uns schwebte eigentlich eine andere Liga vor, aber das Projekt ist an zu vielen Egos gescheitert. Zuerst stieg der Bankräuber aus, Otto nahm zu viele Drogen und am Ende waren wir nur noch zu dritt – Ruud, Carl und ich. Während The Raiders als bandmäßiges Versuchsobjekt nur noch dahindümpelten, versuchte die Plattenfirma mit einem Musikvideo zu »My Way Home« die Band zu retten. Das Shooting fand im Frühjahr 1984 in Almería statt, in der Wüste von Spanien, inmitten der berühmten Westernkulissen. Plötzlich war wieder ein medialer Lichtblick da, den auch Peter mitbekam und nun unruhig wurde, weil er befürchtete, dass ich für ihn durch die Raiders-Aktivitäten nicht mehr uneingeschränkt zur Verfügung stand – so wie er das wollte. Für Peter war es kurz vor zwölf und die gesamte Zeitstrecke hinsichtlich Deadline, Promotion und Veröffentlichung seines neuen Soloalbums *Carambolage* ließ keine Verzögerung zu.

MIT ALTEN MÄNNERN SPIEL' ICH NICHT

Also folgte ich unmittelbar nach dem Raiders-Videodreh Peters Ruf nach Tutzing – von der spanischen Wüste mitten in die Idylle des Starnberger Sees. Erste Ideen und Layouts für *Carambolage* sollten geprobt werden. Seit den letzten Shows in Köln vor zwei Jahren hatten wir mit Peter kaum einen gemeinsamen Ton gespielt. Grund dafür war, dass die Bauarbeiten seines eigenen Tonstudios mehr Zeit auffraßen als angenommen. Nach einer aufwendigen Bauphase war das Red Rooster nun jedoch fertiggestellt. Hier konnten wir mit der Band rund um die Uhr proben, Aufnahmen machen und Platten produzieren. Peter wollte seine kreative Arbeitsstätte in Reichweite haben und mit der Inbetriebnahme des Red Rooster gehörte das kostspielige Anmieten auswärtiger Studios der Vergangenheit an.

Nun hockten wir in vertrauter Runde endlich wieder zusammen und spielten erste Songfragmente an. Aber alles, was wir anpackten, wirkte zäh wie alte Marmelade. Bis auf meine Wenigkeit war niemand richtig im Training. Auch Peter war nicht in Shape und die wenigen Ideen klangen völlig unausgegoren. Ich hingegen kam total fit vom

Raiders-Dreh, war voller Energie und merkte den Unterschied. Die Maffay-Band ging überhaupt nicht ab! Nach zwei Stunden kreativloser Quälerei packte mich die volle Wut. Ich sprang auf, schmiss die Stöcke hin und brüllte: »Ich hab keinen Bock auf diesen Alte-Männer-Scheiß!« Im Raum war es totenstill. Ich hatte ihnen einen Einlauf verpasst und alle blickten mich entsetzt an. Nur Peter senkte den Kopf. Aus den Worten meines Wutausbruchs prägte er den Satz »Mit alten Männern spiel' ich nicht«. Diese verletzende Wahrheit hat er sich sehr zu Herzen genommen. Er verwendet das Zitat sogar in seiner Biografie. Auch später in Talkshows hat er die Story oft zum Besten gegeben. »Mit alten Männern spiel' ich nicht« wurde für ihn zur Bibel – und für mich, 40 Jahre später, zum Titel meines Buches.

DER KACHELRAUM

Ein paar Tage danach hatten sich die Wogen geglättet, die Band war wieder in Form und die Aufnahmen für *Carambolage* sollten jetzt tatsächlich beginnen – im nagelneuen Red Rooster, mit modernster Technik und im schicken Ambiente.

Am Morgen des 5. Juni 1984 befinde ich mich in einem Kachelraum. Es ist nicht die Badeanstalt des Sebastian Kneipp und auch keine Hinrichtungskammer, hat aber den Charme derselben und dient in Wirklichkeit der Vollstreckung eines neuen Drumsounds. Denn in den 80ern waren bombastische Klangeffekte des Schlagzeugs total angesagt. Neben Experimenten mit Drum-Maschinen entstanden in den Studios die berüchtigten Kachelräume, die über das physikalische Phänomen der Schallreflexion einen signifikanten Raumeffekt entwickelten. Und jedes Studio, das was auf sich hielt, ließ sich einen solchen »Panic Room« zimmern. Vorausschauend, wie er war, hatte auch Peter im Rahmen der Studioplanung dieses Konzept umgesetzt.

Nun sitze ich in dieser Kachelbude, und der erste Song, den wir aufnehmen, ist »Schatten in die Haut tätowiert«. Schnell stellen wir fest, dass dieser Raum komplett versagt. Wir hatten den Raumeffekt vorher nie ausprobiert und ernteten einen Krachsound, der genauso wenig mit Peter und unserer Band zu tun hatte wie der Teufel mit Weihwasser. Dieses Kachelklo hatte sich für uns im Handumdrehen erledigt und das Schlagzeug kam in den großen Red-Rooster-Aufnahmeraum – ins warm klingende Wohnzimmerstudio. Der ganze Stolz des architektonischen Fehlgriffs wurde schließlich zur Abstellkammer für alte Flightcases degradiert.

CHARLY THE RIGGER

Letztlich war uns ein solides Rockalbum gelungen und *Carambolage* ging im Senkrechtstart auf Nummer eins. Ende August ging's nach Bremen zu den Generalproben. Die Konzertagentur hatte die Stadthalle angemietet, und wir spielten die Setlist durch, während oben in der Lichttraverse der »Höhenarbeiter« Charly rumturnte, um die Scheinwerfer für den Durchlauf zu richten. Peter war an dem Tag wohl etwas launisch, er fühlte sich von dem Geklapper auf der Traverse gestört und befahl Mr Rigger, unverzüglich runterzusteigen. Der Rockstar war genervt. Und Charly sah es nicht ein, seine Arbeit zu unterbrechen: »Please Mr Maffay, I have to adjust the lights for the show.« Peter war außer sich: »Du kommst da sofort runter, oder ich hol dich persönlich runter!« Nach etlichem Wortgefecht schmiss er eine volle Wasserflasche hoch in die Traverse … pamm! … das Ding platzt und Wasser spritzt über die elektrische Anlage. Charly hatte sich nicht nur tierisch erschrocken, sondern wütete jetzt oben auf der Traverse, baute sich breitbeinig mit nacktem Oberkörper auf wie ein Arnold Schwarzenegger und kommandierte seine Lichtcrew: »John, Steven, David – no lights for Mr Maffay tonight.« Maffay schnaubte vor Wut und wollte die Traverse hochklettern, um den Typen persönlich da runterzuholen. Vier Leute mussten ihn festhalten und schleiften Peter wie einen Inhaftierten in die Garderobe. Fritz Rau, sein Manager Dieter Viering und Peter schlossen sich erst mal ein, während Rigger-Charly ins Production Office des Stage Managers zitiert wurde und eine heftige Ansage von wegen Kompetenzüberschreitung bekam. Schließlich hatte Maffay für die Produktion bezahlt und Charly stand auf seiner Gehaltsliste. Er sollte wegen des Vorfalls seinen Chef in England anrufen. Die Antwort: »Fuck it … weiterarbeiten!« Ergo musste er bei der Show die Lampen anknipsen und Peter machte sich zähneknirschend um 20 Uhr auf den Weg zur Bühne. Inzwischen hatte die Lichtcrew auf den Stufen zum Bühnenaufgang in Form von Klebebandlettern eine Botschaft hinterlassen: Stairway to Heaven. Uns war nicht klar, was dieser Spruch zu bedeuten hatte, aber wir ahnten, was kommen sollte. Während der Show passierten regelmäßige Lichtausfälle. Charly erlaubte es sich, die Scheinwerfer einfach mal auszumachen, und es wurde behauptet, ein technischer Fehler sei schuld. Das war seine Art, sich an Maffay zu rächen. Nun wohnten Crew und Band aber im selben Hotel, und als die Sache am Abend runtergekühlt war, saßen Peter und Charly an der Bar. Beide haben sich entschuldigt und wurden auf Tour die besten Freunde.

DIE BÖSESTE BAND DER SIXTIES

Zwei Monate waren wir mit *Carambolage* unterwegs, und ich freute mich nach der Tour auf ein paar Tage Erholung zu Hause, als das Telefon klingelte. David Hollestelle war dran, seines Zeichens Gitarrist der niederländischen Formation Herman Brood & His Wild Romance. Wir hatten uns damals im Rahmen der Raiders-Geschichte kennengelernt und festgestellt, dass wir beide Fans von Pretty Things waren. Die hatten jetzt einen Gig in den Niederlanden gebucht, aber der Trommler war nicht abkömmlich. David wurde vom Veranstalter beauftragt, dieses Problem zu lösen. Für ihn war ich der Mann, der den Job übernehmen könnte: »Hast du Zeit, mit den Pretty Things zu spielen?«

Ich dachte, der verarscht mich. Aber nein! Die alten Onkels Phil May und Dick Taylor waren von der Urbesetzung übrig geblieben und suchten jetzt einen Drummer für einen Gig in Amsterdam. Ich sollte in den De Stip Club kommen. Ohne zu zögern, stieg ich in meinen Ford Consul, das Schlagzeug hinten drin, und preschte von Münster über die A1 nach Amsterdam.

De Stip war einer dieser dunklen und muffigen Läden, bei denen die Schuhsohlen durch das verschüttete Bier der vergangenen Nacht klebrige Geräusche machten. Eine Spelunke, kaum attraktiver als ein Siphon. Plötzlich kommen mir Dick Taylor und Phil May entgegen. Meine absoluten Helden aus den 60ern, deren erste Alben *Pretty Things* und *Get the Picture?* ich damals rauf und runter gehört hatte. Da war ich gerade mal acht Jahre alt. Die Beatles waren lieb, die Stones böse, aber neben den Pretty Things sahen sie aus wie die braven Knaben auf der Schulbank. Was die Pretty Things machten, war total finster, swingig und ungeheuer dreckig. Das fand ich geil und es hat bei mir als Kind viel ausgelöst.

Bei ihnen spielte einst Viv Prince, der Keith Moon stark beeinflusste. Das war der erste wilde Trommler. Ein totaler Chaot, aber eine Koryphäe in der Londoner Szene. Phil May war der Sänger und Dick Taylor der Leadgitarrist, der ursprünglich der erste Bassist der Rolling Stones war. Weil er und Phil May dicke Freunde waren und Dick lieber mit Phil eine Band machen wollte, hat er die Stones verlassen, um Platz zu machen für Bill Wyman. So haben Dick Taylor, Phil May und die Kollegen Brian Pendelton an der Rhythmusgitarre und John Stax am Bass die Pretty Things gegründet – eine Band, die ich ein Leben lang verehrt habe.

Und nun stehen diese beiden Typen Taylor und May vor mir! Ich hab natürlich alle Songs drauf und wir spielen kurz ein paar Titel beim Soundcheck an. Auf der Setlist vermisse ich allerdings »LSD« und ich frage: »Aren't we playing ›LSD‹ tonight?« Aber Dick Taylor entgegnet: »I haven't played that in 20 years.« Der konnte sich nicht mehr richtig an den Song erinnern. Dann haben wir »LSD« trotzdem angespielt, und ich zeigte ihnen, wie der Song geht. Die waren so beeindruckt, dass sie mich fragten, wo ich denn die ganzen Jahre gesteckt hätte und ob ich Bock hätte, für weitere Gigs einzusteigen. Das konnte ich unmöglich ablehnen und kurz drauf saß Phil May bei mir zu Hause. Wahnsinn! Der Typ, der früher auf die Bühne urinierte, punkmäßig alles zerschlagen hat und die längsten ungewaschenen Haare trug, die in der Rockszene jemals gesichtet wurden, der schlief jetzt bei mir auf 'ner Matratze im Wohnzimmer. Wir schrieben gemeinsam ein paar Songs und daraus entwickelte sich Material für das Pretty-Things-Album *Out of the Island*. Es wurde live bei Steffi Stephan im Jovel aufgenommen. Die Pretty Things liefen für mich noch zwei, drei Jahre nebenbei. Es gab immer wieder mal Gigs irgendwo in Europa. Mir war es wichtig, ab und an mit meinen Helden zu spielen. Bei den Jungs hab ich viel gelernt, vor allem wie man Blues und Shuffles richtig spielt. Aber Phil und Dick mussten weiter und suchten sich einen festen Drummer. Ich war ja nur sporadisch dabei wegen meiner Verpflichtungen bei Udo und Peter.

MÄRCHENONKEL

Die Tomatenshows bei den Stones-Konzerten hatte ich genauso überlebt wie die abgestürzte Lichttraverse in Augsburg. Ich war Mitte 20 und hinter mir lag eine mehr als bewegte Zeit. Immerhin kam ich gerade von den Pretty Things zurück, hatte schon mit Eric Burdon gespielt, auf zehn Lindenberg-Alben getrommelt sowie etliche Tourneen mit ihm gespielt und war durch den millionenschweren Peter Maffay in aller Munde. Und dann verkündete Peter: »Wir machen jetzt Kinderlieder.« Natürlich dachten wir, der verarscht uns. Aber Peter meinte die Kindersache ernst und verkaufte uns seine Idee als Popproduktion. Hintergrund der Geschichte war eine Vertragserfüllung gegenüber seiner scheidenden Plattenfirma Metronome. Er musste noch eine letzte Platte abliefern.

Die Idee einer Kinderliederplatte kam von Peters damaliger Ehefrau Chris. Selbst im internen Kreis wurde die vage Idee skeptisch bewertet. Schließlich hatte sich Maffay vom Schlager gelöst, wurde zum Rocker und sollte jetzt Märchenonkel sein? Es brauchte Zeit, bis Peter selbst sich mit der Idee anfreunden konnte. Es war aber auch klar, dass die richtigen Leute hermussten. So kam man auf Rolf Zuckowski, Deutschlands erfolgreichsten Kinderliedermacher. Auch Peters erfahrener Leibtexter Gregor Rottschalk wurde zum Partner erkoren. Außerdem wollte man eine Figur erfinden, ein Märchenwesen, das eine zentrale Rolle spielen sollte. Ursprünglich war dies ein Frosch, weil Peter als Kind oft vor einem Terrarium saß und Frösche beobachtete. Aus der Überlegung zum Frosch kam die Idee mit dem Drachen, wobei man einen gutartigen chinesischen Drachen im Sinn hatte. Zu guter Letzt wurde der Illustrator Helme Heine ins Boot geholt. Tabaluga war geboren und man arbeitete im Team an ersten musikalischen Konzepten. Wenig später saß die Maffay-Rockband nun in Peters Studio und nahm eine Kinderplatte auf.

Ich hab das Bild noch vor Augen, wie wir uns gegenseitig die Bälle zuwarfen, um aus Peters Tabaluga-Ideen griffige Songs zu entwickeln. Tatsächlich wurde es unerwartet kreativ, weil wir das Projekt mit unserem eigenen Musikverständnis und Groove angingen. Wir mussten uns nicht verbiegen, konnten als Band mitgestalten und tauchten in eine neue Welt ein, die einerseits Pop war, andererseits durch den Kinderliederkontext völlig neu wirkte. Letztlich sind neben erwachsenen Nummern typische Kinderlieder entstanden, die in ihrer Rhythmik den Texten und Reimen folgten und damit komplett jenseits des üblichen 4/4-Rock-'n'-Roll-Frame abliefen.

Wir hatten mit unserem Rockmärchen *Die Reise zur Vernunft* einen soliden Studiojob abgeliefert für ein vermutliches Maffay-»Alibiprojekt«, dessen Motto »Ich mach mal eben eine Kinderplatte und bin aus dem Deal raus« war – dachten wir zumindest. Niemand hatte damit gerechnet, dass *Tabaluga* mit Dreifachgold durch die Decke schießt. Die erste Single »Ich wollte nie erwachsen sein« ging sofort in die Charts. Man war eigentlich nicht darauf gefasst, ein Riesenalbum bei der alten Plattenfirma rauszubringen. Aber plötzlich brach *Tabaluga* unsere alten Rekorde. Der grüne Drache sollte mich die nächsten 40 Jahre begleiten.

AVERAGE BUSINESSMEN

Maffay war Mitte der 1980er dermaßen populär, dass Plattenfirmen inzwischen auch Interesse an Bandmusikern hegten. Side-Projekte schienen durchaus willkommen. Ich hatte nie darüber nachgedacht, Songs unter eigenem Namen zu veröffentlichen. Einige lagen als Manuskripte in der Schublade, andere landeten auf den Platten von Peter. Aber nun witterten Frank Diez und ich eine Chance. Wir tüftelten schon länger an einem versponnenen Projekt. Musikalisch war das Ganze zwischen Comedy und Pop angesiedelt. Wir machten ein bisschen auf bescheuert im Stil der US-amerikanischen Popband Sparks mit Ron und Russell Mael, und gaben dem Projekt den vorausschauenden Namen Average Businessmen. Tatsächlich biss die Plattenfirma Metronome an und wir bekamen einen Deal über zwei Alben. Die Texte unserer Songs kamen von Frank und waren auf Englisch, wobei wir noch Richard Palmer-James im Hintergrund hatten. Er war ein Mitbegründer der Band Supertramp und hatte schon die Lyrics für King Crimson geschrieben. Als er in den 1980er-Jahren nach München umsiedelte, wurde er einer der erfolgreichsten Poptexter seiner Zeit – aus seiner Feder stammt zum Beispiel »Maria Magdalena«. Frank kannte Richard aus der Münchener Szene und überredete ihn, für eine unserer Nummern den Text zu schreiben.

Auch kam es zu einer aufwendigen Fotosession. Für das Albumcover sollten unsere abgedrehten Ideen inszeniert werden. In meinem Outfit sah ich aus wie Harold Lloyd mit einer komischen schwarzen Brille, zurückgekämmten Haaren und geschäftsmännisch im Anzug. Was man heute digital erstellt, wurde damals noch in echt gebaut. Sogar das Logo »Average Businessmen« wurde gesägt und zwischen den ganzen Kameras, Lichtboxen, Reflektoren und Leinwänden in die Dekoration drapiert. Es war ein unglaublicher Aufwand. Metronome schickte uns in die Fernsehshow *WWF Club*, die mit Jürgen von der Lippe ganz gute Quoten verzeichnete. Trotzdem lief die Sache nicht richtig an. Man hatte nämlich eine Sache nicht bedacht: Die Neue Deutsche Welle war viel zu hip, sodass man englischsprachigen Experimenten kaum Bedeutung zumaß. In diesem ganzen Wust der »Kommissare«, »Codos« und »Polizisten« sind wir sang und klanglos untergegangen – zunächst, denn wir hatten ja noch eine Option auf ein zweites Album. Weil deutsche Songtexte jetzt hip waren, holten wir meinen Bruder Thomas ins Boot. Seine direkte und provokante Sprache hatte das Zeug, den Trend zu bedienen. Das Zweitwerk sollte nun zielgerichteter, musikalisch treffsicher und vom Sound her noch größer produziert werden. Also reisten wir nach Berlin mit Ziel Köthener Straße 38. Es war jener Hansa-Studiokomplex, in dem Bowie 1977 »Heroes« geschrieben hatte und den Acts wie Depeche Mode und U2 zu einem legendären Ort historischer Bedeutung machten. Alle wollten damals an der Mauer aufnehmen.

Frank und ich genossen das kreative Flair, nahmen uns alle Zeit der Welt und glaubten an die aufgehende Sternstunde unseres Projekts. Unser Toningenieur damals war Michael Zimmerling, er galt als Master of Sound der Hansa Studios. Über Tage und Wochen verschlang die Produktion immer mehr Kohle, und am Ende wurde alles so teuer, dass Metronome den Stecker zog. Die Platte ist nie erschienen und die Average Businessmen stellten ihren Geschäftsbetrieb ein.

Trotz allem waren derartige Side-Projekte auch immer kleine Kreativinseln, die außerhalb der Routine des ständigen Tourens lagen. Besonders Peter feuerte eisenhart dieses durchgetaktete Regelmaß von Albumproduktion und Livepräsenz an. Bei Udo hingegen geriet man mehr in den Flexibelmodus. Er ließ sich auch schon mal auf experimentellere Dinge ein, bei denen ich zum loyalen »Mittäter« seiner absurden Missionen wurde, die mich als 27-jährigen zum ersten Mal in das Herz des sozialistischen Imperiums brachten. 1985 reisten wir mit dem Panikorchester nach Moskau.

LIEBESGRÜSSE AUS MOSKAU

Vorausgegangen war die *Götterhämmerung*-Tour, bei der uns die russische Rockdiva Alla Pugatschowa als Sängerin begleitete. Gastauftritte verschiedener Künstler gehörten inzwischen zum Konzept von Udos Inszenierungen aus Rockmusik und abgedrehter Theatershow. Nun hatte sich die Stimme Russlands revanchiert und das Panikorchester nach Moskau eingeladen. Die ganze Sache lief über eine Art Kulturaustausch zur Völkerverständigung. Wir sollten mit Alla fünf Konzerte inklusive Open Air im Gorki-Park spielen. Die anderen Gigs waren eher kleinere Sachen in öden Kultureinrichtungen.

Weil Udo sich auf Hannes Bauer wegen dessen Trinkerei als alleinigen Gitarristen nicht verlassen wollte, bat er mich, bei Karl Allaut anzurufen, ob er sich vorstellen könnte, für diese Gigs noch einmal seine Panikgitarre auszupacken. Wir wussten, dass Karl eine russische Freundin hatte und total russophil war. Er hat tatsächlich zugestimmt, stellte aber eine Bedingung: »Ich spiele keinesfalls mehr als 13 Stücke am Abend.« Für Udo ging das klar und Karl kam mit. Er sprach perfekt Russisch und konnte uns durch Moskau navigieren.

Den Ausflug dorthin empfand ich als schräge und ungemütliche Aktion. Wir lernten zwar viele Leute und örtliche Musiker kennen, doch die Atmosphäre in der Stadt, die Soldaten auf dem Roten Platz, das alles war erdrückend. Es gab keine Freiheiten in Russland, keine Perestroika, kein Glasnost. Man fühlte sich beobachtet. Udo hat mit seinem Auftreten gerne auch öffentlich für

Provokation gesorgt. Sein Panikgürtel war symbolischer Ausdruck unterwanderter Disziplin. Wegen eines angeblich unkalkulierbaren Sicherheitsrisikos wurde Udo auf dem Roten Platz festgenommen. Man hatte ihn mitgenommen, und erst als bekannt wurde, dass Herr Lindenberg Gast eines kulturellen Austauschs war, wurde er freigelassen.

Zu unserem Reiseteam gehörte auch Udos Assistentin Gabi Blitz. Als jahrelange Tourbegleiterin war sie nah dran am Geschehen. Näher als erlaubt. Udo nannte sie die schnelle Sekretärin, weil sie alles blitzmäßig erledigen konnte. Zudem war Gabi unser Mädchen für alles – eine wild woman. Aber ihre Seele wusste zwischen Euphorie und manischer Depression nicht zu unterscheiden. Sie starb ein Jahr später an einer Überdosis von Tabletten und Alkohol. Das Stück »Horizont« ist Udos Hommage an sie: »ein Paar wie Blitz und Donner«. Sie hat zu viel vom Leben gewollt.

Der Stress und die gedrückte Atmosphäre, all das schlug mir auf den Magen. Ich konnte die ganze Zeit nichts Vernünftiges essen. Es hat nichts geschmeckt. Sogar der Sekt schmeckte nach Chlor. Und Wodka mochte ich nicht. Das einzig Genießbare war russischer Zitronenlikör. So was wie Limoncello. Und da hab ich mir die Flasche an den Hals gesetzt. Abends bin ich dann während des Auftritts vollbreit bei »Candy Jane« vom Schlagzeugstuhl gefallen. Udo hat die Nummer für mich zu Ende getrommelt. Ich war fertig mit der Welt. Genauso auch Steffi, der sich am dritten Tag unserer Moskau-Expedition eine Eiweißvergiftung zuzog. Die paar Rubel, die wir für unsere Auftritte bekamen, hatte er in ein halbes Kilo Kaviar investiert und das ganze Zeug in sich hineingestopft. Steffi musste von unserem Bandarzt Dr. Chicago notfallmäßig versorgt werden.

Unser letztes Konzert in Moskau war die Show im Gorki-Park. Kurz vorher legte uns Udo eine neue Setlist vor. Statt 13 standen da jetzt 16 Stücke drauf. Karl las die Liste, sagte aber nichts dazu. Doch beim Auftritt legte er nach der 13. Nummer die Gitarre weg und verschwand von der Bühne. Karl weigerte sich, auch nur einen weiteren Ton zu spielen, zeigte auf Hannes Bauer und meinte: »Dahinten ist doch noch ein anderer Gitarrist. Der kann jetzt weiterspielen.« Er setzte sich neben die Bühne und hat zugesehen, wie wir die Show zu Ende brachten.

DIE 48 STUNDEN VON EMDEN

Für die Durchlaufproben zur 1986er Maffay-Platte *Sonne in der Nacht* verschanzten wir uns mit Band, Crew, Technikern und dem gesamten Tourtross in der Emdener Nordseehalle. Unsere Lichtcompany kam mal wieder aus England. Ob Charly the Rigger auch dabei war, erinnere ich nicht mehr. Jedenfalls stellte Light & Sound Design die gesamte Technik zur Verfügung inklusive englischer Roadies und einem Lighting Operator, der die Maffay-Show mit Special Effects zu inszenieren hatte. Und das war Steve. Ursprünglich wollten wir unseren Lichtmann Patrick Woodroffe verpflichten, doch inzwischen war dieser zum Lichtdesigner für Police, Genesis, Eagles und AC/DC aufgestiegen, also sollte Steve das machen. Er sei gut und viel günstiger. Steve sollte sich vorbereiten und Konzepte entwickeln. Er war angereist, und Peter erklärte ihm, dass wir nun Song für Song durchspielen. Wir wollten sehen, was er für die einzelnen Szenen an Licht geplant hatte. Wir spielten die ersten Titel an und merkten, dass Steve überhaupt nicht in die Songs reingehört hatte. Er machte ein Kauderwelschlicht, das seinesgleichen suchte. Und das ist ja nun nichts für Peter Maffay. Bei ihm muss man überpräpariert ankommen, um dann in den Arsch getreten zu werden, wenn bestimmte Sachen nicht laufen. »Steve, didn't you listen to the songs?« Übers Talkback-Mikrofon kam ängstlich: »Of course I prepared the songs.« Also versuchten wir es jetzt mit dem nächsten Titel »Hunger nach dem Leben« und hofften auf eine wahre Lichtidee. Was kam, war ein unkontrolliertes Geflacker von Zufallslampen im Stile eines drittklassigen Jahrmarkts. Es folgte eine von Peter Maffays typisch sarkastischen Ansagen: »Okay, wir merken, du hast in die Songs nicht wirklich reingehört. Aber wir sind ja nette Jungs, und wir selber könnten es auch noch gut gebrauchen, die Songs ein paarmal zu spielen. Von den 100 Prozent haben wir gerade 70 erreicht. Also spielen wir für Steve. Dann kann er ja noch ein bisschen üben.«

Steve zitterten die Hände am Pult. Es wurde immer schlechter. Und wir spielten immer weiter. Ohne reichlich verbotene Substanzen hätten wir das gar nicht durchgehalten. Es waren zwei harte Tage Arbeit, die in die Annalen der Band als »Die berüchtigten 48 Stunden von Emden« eingingen. Wir spielten die Nacht durch bis morgens um 6 Uhr. Dann feuerte Maffay Steve auf der Stelle. An diesem Tag jedoch sollte die erste Show der Tour sein. Um 17 Uhr stand schon wieder Soundcheck an. Unser Tourmanager Fritz Rau musste on the spot einen Lichtmann organisieren. Und er sah nur eine Chance: Patrick Woodroffe. Der verlangte das Doppelte an Gage, kam nachmittags aus London eingeflogen und hat tatsächlich am Abend die Show gefahren. Er machte ein sensationelles Licht.

Die *Sonne-in-der-Nacht*-Tour endete nach fast 40 Terminen auf der Freilichtbühne Loreley beim Festival Rock gegen Atom. Dass so viele Menschen zu unseren Shows kamen, war überwältigend und kurbelte zugleich die Plattenumsätze an. Selbst im Osten hatte sich großer Enthusiasmus ausgebreitet, was Peter dazu veranlasste, Konzerte hinter dem Eisernen Vorhang zu geben. Sechs Shows sollten es werden. Zwei im Congress Centrum Suhl und vier in Berlin am Prenzlauer Berg. Für Peter war es eine Sache gesellschaftlichen Engagements, weil er nicht wahrhaben wollte, dass eine Nation in der Mitte willkürlich zerteilt war.

MEUTEREI AUF DER BOUNTY

Die Woche vor den Konzerten in Ostdeutschland galt intensiven Bandproben in Tutzing. Mit Steffi Stephan, Frank Diez, Jean-Jacques

Kravetz und Thomas Glanz (Keyboards) hatten wir uns bereits mehrere Tage eingeschlossen und erwarteten in diesen Stunden auch unsere Bonuszahlung für das vorausgegangene Album *Sonne in der Nacht.* Pro 50 000 verkauften Platten gab's für jeden 2500 Mark extra. Jetzt hatte das Album bereits 100 000 Exemplare abgesetzt. Nur behauptete Peter, der Bonus gelte für frühere Alben, nicht aber für *Sonne in der Nacht.* Extrazahlungen gebe es zukünftig nicht mehr. Damit hatte er uns kalt erwischt. Wir hatten nie von Änderungen der Zahlungsmodalitäten erfahren. Das dämpfte die Stimmung gewaltig und während der Proben wurden wir langsam unwillig. Wir hatten mit der Kohle gerechnet und Peter ließ uns mit seiner Ansage einfach sitzen. Zuerst versuchten wir ihn anzurufen, er ging aber nicht dran. Uns blieb nur eines übrig: Jetzt mussten wir gemeinsam den Arsch gerade machen. Wie bei der Meuterei auf der Bounty sind wir geschlossen nachts mit zwei Autos an seinem Haus vorgefahren und haben geklingelt. Peter öffnete einen Spalt die Tür. Er hatte nur eine gelbe Badehose an. Sein strenger Tonfall verhieß nichts Gutes. »Was wollt ihr? Na, dann kommt mal rein und sagt mir, was ihr auf dem Herzen habt.« Als Rädelsführer eröffnete Steffi: »Wir sind hier, um über die Bonuszahlungen zu reden. Keiner weiß, dass die Zahlungen ausgesetzt werden, keiner hat einen Vertrag oder eine Kündigung bekommen. Wir finden diese Vorgehensweise nicht korrekt und möchten unser versprochenes Geld.« Peter wollte sich aus der Affäre winden, von wegen die Zeiten hätten sich geändert und wir sollten ihm vertrauen, dass alles korrekt nach Absprache gelaufen wäre.

Aber Steffi wurde immer heftiger in seiner Reaktion: »Unter diesen Bedingungen können wir nicht weiterspielen.« Um seiner Ansage Dringlichkeit zu verleihen, schlug er im Rhythmus seiner pfeilspitzen Worte die Finger auf die Tischkante … er schlug und schlug … paff, paff, paff! Er regte sich tierisch auf und war sauer über den Vertrauensbruch, den wir genauso empfanden. Doch Peter sah darin einen Vertrauensbruch unsererseits: »Dann beenden wir jetzt diese Geschichte. Ich werde Fritz Rau morgen anrufen, dass er die DDR-Konzerte absagt. Wenn ihr mir nicht mehr vertraut, dass es korrekt ist, was ich gesagt habe, und ich euch nicht mehr vertrauen kann, dann muss alles gestoppt werden.« Ich empfand diesen Moment wie eine hart angesagte Kündigung. Wie geprügelte Hunde schlichen wir aus seinem Haus. Peter rief uns hinterher: »Ich wünsch' euch noch 'ne schöne Zeit!«, und knallte die Tür zu.

Irgendwie war diese Aktion für uns ziemlich schlecht gelaufen und wir hatten uns selbst aus der Band katapultiert. Zunächst fuhren wir ins Hotel Engelhof, das seit Ewigkeiten unsere altvertraute Adresse in Tutzing war und in dem wir Jahr für Jahr unser Unwesen getrieben hatten. Steffi ließ uns an seinen Gedanken teilhaben: »Die Konzerte will er absagen, aber hat Peter irgendwas davon erzählt, dass morgen die Probe ausfällt? Wir schlagen also ganz normal morgen um zehn auf und gucken, was passiert.«

Gesagt, getan. Pünktlich um 10 Uhr begeben wir uns an die Instrumente, als plötzlich Peters Sekretärin im Türrahmen steht und verkündet, dass Peter sich heute entschuldigt, wir aber mit der Probe fortfahren sollen. Steffi schaut mich an und hat sein westfälisches Grinsen im Gesicht.

Maffay konnte nicht einfach nachts im Weinrausch eine Tour absagen. Da steckte so viel mehr dahinter als unsere Bonuszahlungen. Peter war zu stolz, um jetzt unserer Runde im Studio beizuwohnen, doch nach 24 Stunden Schonfrist erschien er wieder im Red Rooster und schnallte sich seine Gitarre um, als wäre nichts gewesen. »Hallo Jungs, ich habe mir ein paar Gedanken gemacht. Es war vielleicht eine Kurzschlusshandlung von mir, und ich muss gestehen, ich weiß nicht, inwiefern ich etwas zu den Bonuszahlungen gesagt habe oder auch nicht. Ich bin immer noch der Meinung, dass das für diese Platte eigentlich nicht mehr so sein sollte. Aber ich habe mir gedacht, gut, wir treffen uns in der Mitte, und habe ein paar Kuverts vorbereitet mit einem Schriftstück. Ich hoffe, dass wir übereinkommen und in Ruhe die Tournee spielen können.«

Dann übergab er uns Umschläge. In Summe etwas mehr als die Hälfte vom ursprünglich Gedachten. Für uns okay – Daumen hoch. Wir wollten ja auch als Band weitermachen.

NUR PFERDE SCHLAFEN IM STEHEN

Der lange Winter 86/87 ging mit Eis und Schnee bis in den weiten März hinein, als wir Richtung Suhl in die DDR einfuhren. Peter war im Osten dermaßen erfolgreich, dass wir mit der Band nicht mal locker auf die Straße gehen konnten. Die Limousinen brachten uns zum Hintereingang des Hotels. Unser Tourleiter Michael Gehrke hatte schon die Schlüssel parat und dann sind wir wie die Beatles durch die Küche rein und mit den Fahrstühlen gleich hoch. Draußen vor dem Hotel campierten die Fans und verharrten trotz der Kälte teilweise über Nacht am Lagerfeuer. Sie wussten, dass in der Band einige vom Panikorchester dabei waren – immerhin Steffi Stephan, Jean-Jacques Kravetz, Olaf Kübler und ich. Und Udo war durch den »Sonderzug nach Pankow« ein Star in der DDR. Im Hotel war außer der Maffay-Band kein weiterer Gast zugelassen.

Nach langen Durchlaufproben im örtlichen Congress Centrum standen jetzt zwei Showtage an. Peter aber war komisch drauf, paranoiamäßig aufgeregt, er fühlte sich zu sehr beobachtet und wir sind von ihm richtig getreten worden. Der lustige Saxofononkel Olaf »Stiletti« Kübler mit seinem bescheuerten Tropenhelm war noch der Einzige, der für Stimmung sorgte. Und er war der Einzige, der auf Kosten Maffays Witze machen durfte, ohne dass Peter sauer wurde. Bei dieser Produktion hatte man mir einen 2 Meter hohen Drumriser zugedacht und ich saß hoch oben. Damals gab es noch keine In-Ear-Monitore. Wir spielten mit sogenannten Wedges, jenen winklig abstrahlenden Bodenlautsprechern, die zu uns heraufbrüllten. Bei dieser alten Monitortechnik hatte man mit Schallverzögerungen zu tun. Um das zu kompensieren, musste man die Boxen extrem laut fahren. Von der musikalischen Seite waren die beiden Gigs in Suhl keine Highlights – auch nicht angesichts eines Peter Maffay, der sich mit Alkohol die Härte des Lebens vorführte.

Von Suhl aus sind wir rüber nach Berlin, wo für den 9. bis 12. März vier Shows in der Seelenbinder-Halle angekündigt waren. Wir bezogen das Adlon Kempinski und schon vor dem Hotel an der Straße Unter den Linden war ein Riesentrubel an Fans und Presse aufgelaufen. Wir mussten uns den Weg durch den Pulk bahnen, während Peter schon die Kameras im Gesicht hatte und unzählige Interviews gab. Viel Zeit zum Relaxen blieb nicht, denn anstelle der üblichen After-Show-Party hatte man für Presse, Funktionäre und Auserwählte eine Pre-Show-Party organisiert. Peter hatte an diesem Tag unheimlich viel zu tun, er war völlig ausgepowert, und am Ende auch noch ziemlich durcheinander von Remy Martin. Er hatte schon zwei Flaschen drin und ein paar Hundert Zigaretten weggeraucht. Am Abend betrat er ziemlich benebelt die Bühne. Kein Scherz! Wir starteten die Show mit der nötigen Routine. Bei der dritten Nummer stand Peter am Mikrofon und bemühte sich mit verbalem Autopilot, die Geschichte von Karat zu erzählen und wie es zum Song »Sieben Brücken« kam. Doch mitten in seiner Ansage war plötzlich Stille. Es begann ein Raunen in der Menge, die Leute schauten zu uns hoch, aber Peter sagte einfach nichts mehr. Er verharrte wie schockgefrostet zu einer Statue. Wir dachten zuerst: *Der Meister denkt.* Jetzt ergriff Steffi die Initiative, ging nach vorne, schaute Peter von der Seite an und sah: Der war im Stehen eingeschlafen. Wie ein Pferd. Vor 12 000 Leuten! Steffi schubste ihn an und hat ihn aufgeweckt. Wieder zurück im Diesseits spielten wir »Sieben Brücken« und ein paar Songs später kam es zur Bandvorstellung. Als Tony Carey an der Reihe war, sprang er draufgängerisch mit vollem Elan nach vorne … hey yeah … er wollte sich feiern lassen, sah aber die Bühnenkante nicht und fiel im Spot des Scheinwerferkegels vorne runter in den Graben. Auch Tony hatte einfach zu viel Alkohol getankt und schon nachmittags ständig Patronen nachgelegt.

Dieser Auftritt war vollkommen hilarious. Zum Glück wurde nur der zweite Tag in Berlin von einem Filmteam mitgeschnitten, und die Videoaufzeichnung, die damals als VHS-Kassette mit dem Titel *Peter Maffay im Konzert – Live in Berlin, 1987* zur Veröffentlichung kam, ließ nichts von dem ganzen Wahnsinn erahnen.

Nach dem Ende der DDR bekam Peter Zugang zu seiner Stasiakte. Die Geschichten darin hat er alle gelesen. Man wusste alles über ihn, wohin er ging, welches Hotel er betrat und wann er im Zimmer das Licht ausmachte.

LENINGRAD

Kaum lagen die DDR-Konzerte mit Peter hinter uns, rief die russische Republik erneut nach Udo Lindenberg. Unser Moskau-Trip lag zwei Jahre zurück und nun machten wir uns auf nach Leningrad. Tourleiter Michael Gehrke, der auch für Peter Maffay arbeitete, war mit seiner Affinität für abenteuerliche Unternehmungen gerne mitgereist. Ein Konzert in der örtlichen Multifunktionshalle war angesetzt. In der Garderobe war eine finnische Sauna eingebaut, die in den Pausen zwischen den Shows zu unserer bevorzugten Location wurde. Michael Gehrke saß bereits im Dampfbad, während wir noch die erste Show ins Finale brachten.

Dass eine deutsche Rockband überhaupt in Russland auftrat, gab es noch nicht. Die Scorpions und alle anderen kamen erst nach uns. Insofern strömten Scharen von Menschen in die Halle, was auch daran lag, dass Alla Pugatschowa wieder mit uns auftrat und für einen guten Ticketverkauf sorgte. Die ganze Veranstaltung unterlag natürlich der Zensur und es gab bestimmte Lindenberg-Songs, die nicht erlaubt waren. Man hatte einen Simultanübersetzer engagiert, der auf der Bühne Udos gesungene Zeilen in eine Textmaschine eintippte. Die Übersetzungen ins Russische wurden dann auf eine Leinwand projiziert. Das lief auch so weit alles gut, bis wir spontan den Song »Russen« ins Liveprogramm schmuggelten: »In 15 Minuten sind die Russen auf dem Kurfürstendamm, sie lassen ihre Panzer im Parkhaus stehen und wollen im Café Kranzler die Sahnetörtchen sehen.« In dem Moment hat der Dolmetscher sofort aufgehört zu übersetzen, sonst wäre er auf der Stelle verhaftet worden. Der Projektor wurde abgeschaltet und es hieß, die Technik sei defekt. So sind wir aus der Nummer lebend wieder rausgekommen.

COPACABANA

Nachdem mir die trübsinnigen Eindrücke von den Zuständen im sowjetischen System im Nacken hingen, erhellte die unverhoffte Anfrage zu einem bunten Trip nach Rio meinen Gemütszustand. Wieder mal war es Karl Allaut, der meinen Namen ins Spiel brachte und mich an der skurrilen Episode eines Kollegen teilhaben ließ, den ich bis dato nur als lustigen »Da-Da-Vogel« von Trio aus dem Radio kannte: Stephan Remmler. Er hatte sein Album *Lotto* rausgebracht und anscheinend blieb das Ding auf den hinteren Plätzen der Albumcharts stecken. Weil sich die Plattenindustrie in den 80er-Jahren noch im fetten Speckmantel suhlte, wurde massenhaft Kohle für Werbemaßnahmen rausgepumpt. Also sollte Remmler zu jedem seiner neuen *Lotto*-Lieder ein Musikvideo drehen – und das das nicht in seiner Heimatstadt Witten an der Ruhr, sondern in Brasilien an der Copacabana.

Karl Allaut, Ken Taylor, die Akkordeonistin Lydie Auvray und ich waren für den Trip gebucht und sollten als Darsteller in den Videos mitwirken. »Keine Angst hat der Papa mir gesagt« oder »Einer ist immer der Loser« … solche Dinger halt. Als Honorar versprach man uns eine Woche First-Class-Aufenthalt im Paradies und ein bisschen Taschengeld. Schönes Leben also, schöne Strände, all-inclusive. Mit der brasilianischen Fluggesellschaft VARIG flogen wir unserem Ziel entgegen. Im Flieger hinten drin natürlich Kollege Remmler sowie ein Team der Wiener Filmproduktionsfirma Dolezahl & Rossacher. Die ersten Drehs für das Lied »Bahia« fanden in Recife statt. Und gleich am nächsten Morgen wurde Lydie Auvrey das Portemonnaie geklaut. Man hatte es ihr mit einem Stilett aus der Handtasche rausgeschnitten, während sie in einem Touristenladen vor der Auslage stand. Dieser Zwischenfall veranlasste die Örtlichen, uns vor den Tricks cleverer Jugendbanden zu warnen.

Von Recife ging's nach Rio und schnurstracks an die Copacabana. Wir bezogen das Palace Hotel und wohnten an der palmengesäumten Luxusmeile direkt am teuersten Strandparadies. Angesichts dieses Lifestyles wunderten wir uns über die extrem niedrigen Preise. Ein Chateaubriand vom Feinsten bekam man für eine Handvoll D-Mark. Von Narkotika mal ganz zu schweigen. Und wo das Auge hinblickte, waren reichlich leichte Mädels am Start, die ihre Bodys zur Schau stellten.

Ich drehte eine Runde über den Strand, als plötzlich einer aus dem Team mit Springerstiefeln und Schlangenlederhose in die Szene grätschte und im Sand rumstapfte. Das sah grotesk aus. Offenbar gefiel ihm die Strandpromenade nicht sonderlich, und er nörgelte in seiner unwirschen Art, dass es an der Zeit sei, sich irgendwo Zeugs zu besorgen. Gesagt, getan. Uns war ein Typ aufgefallen, der zur brasilianischen Local Crew von Dolezal & Rossacher gehörte. Also fragten wir ihn, wo man denn hier was kriegen könnte. Er wollte wissen, für wie viele Cruzados denn. Aber wir waren gewohnt, über Gramm zu sprechen, und hatten keine Ahnung, wie man das umrechnen sollte. Ich entschied: »Okay, get stuff for 50 000 Cruzados.« Wir sitzen draußen an der Strandpromenade in einem Café und nach 15 Minuten kommt der Typ auf einem Fahrrad mit einer riesigen Plastiktüte voller Koks angefahren. Direkt an der Hauptstraße, wo überall Bullen rumlaufen! Ich musste ihm die 50 000 unterm Tisch hinschieben und guck dann in diese Tüte rein … Also … ich hab in meinem Leben noch nie so viel Koks gesehen. Ich dachte, der kommt mit ein paar Gramm daher. Aber das hier reichte für mindestens drei Wochen! Das Pulver dort kommt direkt aus Kolumbien und ist das reinste fucking Zeug. Wir haben erst mal ’ne Acht gelegt … pfffft … weggezogen und waren komplett on the run.

Nach zwei Tagen stellten wir plötzlich fest, dass wir ja gar nicht mehr zum Videodreh gegangen waren. Es gab natürlich Ärger. Wir machten auf dicke Hose und gaben dem Produktionsteam zu verstehen, dass die ganze Sache für uns zu viel Arbeit sei. Daraufhin wurden wir auf der Stelle gefeuert und saßen jetzt mit dem ganzen Koks aufm Hotelzimmer.

Abends zogen wir los wie eine Horde Jugendlicher auf Klassenfahrt und suchten das Help auf – eine der heißesten Diskotheken in der Stadt, die gleichzeitig als Kontakthof und Drogenumschlagplatz galt.

Plötzlich zeigte sich Stephan Remmler wieder wohlgesinnt. Er schlenderte in die Hotellobby und hatte Ronnie Biggs im Schlepptau, den legendären Postzugräuber von England. Der war lange Zeit schon in Rio untergekommen und verdingte sich nun als Touristenführer. Abends zogen wir mit ihm um die Häuser. Und wie Stephan Remmler nun mal so drauf war – hey, was kostet die Welt – hatten wir unseren kleinen Streit schnell beigelegt.

So waren wir letztlich doch noch am Start und drehten für »Keine Angst hat der Papa mir gesagt« im Maracanã-Fußballstadion eine paar alberne Takes.

Um uns weiter bei Laune zu halten, organisierte man einen Ausflug in eine der berühmten Sambaschulen. Eine 30-köpfige Trommelband probte in einer riesigen Werkhalle mit allerlei Pauken-, Krach- und Rasselinstrumenten, während ein Dirigent auf seiner kreischenden Trillerpfeife die Kommandos gab. Die ganze Halle bebte mit mördermäßigen Grooves und krachte wie ein Ritt zur Hölle. Zu diesem Getöse wurden uns Gästen reichlich diese original brasilianischen Caipirinhas verabreicht. Die Typen spielen diese Wahnsinnssamba und wir haben alle auf dem Tisch getanzt. In dieser verrückten Woche an der Copacabana wurden sieben Videos gedreht. Bei drei Shootings war ich angeblich dabei.

ICH SPIEL' NUR NACH BANKNOTEN

Manche Studiojobs, die mehr oder weniger zufällig abseits des Maffay-Lindenberg-Kosmos liefen, geizten nicht mit absurden Geschichten. Ich denke hier an ein spezielles Erlebnis mit Frank Duval, seines Zeichens Filmkomponist. Ein Typ mit Palmenhemdchen im Ibiza-Outfit, braun gebrannt und lange blonde Haare. Er war Maffay-Fan der ersten Stunde und hatte sich in den Kopf gesetzt, sein neues Projekt mit den Musikern der Maffay-Band einzuspielen. Seiner Meinung waren wir das Oberste, was man in Deutschland haben kann. »Das sind die teuersten Musiker, die Crème de la Crème, die Toto von Deutschland.« Duval hatte uns für gutes Geld nach Berlin geholt. Es ging um Musikaufnahmen für den ARD-Schinken *Bitte lasst die Blumen leben* mit Klausjürgen Wussow.

Also fanden wir uns im Studio ein, und ich wunderte mich sogleich, warum überall an den Instrumenten Notenständer standen. Plötzlich schlägt die Tür auf und Duval kommt zackig herein: »Die Herren, guten Morgen« Er hat einen Packen Hefte unterm Arm. »So, das sind die Stücke, die wir heute spielen«, sagt er und legt uns die Noten aus. Vor mir liegen mit Hieroglyphen bedruckte Blätter. Schlagzeugnoten! Auch Frank Diez bekommt solche Dinger für die elektrische Gitarre, ebenso Steffi Stephan für den Bass und Thomas Glanz, der damals unser Keyboarder war, bekommt ganze Pianopartituren vorgesetzt. Ich guck mir die Noten so an und meine: »Ich spiel' nicht nach Noten, ich spiel' nur nach Banknoten.« Frank Duval lachte darüber und machte Dampf, damit es endlich losgehen konnte. Er hatte den Witz nicht verstanden und ging selbstverständlich davon aus, dass wir alle notenfest sind. Thomas Glanz wurde an den Steinway-Flügel gesetzt. Als Synthesizerspezialist konnte er gar nicht Klavier spielen und kriegte die flotte Pumpe. Aber wir wollten das Auditorium nicht verlassen, ohne Geld zu kassieren. Also hielten wir erst mal die Füße still und spielten auf Zeit mit der Bitte, dass wir uns zunächst die Demotapes der Stücke anhören wollten. Und ich schob hinterher: »Wir sind ja eher Spieler, die aus der Spontaneität kommen und Sounds entwickeln und da auch innovativ arbeiten. Wir brauchen eigentlich so Noten gar nicht. Wir spielen das aus dem Kopf.«

Ich wollte ihn denken lassen, dass wir ja Genies wären. Wir hörten uns also das Demo der ersten Nummer an und ich hatte sogleich eine Idee parat. »Also Frank, ein Klavier hör ich da gar nicht. Meinst du nicht, ein Prophet 5 käme da super? Dieser Synthesizer – so Pink-Floyd-mäßig? Lass den Thomas mal den Prophet spielen.« Das fand Frank supertoll und ließ sofort das Gerät herbeischaffen. Das war schon mal ein Punkt für uns. Währenddessen bin ich in die Schlagzeugkabine und hab Soundcheck auf der Snare gemacht und mir dabei die Noten angesehen. Ich konnte durch mein Studium an der Musikhochschule zwar Noten lesen, hätte die Nummer aber nicht vom Blatt spielen können. Ich musste Zeit schinden. Also gab ich vor, mit dem Sound nicht zufrieden zu sein, und bat um eine andere Trommel und um ein potentes Mikrofon. Während dieser ganzen Verzögerungstaktik schaute ich auf die Noten und versuchte mir den Song einzuprägen. Ich hatte mir sozusagen unter Vorwand eine halbe Stunde Auszeit genommen. Und Steffi nutzte die Zeit genauso, um den Song zu checken. Dann endlich spielten wir den Titel ein und Frank Duval fand das sensationell. Kaum hatten wir den ersten Take gespielt, als Duvals Gattin ins Studio reinschneite und er sie völlig aufgelöst begrüßte: »Schatz, Schatz, hör mal, das sind Genies! Was die uns mal eben hier bieten! Das ist ja unglaublich. Der hat mit dem Prophet 5 gespielt. Das ist jetzt richtig modern und klingt wie Pink Floyd.« Der war total am ausflippen!

Dann wollte er noch einen Shaker auf dem Track haben und ich dachte: *O Gott, jetzt nicht noch Percussion.* Na gut, ein bisschen schütteln konnte ich wohl, hatte aber kein Percussion-Equipment dabei. Wieder hab ich nach einem Ausweg gesucht und behauptet, ich müsse den Shaker noch eben in meinen Kisten suchen.

In Wahrheit suchte ich in der Kantinenküche nach irgendwelchen Dosen mit was drin, um einen Shaker zu imitieren. Was ich tatsächlich fand, waren Süßstoffdosen von Natreen und Assugrin. Halb voll machten die einen guten »Chick Sound«. Dann bin ich zurück in den Studioraum und verkündete, dass meine eigenen Shaker keinen modernen Sound hätten, der dieser Produktion zuträglich wäre, ich aber gerade etwas total Geniales entdeckt hätte. »Bei euch in der Küche hab ich Dosen entdeckt mit Süßstoff drin. Und der Assugrin-Shaker ist der totale Hammer. Der Natreen ist im Höhenbereich nicht ganz so angenehm, den könnten wir in einem anderen Song einsetzen. Aber der Assugrin-Shaker ist perfekt vom Sound.« Und wieder flippte Frank Duval völlig aus: »Der Bertram benutzt eine Assugrin-Dose für Percussion! Ist das nicht genial?!«

Letztlich haben wir die Produktion hervorragend gespielt, alles ist geglückt und er hat das Geld gezahlt.

KAPITEL 5

ZWISCHEN CHAMPAGNER & ODYSSEE

RAUCH AM HORIZONT

Bereits am Tag der Veröffentlichung erzielte das Album *Lange Schatten* Goldstatus. Die gleichnamige Tour im Sommer 1988 war Monate vorher ausverkauft. Allerdings warf sie ihre langen Schatten voraus.

Tony Carey, der für das Album ein paar Tracks geschrieben hatte, kam neben Jean-Jacques Kravetz als zweiter Keyboarder im Fachgebiet Hammondorgel mit auf Tour. Tony war heavy auf Koks, hatte seinen eigenen Chauffeur und veranstaltete in der Garderobe Partys, auf denen er sich mit alten Rainbow-Geschichten feierte. Offenbar nahm er die Auftritte der Peter-Maffay-Band nicht ernst genug. Auf der Bühne war er zunehmend betrunken, spielte die Orgel nur noch mit einer Hand und rauchte derweil. Auf der Tour hatte ich einen Gesangsspot mit der Nummer »A Whiter Shade of Pale« von Procol Harum. Tony sollte diese legendäre Orgel dazu spielen. Aber er war so drogenmäßig unterwegs, dass er die Melodie nur noch schlampig dahinfingerte. Zwischen uns entfachte sich ein Streit, doch Tony verbat es sich, dass man ihm Vorschriften machte: »I am not a part of the Peter-Maffay-Band, I am my own band.«

Beim Konzert in der Frankfurter Festhalle riss auch Peter die Hutschnur, nachdem Tony ihn vor Publikum als »seinen Rhythmusgitarristen« vorstellte. Peter war schlagfertig und konterte: »Kann ich dich gleich nach der Show mal in der Garderobe sprechen?«

Peter hatte die Schnauze so voll, dass er ihm noch hinter der Bühne den Backstagepass hat entziehen lassen und Tony nicht mehr in die Garderobe reinkam. Er war auf der Stelle gefeuert.

Nur stand jetzt die Frage im Raum, wie die Tour ohne Organisten weitergehen sollte. Jean-Jacques rückte mit einer spontanen Idee raus: »Mein Sohn Pascal spielt. Der ist 18 und hat mir die ganzen Leadsheets und Chords der Setlist rausgeschrieben. Er kennt die Songs in- und auswendig und kann Orgel spielen.« Während des dreistündigen Soundchecks zur zweiten Frankfurt-Show spielte er alle Songs wie ein Weltmeister und war abends Mitglied der Peter-Maffay-Band.

Wir fuhren auf der A6 Richtung Kaiserslautern, als wir einen lauten Knall vernahmen und unweit der Autobahn schwarze Rauchwolken aufstiegen. Im Hotel sahen wir die Fernsehbilder vom Flugzeugunglück in Ramstein. Zehn Minuten später war meine Frau am Telefon und verkündete, dass es vorbei ist. Genau an dem Tag des Unglücks, am 28. August 1988, ging meine Ehe mit Claudia zu Ende. Tragischer Hintergrund war, dass irgendeine Lady bei mir zu Hause angerufen hatte und daraufhin bei Claudia gewisse Alarmglocken läuteten. Ich kam aus der Nummer nicht mehr raus und beichtete meine ganzen Geschichten. Danach war das Vertrauen natürlich weg. Nach dem Telefonat bin ich erst mal rüber zum Italiener und hab's mir aus Frust kräftig gegeben. Zum Glück war es an einem day off. Aber mit dieser Frau, die damals bei Claudia anrief und für die ich schuldig gesprochen wurde, hatte ich nie etwas zu tun gehabt.

Claudia war meine erste Beziehung, eine alte Schulliebe. Sie war Lehrerin und ich ständig on the road. Dass diese naive Konstellation auf Dauer nicht durchhalten konnte, war vorprogrammiert. Aber wir waren jung und wollten zusammen sein. 1980 heirateten wir und wohnten zunächst auf dem Bauernhof von Steffi Stephan in Havixbeck. Steffi war für mich wie ein zweiter Vater und half mir aufs Pferd, wenn etwas schiefging. Aber irgendwann wird man flügge und ich wollte nicht länger unter Steffis Aufpasserschirm leben. So sind Claudia und ich nach Münster in eine kleine Wohnung gezogen. Wenig später gab's die Gelegenheit, sich ein bisschen zu vergrößern, und zwar im Haus der Eltern von Claudia. Ein Teil gehörte ihr, der andere Teil Claudias Schwester. Und diesen Teil hab ich ihr abgekauft mit dem Geld, das ich damals schon verdient hatte. So kamen wir zum eigenen Haus. Doch dieses Bürgerliche wirkte wie ein Rohrkrepierer für die so unterschiedlichen Lebensvisionen eines Rockdrummers und einer Sozialpädagogin.

Die Trennung hatte mich emotional ausgebrannt. Nach der *Schatten*-Tour zog ich vorübergehend zu meiner Mutter nach Burgsteinfurt und bezog das Büro meines Vaters, das inzwischen zur Wohnung umgebaut war.

Zu Weihnachten saß ich traditionsgemäß mit meinem Bruder bei meiner Mutter unterm Weihnachtsbaum bei Nudelsalat und Bockwürstchen. Der totale Klassiker. Weihnachten im Kreise der Familie war ein Ritual, dem auch die Freundinnen an Thomas' Seite beiwohnten. Kurz vor Mitternacht brach er für gewöhnlich auf und ging in Münster auf die Piste. Ich aber blieb bei meiner Mutter und am 1. Weihnachtstag wurden die Filmklassiker geguckt. Die *Schatzinsel* war einer dieser großartigen Vierteiler mit Michael Ande in der Hauptrolle. Ich erinnere mich an die legendären Szenen mit John Silver, Jim Hawkins, Israel Hands und den ganzen überzeichneten Schurken. Das war totaler Rock 'n' Roll. Unfassbar gut!

Auch wenn Weihnachten eine geruhsame Auszeit bedeutete und ich das Adrenalin mal runterfahren konnte, ging's danach sofort mit Vollgas weiter.

SCHNEIDERS AMORBAHN

Mein Leben war ein einziger Workaholic-Film. Konzerte, Studio, Termine ohne Ende. Und als hätte ich nicht schon genug um die Ohren, bin ich im Winter 88 an ein paar days off kurzerhand mit Steffi nach New York geflogen. Wir waren voll auf dem Rock-'n'-Roll-Trip und wollten Boris Becker beim Masters-Finale im Madison Square Garden sehen. Zwar hatten wir keine Tickets fürs Spiel, aber die Lust auf ein spontanes Abenteuer wog schwerer als jegliche Vernunft. Zudem war Boris Becker schon immer mein Lieblingssportler of all time. Und eine Legende, die den Rock 'n' Roll genauso innehatte wie ich. Draufballern, wenn's nötig ist, und keinen Gedanken an Kleinkram verschwenden.

New York empfing uns mit dem ganzen Muff einer alten, von Patina überzogenen Stadt. Das passte so gar nicht zu unserem Bild von einer Weltmetropole. Frank Sinatra hatte doch verkündet: »New York! If I can make it there, I'll make it anywhere.« Wir nahmen uns ein Zimmer im Moxy NYC auf der 7th Avenue und ich versuchte in der Stadt meinen alten Kumpel Wolfgang Amadeus ausfindig zu machen. Mit ihm war ich früher in Burgsteinfurt zur Volksschule gegangen. Aber jetzt hatte er es über irgendwelche zwielichtigen Pfade zum Investment Broker gebracht und lebte in New York City. Wolfgang war ein ausgeflippter Typ und total auf Droge, er hatte überall seine Finger im Spiel – in der Politik, im Finanzwesen, in Bordells – und er konnte uns mit Sicherheit Tickets organisieren. Es kostete ihn nur einen Anruf und wir hatten, was wir brauchten. Also sind wir hin zum Madison Square. Von dieser berühmten Spielstätte hatten wir allerdings mehr erwartet. Statt Glanz und Gloria saßen wir in einem stinkenden Stall. Die

Dortmunder Westfalenhalle riecht schon nicht gut. Aber diese Halle war kaum besser als eine Bahnunterführung. Und die kaputten roten Sitze sahen aus wie die zerschlissenen Leder in der Liebesraupe von Schneiders Amorbahn auf der Burgsteinfurter Kirmes. Nun gut, wir waren für teures Geld im Besitz der Tickets und sind jeden Tag zu den Tennisspielen. Boris musste gewinnen! Egal wen er ausknockte. Am besten fünf Sätze mit Tiebreak, damit sich das Geld auch gelohnt hatte. Und genau so kam es. Beim Match gegen Ivan Lendl hat er im Tiebreak mit einem Netzroller das Spiel gewonnen. Steffi und ich sind ausgerastet!

Monate später – ich hatte mich längst schon wieder in Tutzing im Studio eingenistet und steckte in laufenden Produktionsprozessen für Peter Maffay – wurden mir nebulöse Geschichten über Wolfgang Amadeus zugetragen. Angeblich trieb er sich in Miami mit Rockstars rum, posaunte große Geschichten, machte auf dicke Hose und wurde als Hochstapler enttarnt. Auf solche Typen hatten die Amis wenig Bock. Irgendwann wurde Amadeus wahrscheinlich in der Unterwelt beiseitegeschafft.

ZWEI FLASCHEN CHAMPAGNER

Songwriting war immer ein Side-Ding, und da ich nie darüber nachgedacht hatte, meine Stücke unter eigenem Namen zu veröffentlichen, landeten sie auf den Platten anderer Leute. »Unter Sternen«, »Du bist nie der Kassierer«, »Spiel ohne Ziel« und »Schiff in der Nacht« waren die ersten Songs, die ich für Peter schrieb und die auf dem Album *Lange Schatten* veröffentlicht wurden.

Auch Carl Carlton hatte in seinem umtriebigen Musikerleben schon jede Menge Titel geschrieben und brachte ein großes Talent für griffige Songs aufs Tablett. Seit wir uns damals in München begegnet waren, waren wir als Gleichgesinnte ein gutes Songwriterteam geworden. So ähnlich wie Lennon/McCartney fanden unsere Nummern unter Carlton/Engel immer häufiger den Weg auf irgendwelche Alben.

Nun hatten wir einige Stücke fertig in der Schublade liegen und kamen auf die glorreiche Idee, dass Peter unsere Songs mal singen könnte. Das würde ihn musikalisch vielleicht in eine andere Richtung bewegen. Ich hätte gar nicht den Mut gehabt zu fragen, aber Carl gab ihm einfach die DAT-Kassette mit unseren Stücken drauf und legte ein Anschreiben hinzu.

Die Initiative ging von uns aus. Wir unterbreiteten ihm die Idee, seine nächste Platte mit uns als Produzenten zu versuchen – auch vor dem Hintergrund, dass wir lange Wegbegleiter und letztlich auch Fans waren. Zudem wollten wir nicht ewig immer nur die Lakaien sein, sondern unser Potenzial auch mal als Producer in den Mittelpunkt rücken. Wir hatten ja auch die ganzen Skills drauf, was Studiotechnik und Arrangieren angeht. Carl hat ihm regelrecht aufgezwungen, dass wir die richtigen Typen für ihn wären.

Peter hörte sich unsere Songs an. »Ihr könnt meine Produzenten werden, wenn ihr auch meine Songs so umsetzt, wie ihr das bei euren Tracks gemacht habt.«

Er gab uns vier seiner eigenen neuen Stücke, die wir mit unserer Vision neu arrangieren sollten. Dann war er zwei Wochen weg, und wir nutzten die Zeit im Red Rooster, um an Layouts zu arbeiten. Ich hab Keyboards gespielt, Schlagzeug, Percussion, hab gesungen und auch die Backing Vocals gemacht, während Carl alle Bässe und Gitarren einspielte. Carl und ich produzierten einen neuen Sound, den Maffay zu der Zeit unbedingt brauchte. Im Grunde haben wir in den zwei Wochen eine Audition als Producer gemacht.

Jetzt kam Peter zurück, hörte sich unsere Layouts an und sagte erst mal nichts, sondern griff zum Telefon und bestellte bei seiner Sekretärin Christel zwei Flaschen Champagner. In dem Moment wurde mir bewusst, dass wir gerade Produzenten von einem Millionenact geworden waren. Ich spürte, wie das Adrenalin durch meinen Körper fuhr. Da ist es gut, jemanden wie Carl Carlton neben sich zu wissen, der viel cooler reagierte: »Lass uns so arbeiten wie immer, ohne diesen Druck der Produzentenplakette auf der Stirn.« Dieses Selbstbewusstsein muss man haben! Carl und ich waren nun die Architekten des neuen Maffay-Sounds und sollten in den kommenden Jahren seine Alben produzieren.

ACHT JAHRE ZIGARETTEN HOLEN

Das Problem an der Sache war nur, dass ich kaum noch Zeit hatte für Projekte mit Udo. Peter Maffay ging jetzt vor. Das war einfach der lukrativere Job. Udo wurmte diese Situation. Er wollte klare Verhältnisse und suchte mit mir das Gespräch. Also trafen wir uns bei ihm zu Hause.

Mir kam es vor, als würde ich eine dunkle Höhle betreten. Die schwarzen Tapeten an den Wänden verströmten eine von Tragik gezeichnete Unwirklichkeit. Wenn man Licht haben wollte, warfen goldene Leuchter einen diffusen Schein auf die Finsternis. Udo saß im Brokatbademantel in einem goldenen Bett. Angeblich hat er von hier aus auch Vertragsverhandlungen geführt, während Fritz Rau und irgendwelche Veranstalter wie die Lakaien am Fußende saßen und seinen Regieanweisungen folgten. Nun stand ich vor ihm, und Udo beichtete mir, die letzte Nacht im Vollrausch verbracht zu haben: »Berte, ich war so dicht, dass ich den Lichtschalter nicht fand und gar nicht mehr wusste, dass das elektrische Licht schon erfunden war.«

Während er sich bemühte, der Realität des angebrochenen Tages wahrhaftig zu werden, versuchte ich ihm nahezubringen, dass ich seinem »Club der Millionäre« niemals beitreten könnte, wenn ich ausschließlich ihm zur Verfügung stand. Ich hatte immer betont: Ich spiel' für beide, für Udo und für Peter. Aber Udo fühlte sich in seiner Ehre gekränkt. Für ihn war es ein Akt des Ungehorsams und glich einem Verrat an der Familie. Nun war ich Abtrünniger seiner Mission geworden. Die ganze Szene war wie ein Film und Udo erschien mir in der Gestalt von Marlon Brando. Der Untreue wurde mit einem Gnadenstoß entsorgt und in Urlaub geschickt.

Unser vorerst letztes gemeinsames Konzert spielten wir 1988 in Berlin auf der Waldbühne und das Kapitel Lindenberg war zunächst gegessen. Es folgte eine lange Pause – oder wie ich es gerne zu sagen pflege: *Ich war mal acht Jahre Zigaretten holen.* Dies hatte zur Folge, dass jahrelang andere Trommler mit ihm spielten. Auch Steffi Stephan hatte sich von Udo gelöst, weil die Alkoholexzesse seines alten Freundes keinen Platz mehr für kreatives Arbeiten ließen.

Erleichtert über diesen Cut, hatte ich nun den Freiraum, um gemeinsam mit Carl neue Aufgaben anzugehen.

PLATIN

Unser erstes offizielles Album war *Kein Weg zu weit.* Peter hatte in der Produktionsphase natürlich das letzte Wort, während Carl und ich als ausführende Produzenten damit beauftragt waren, seine Ideen in ein musikalisches Konzept zu gießen. Peter überschüttete uns mit Hunderten von Songfragmenten, die aber bestenfalls als vage Layouts brauchbar waren. Ihm fehlte es an Know-how einer tontechnischen Umsetzung. Es war ein ziemliches Chaos und Peter derjenige, der diesen Zustand mit ungezügelter Ideenflut fast zur Explosion brachte. Das machte mich wahnsinnig, und ich verlangte von ihm ein klares Konzept, damit uns die Vision des Albums nicht wie Sand durch die Finger rann. Die jahrelange Livespielerei hatte mich ausgelaugt und jetzt kam dieser Produzentenwahnsinn obendrauf.

Nahezu in letzter Minute lieferte Peter ein Konzept. Das ewige Rumrudern hatte ein Ende und wir konnten endlich mit den Layouts der Pre-Production loslegen. Wie bei einem Architekten, der zunächst das Haus zeichnet und dann immer feiner in die Strukturen vordringt, nahmen die Songs bald Gestalt an. Dabei musste man behutsam darauf hören, was sie einem sagen wollten. Beim Song »Tiefer« zum Beispiel machte ich den Vorschlag, kein echtes Schlagzeug zu spielen, sondern die Drum-Maschine zu nutzen, die ursprünglich nur als Arbeitsgrundlage diente. Der Maschinensound hatte für meinen Geschmack genau den richtigen Esprit. Peter schloss sich meiner Einschätzung an. Dinge dieser Art wurden basisdemokratisch entschieden.

Die Position, die man als Produzent einnimmt, ist nicht immer easy. Man muss das Projekt als Ganzes im Blick haben und gleichzeitig die Fähigkeit besitzen, seine eigenen Zutaten aus objektiver Sicht zu bewerten. Zudem trägt man eine Form von Verantwortung, die dazu führen kann, auch unliebsame Entscheidungen zu treffen – gerade dann, wenn man seinen Mitmusikern sagen muss, was Sache ist. Jemanden zu knechten, fand ich immer unangenehm. Mit all den Lernprozessen, in der Produzentenrolle die Regie über ein komplexes Werk zu übernehmen, haben wir letztlich *Kein Weg zu weit* auf eine fantastische Zielgerade geschickt. Angeschoben durch den Hit »Tiefer«, den Jean-Jacques Kravetz, Chris Thompson und Hartmut Engler geschrieben hatten, belegte das Album Platz eins der Charts und bekam Platin. *Kein Weg zu Weit* mit 750 000 verkauften Einheiten las sich auf dem Kontoauszug nicht schlecht. Diese Tatsache beruhigte auch meine Zweifel an der Entscheidung, beim Panikorchester ausgestiegen zu sein. Während es mit Udos Karriere langsam bergab ging, feierte Peter Maffay Riesenerfolge.

Parallel zu Peter Maffay trieben Carl und ich noch unser eigenes ambitioniertes Projekt New Legend voran. Eine Vollblutrockband mit Ziel Amerika. Jetzt waren wir nicht nur die erfolgreichen Maffay-Producer, sondern standen in unseren Träumereien kurz vor einer Karriere im Land der unbegrenzten Möglichkeiten. New Legend sollte die Band werden, die uns den internationalen Durchbruch beschert. Das ganze Investment in New Legend zwang mich dazu, meine Liveaktivitäten als Schlagzeuger in Peters Band zunächst einzuschränken, um sie kurz drauf ganz aufzugeben. Amerika rief und ich stürzte mich mit Vollgas in den Wahnsinn.

STARS IN MALIBU (... FÜR EINE STUNDE)

Über zehn Jahre bestand mein Leben nur aus Lindenberg und Maffay. Pausenlos ging es von Tour zu Tour, von Studio zu Studio und wieder auf Tour. Ich war ausgepowert. Auch wenn *Kein Weg zu weit* Nummer eins wurde, fehlte mir in meinem Schlagzeugerleben die musikalische Perspektive. Ich schlitterte in einen kreativen Durchhänger. Steffi verließ das Panikorchester und kündigte ebenso bei Peter. Udo hatte mich nach der 88er *Feuerland*-Tour entlassen und kurz drauf stieg ich aus der Peter-Maffay-Band aus. Und dann kam noch die Scheidung von meiner Frau Claudia obendrauf. Ich musste ihr das Haus in Münster überlassen. Panikorchester weg, Frau weg, Haus weg, Maffay weg, Motivation weg. Plötzlich hatte ich viel Zeit und hing rum, während Carl sich mit seinen Kumpels Peter Bootsman und Harry de Winter verabredete. Das waren richtige Rock 'n' Roller, die in Holland mit den New Adventures mal ziemlich angesagt waren. Aber die Band gab es nicht mehr, weil deren Trommler abhandengekommen war.

Also schlug Carl mir vor, mit den beiden Jungs was gemeinsam zu probieren. Wir wollten nicht ewig für andere Leute arbeiten und jetzt was Eigenes auf die Beine stellen. Die hatten Songs am Start so wie Carl, Pascal Kravetz und ich auch. Wir haben uns getroffen, und sogleich spürte ich, dass die Chemie stimmte. Da war Potenzial. Für mich war die Idee einer neuen Band das Tor zu einer anderen Welt, um vielleicht den Spaß am Spielen und am Abenteuer Rock 'n' Roll wiederzuerlangen.

Ich brauchte unbedingt neuen Input, um meine Zellen aufzufrischen. Wir nannten die Band New Legend und mit ihr kam das alte Fieber zurück. Ich spürte, wie ich wieder tierisch Bock aufs Schlagzeugspielen hatte. Yes! Das ist es! Darum mach ich das alles! Mit New Legend wollten wir groß einsteigen. Wir nahmen erste Demos bei Steffi im Jovel auf. Jetzt brauchten wir nur noch einen Produzenten als Facharzt für harte Rockmusik. Eigentlich gab es nur einen, der für uns infrage kam – Dieter Dierks! Er residierte in Pulheim-Stommeln, einem ländlichen Vorort von Köln, der zwar auf jeder Landkarte vermerkt ist, aber in seinem Wesen von pathologischer Bedeutungslosigkeit dahindümpelt, gäbe es dort nicht jenen berühmten Studiokomplex, der die ganzen Weltstars anlockt. Dieter hatte jahrelang die Scorpions gemacht und war mit »Still Loving You« und »Rock You Like a Hurricane« richtig groß in Amerika. Er war Deutschlands angesagtester Rockproducer und galt als »sechster Scorpion«. Dieter Dierks war es übrigens auch, der damals bei unserem irrsinnigen Auftritt mit Udo auf dem Nürnberger Zeppelinfeld im Ü-Wagen saß und die Aufzeichnung fuhr.

Nun schlugen wir bei ihm in der Hoffnung auf, ihn für New Legend als Produzenten zu gewinnen. Unser großer Traum war Amerika. Kurzerhand verbarrikadierten wir uns im Winter 1988 in seinem Refugium. Wir wohnten in Apartments, die oberhalb der Studios gelegen waren. Studio 1 glich einem großen Aufnahmetempel. Die Studios 2 und 3 hingegen waren berühmt für den Rocksound der Scorpions, die hier ihre legendären Alben *Lovedrive, Animal Magnetism, Love At Forst Sting* und *Savage Amusement* aufnahmen. Und dann gab es noch das Studio 4 – Das hieß »Bei Marlene« und war die Kneipe nebenan. Da haben wir gesoffen bis morgens um vier. Und dann sagte Marlene immer: »So Jungs, jetzt ist mal Schluss hier, jeder geht in sein Bett, ich geh auch in seins.« Sie war ein echt kölsches Original und wusste mit dem Gehabe der Rockstars umzugehen, die regelmäßig bei ihr aufschlugen.

Am Ende hatten wir fünf Songs fertig und Dieter war begeistert. Er wollte uns produzieren, mit uns einen Verlagsdeal machen und versuchen, uns in den USA unterzubringen. Als Scorpions-Producer fliegt man schon mal Businessclass in Amerika ein.

Zunächst veranstalteten wir ein erstes Showcase im Jovel in Münster. Es war der 15. Dezember 1989. Der Auftritt sollte den Amerikanern zeigen, wer wir sind. Marvin Katz war Dieter

Dierks' Anwalt in New York. Er hatte unser Studiomaterial vor Ort, saß in seinem Büro und gab sich den Rocksound auf die Ohren, als in dem Moment Tom Zutaut bei ihm reinschneite – seines Zeichens Spezialagent mit Hardrock-Lizenz. Dieter hatte es geschafft, den größten Artists-and-Repertoire-Manager im amerikanischen Rockbusiness anzubaggern. Zutaut war außer sich und schrie: »I have to see the guys!«

Wie die Typen halt damals so drauf waren, ist er mit der Concorde nach Paris geflogen, von Paris nach Köln und war mittags bei uns in Stommeln.

Gerade Guns N' Roses gesignt und mit *Appetite for Destruction* Nummer eins in den USA, kommt Zutaut plötzlich bei Marlene in den Pub rein. Wir waren natürlich voll drauf und hofften, dass es jetzt richtig losging.

Also sind wir rüber ins Studio und Zutaut hat sich unsere Aufnahmen von vorne bis hinten angehört. Es sagte kein Wort, schrieb aber ständig irgendwelche Notizen in sein Buch. Am Ende hatte er ein paar Vorschläge für Veränderungen, um die Sache kompatibel für Amerika zu machen. Anschließend interviewte Zutaut noch jeden Einzelnen von uns.

Den Abend verbrachten wir standesgemäß bei Marlene und am nächsten Morgen flog er zurück nach New York. Kurze Zeit später rief er bei Dieter Dierks an und teilte mit, er könne New Legend nicht machen.

»I like the music and I love the guys, but I don't believe in the singer.«

Es war nicht wegen seiner Stimme, sondern er war überzeugt, dass Peter Bootsman nicht wirklich mit aller Passion hinter dem Projekt stand. Wenn man eine Band in Amerika etablieren will, dann muss man jedes Scheißloch bespielen, und er wollte nicht 300 000 Dollar investieren, wenn er dem Sänger nicht vertrauen konnte.

Wir waren total angepisst. Erst im Nachhinein mussten wir zugeben, dass er die Wahrheit gesagt hatte.

Es kam der nächste A&R-Mann eingeflogen. Wieder aus New York, aber diesmal von EMI Records. Michael Barakman hatte einen very hard American accent. »Wow … Nuuu Läägend, wow, it's killer.« Der Typ war von seiner Persönlichkeit her total overdressed. Mit ihm wollten wir uns nicht einlassen.

Wir alle lebten nur noch unsere Band und fieberten jeder Möglichkeit eines Deals entgegen, als ich unverhofft aus meiner New-Legend-Welt rausgerissen wurde. Peter Maffay war am Telefon. »Kannst du aushelfen? Curt hat sich mit einem Schlagzeugbesen ins Auge gestochen.« Ich war ja bei Peter Monate zuvor ausgestiegen und hatte als meinen Nachfolger den legendären Curt Cress empfohlen, der auf der bevorstehenden *Kein-Weg-zu-weit*-Tour meinen Platz einnehmen sollte. Aber Curt war nun für mehrere Tage außer Gefecht. Die Maffay-Band hatte bereits drei Wochen geprobt, und nun standen wichtige Production Rehearsals an, die auf keinen Fall unterbrochen werden durften. Also wurde ich für die Generalproben nach Bremen geholt und saß jetzt am Curt-Cress-Schlagzeug, wo sich links und rechts irgendwelche Toms wie Krakenarme in die Luft streckten. Anscheinend noch aus Curts Zeit mit Falco. Ein weißes Yamaha Kit mit superdünnen Fellen auf den Trommeln. Schon beim Soundcheck hatte ich die alle durchgenagelt. Meine Ansage war: »Okay, macht mir richtige Felle drauf, dann können wir reden.«

Es war mir ein absolutes Rätsel, wie Curti einen Rockgig mit Kinderfellen bewerkstelligen konnte. Sein damaliger Drumroadie Marcus zog die dicken »Riemen« drauf, sodass ich in meiner Art spielen konnte und damit die Generalproben rettete. Anschließend kam Peter zu mir und gab mir ein Kouvert mit Geld drin.

»Du hast das super gemacht. Wenn du nicht ausgeholfen hättest, wären wir alle am Arsch gewesen. Und außerdem … ich will dir nur sagen, wir müssen irgendwann mal wieder zusammen spielen.«

Ich hatte ihm eigentlich nur einen Gefallen getan und fuhr erst mal wieder zurück ins rheinländische Stommeln. Inzwischen hatte Dieter Dierks weiter gedealt. Bob Buziak, der Boss von RCA in New York, kam eingeflogen. Er stand tierisch auf uns und hat den Deal gesignt. Geil … wir gehen nach Amerika! RCA zahlte uns einen Vorschuss auf die Tantiemen. Die Plattenfirma setzte uns allerdings die Pistole auf die Brust, und wir waren gezwungen, New Legend exklusiv zu machen.

Für uns ging es jetzt um alles. Dieter Dierks hatte zuvor das Mother's-Finest-Livealbum produziert, wobei nachträgliche Keyboard-Overdubs von Pascal Kravetz eingespielt wurden. Die beiden Mother's-Finest-Urgesteine Moses Mo (Gitarre) und Wyzard (Bass) kannten also Pascal schon aus früheren Tagen und so landeten wir mit New Legend zunächst in deren Vorprogramm. Donny G. war der Manager von Mother's Finest, ein langhaariger Jürgen-Drews-Verschnitt und ein Riesenaufschneider. Immerhin stand er auf den Sound von New Legend und wollte uns jetzt als Liveact in Amerika verkaufen und die ganzen Gigs klarmachen. Das Trancas in Malibu, China Club in L. A., Cat Club in New York – da, wo man halt spielen muss. Also sind wir rüber nach Amerika und fuhren mit einem dieser gelben »Ryder Trucks« durch die Gegend. Zur Crew gehörten ein Typ mit Cowboyhut, der in L. A. als Gitarrentech engagiert wurde, sowie Rudi als deutscher Kistenschlepper und ein rekrutierter Roadie von Mother's Finest. Unser erstes Ziel war Malibu. Wir sind mit dem gelben Ungetüm am Trancas Club vorgefahren. Die komplette Anlage war hinten drin, und unsere Crew öffnete schon die Ladeluke, während sich vorne fünf ausgelaugte Musiker aus der Kanzel schälten. Wir stellten uns erst mal vor und erklärten dann: »We are supposed to play tonight. Our manager Donny arranged …«

»Who is Donny?« Die kannten den gar nicht. Und der Typ vom Club meinte abwehrend, dass ein Line-up aus Doobie-Brothers- und Vanilla-Fudge-Mitgliedern mit Chet McCracken am Schlagzeug und Tim Bogert am Bass für den Abend engagiert sei. Wir blieben standhaft und beharrten auf unserem Auftritt. Dann schrie er: »Okay, give me a CD!« Der erste Titel hat ihn umgehauen und er meinte: »Hey, doesn't sound too bad. You get twenty minutes tonight.« Zehn Minuten vorher konnten wir unser Zeug dahin stellen. Ich allerdings musste mit dem gelben Pearl Kit der Doobie Brothers vorliebnehmen. Und wir haben uns sooo den Arsch abgespielt, dass die Leute ausgeflippt sind. Dann kommt der Typ während der vierten Nummer auf die Bühne und sagt: »Play another twenty minutes.« Die Leute waren gut drauf und er konnte seinen Getränkeumsatz machen. So ist das in Amerika. In den ersten Reihen standen fünf Hells Angels und brüllten: »New Legend, New Legend!« Die andere Band nach uns hatte keine Chance mehr. Dann sind wir in die Garderobe, die eher einer Rumpelkammer glich, und der Oberste der Hells Angels, Gary R., kam gleich mit. Er schob mir seine Visitenkarte rüber: »Whenever you come to L. A., you are my guest.« Und auf der Karte stand: *Hells Angels Headquarter, L. A., Gary R., Sergeant at Arms.* Der war also verantwortlich für die Waffen. Ich bedankte mich höflich bei ihm und plötzlich kommt der Clubbesitzer rein und sagt: »We have to clear the dressing room for the other band.« Gary drehte sich um und zischte: »There is no other band after New Legend.«

Zu allem Überfluss wurden wir von den Angels noch eingeladen. Wir sollten uns in einem Canyon treffen. Ich hab mich ausgeklinkt und bin schnell ins Hotel. Mit denen wollte ich mich nicht anlegen. Zumindest waren wir mit New Legend an diesem Abend beliebt und sind Stars gewesen in Malibu … für eine Stunde.

An diesen Tagen, im sogenannten kalifornischen Musikerparadies, zog es uns öfter in den legendären Kultladen Rainbow Bar & Grill. Wenn man schon mal in der Gegend ist – ein MUSS. Das Rainbow gilt nach wie vor als berühmter Treffpunkt für Rockmusiker und Groupies. Sozusagen das Onkel Pö von L. A. Lemmy Kilmister wohnte über dem Club, und wenn er nicht mit Motörhead auf Tour war, saß er den ganzen Tag unten an der Whiskytheke und umgab sich mit Leuten, die Lemmys Geschichten hören wollten. Im Rainbow verkehrten die Typen von Guns N' Roses, Johnny Depp mit Faye Dunaway kreuzte dort auf und der Pornodarsteller Ron Jeremy gab sich mit Axl Rose die Kante.

Ein weiterer Auftritt fand im China Club in L. A. statt. Auch hier wusste niemand, dass wir spielen sollten. Als wir den Laden betraten, hingen Billy Idol und Slash am Tresen. Wieder durften wir ein 20-Minuten-Set abliefern und diesmal lief alles glimpflich ab.

Aber der nächste Wahnsinn sollte folgen. Wir flogen nach Philadelphia, während der Cowboyhut und die anderen beiden den »Ryder Truck« drei Tage über die Pisten von L. A. an die Ostküste kutschierten. Uns war aufgetragen, im Vorprogramm von irgendwelchen Local Acts zu spielen, und wir mussten als erste Band des Abends antreten. Das Venue fasste um die 2000 Leute und backstage lungerten etliche Groupies rum. Für den Veranstalter waren wir Greenhorns. Es gab keinen Monitor, kein Licht, nichts. Wir haben selber aufgebaut, alles hingestellt und waren schon zehn Minuten hinter der Zeit, als es hieß: »Go! You have ten minutes!«

So 'ne Scheiße … wir wieder den Arsch abgespielt, bumm, bumm, die ganzen Klamotten zurück in den Bus und direkt nach New York.

Es war ein Tag im August und die Stadt glühte vor Hitze. Auf dem Plan stand ein Showcase im Cat Club. Dieter Dierks hatte die ganzen Manager und Größen aus dem Business dorthin eingeladen, die sonst für Bon Jovi und Metallica arbeiteten. Die sollten jetzt unseren Gig sehen. An diesem Abend jedoch haben wir total versagt. Das lag wohl daran, dass wir eine Pre-Show-Party veranstalteten und Peter Bootsman bereits vor dem Konzert hackedicht war. Er fing an rumzupöbeln, dass er für die Herren Arschlöcher vom Business nicht singen würde. Ich legte mich noch mit ihm an: »Peter, wir sind nicht nach Amerika geflogen, damit du uns jetzt hier abfuckst!« Es half nichts. Peter hat mit dem Rücken zum Publikum gesungen, während Pascal, Carl und ich versuchten zu retten, was zu retten war, und die Nummern selbst sangen, um ihn aus der Schussrichtung zu nehmen. Uns wurde schlagartig klar, dass es eigentlich *der* Gig war, um den es ging. Alle anderen vorher waren nur Warmups. Wir haben komplett versagt, standen zwei Tage später wie geprügelte Hunde am Frankfurter Flughafen und hatten eine bleischwere Niederlage im Gepäck. Die Band wurde zunächst mal ins Koma versetzt. In diesem Moment erinnerte ich mich an die Worte von Tom Zutaut.

Aber aufgeben war keine Option. New Legend bekam eine zweite Chance und wir machten uns an die Platte *Deep Colours Bleed.* Allerdings war Bob Buziak, der uns vorher gesignt hatte, gar nicht mehr bei RCA tätig. Sein Nachfolger hieß Joe Galante. Der war jedoch der totale Countryfreak und konnte mit unserer Musik nichts anfangen. Er hat uns regelrecht fallen lassen, sodass die Platte in den USA gar nicht veröffentlicht wurde. Wir versuchten es in Deutschland und spielten einen medienwirksamen Auftritt in Peter Rüchels *Rockpalast.* Doch der Erfolg blieb aus und die Sache ging Richtung bergab. Peter Maffay hatte uns noch bei einigen seiner Konzerte einen Spot für New Legend eingeräumt. Aber auch das half nicht wirklich weiter.

Peter Bootsman verließ unfreiwillig die Band, und Dieter Dierks geriet über den englischen Promoter Alec Leslie an John Glover, den ehemaligen Manager von Free, der jetzt einen Sänger namens Robert Hart betreute. Er sollte die neue Stimme von New Legend werden. Inzwischen waren Carl und ich bereits mit den Proben für Maffays anstehende *Tabaluga-&-Lilli*-Tour beschäftigt. Beruflich wieder gut im Saft und die Energiespeicher aufgefüllt, ließen wir uns zu einer neuen New-Legend-Episode hinreißen. Diesmal mit besagtem Robert Hart, einem Sänger aus Bournemouth, dessen Soloalbum gerade außerordentlich gefloppt war. Kurzerhand holten wir ihn bei Tabaluga als Gastact ins Boot. Auf diese Weise konnten wir ihm ein bisschen Kohle zuschustern. In Wirklichkeit war es ein Riesenjob mit 95 Shows. Robert war happy, wir nutzten die freien Tage zwischen den Tourblocks, um neues Material zu schreiben, und begannen mit den Aufnahmen zum dritten New-Legend-Album *Dangerous Mission.* Damit wir überhaupt ein Lebenszeichen in die Welt tragen konnten, engagierte Dieter Dierks zwecks Prepromotion einen Amateurvideotypen. Wir sollten playbackmäßig zu ein paar Songs mimen. Gefilmt wurde in Stommeln in einer Kneipe namens Heuwägelchen, direkt neben Marlenes Pub. Und plötzlich hieß es: Wir müssen für die Singleauskoppelung einen richtig guten Videoclip produzieren! Dieter Dierks war wieder voll auf der Spur und hatte sich in den Kopf gesetzt, mit *Dangerous Mission* ein neues Rockkapitel aufzuschlagen.

Robert Hart war zu dieser Zeit aber schon wieder zurück in London und sollte jetzt rüberkommen, weil neben Videodreh auch Showcases für A&Rs von Plattenfirmen anstanden. Und schließlich ging es ja darum, unseren neuen Sänger der Presse vorzustellen. Aber niemand konnte Robert in England erreichen – der Typ war einfach nicht mehr auffindbar. John Glover rückte schließlich mit der Sprache raus, dass Robert Hart nach Amerika aufgebrochen sei. Ein gewisser Bud Prager hätte ihm ein Angebot unterbreitet – seines Zeichens Manager der Band Bad Company. Ohne uns Bescheid zu sagen, hat er uns mit der Produktion alleingelassen. Das war ganz übel und New Legend ging unter wie die Titanic. Zum Glück hatten wir den Deal mit der Plattenfirma so gedeichselt, dass wir den Vorschuss nicht zurückzahlen mussten. Eigentlich sollte das mit den Tantiemen verrechnet werden, aber diese Kohle hatten wir ja nie eingespielt. Unserem Amerikatraum war keine Zukunft beschert.

1991 kehrten Carl und ich in den Schoß von Peter Maffay zurück.

Wir hatten unser Comeback und produzierten das Album *38317*. Die Ziffern auf dem Cover waren in einer Computerschrift dargestellt und rückwärts gelesen bildeten sie das Wort *Liebe*, weshalb das Album eigentlich zwei Namen erhielt – und für uns zum Platinerfolg wurde.

Während wir auf der 1992er *Liebe*-Tour mit den Gästen Clarence Clemons von Springsteen und Alvin Lee von Ten Years After on the road gingen, saß Dieter Dierks immer noch mit einer 300 000-Dollar-Produktion an der Backe in Stommeln. *Dangerous*

Mission ist nie erschienen und Robert Hart hat sich nie wieder bei uns gemeldet.

BARBARELLAMORTADELLAOHNETELLER

Unverhofft rückte Ende des Jahres 92 Stephan Remmler wieder auf meinen Plan. Er war mir noch bestens in Erinnerung seit unserer gemeinsamen Copacabana-Fahrt … aber das ist Schnee von gestern.

Stephan Remmler war eigentlich Gymnasiallehrer, ein schlauer Typ, der genau wusste, was er tat. Seine Texte sind Persiflagen von cleverer Art, mit denen er gesellschaftliche Themen aufs Korn nimmt. Remmler hatte ein Faible für Hans-Moser-Filme und auch die alten Schlagerschinken fand er toll … »Verliebtsein, das wär wundervoll«.

Nun hockten Ken Taylor, Carl Carlton und Markus Löhr (ehemaliger Mitstreiter der Band Hubert Kah) mit Stephan in München im Rainbow Studio, um an seiner Platte zu arbeiten, die ursprünglich *BarbarellaMortadellaohneTeller* heißen sollte. Curt Cress hatte bereits die Drumtracks gespielt. Aus irgendeinem Grund aber war Stephan nicht zufrieden mit dem Schlagzeugergebnis. Er wollte das Ganze rockiger haben. Curt Cress sollte gelöscht werden und ich sollte neu draufspielen. Ich meine … Curt Cress war seit den 1980ern der Trommelkönig von Deutschland, der auf mehr als 10 000 Titeln gespielt hat. Sobald du das Radio anmachst, ist Curt Cress drin. Und Remmler besaß nun die Pietätlosigkeit, am Thron des Königs zu sägen.

Zunächst hörte ich mir die Tracks an, die Curti da gespielt hatte, und meinte: »Leute, was wollt ihr? Das ist doch gut getrommelt.« Aber Stephan hörte da irgendwas, was ihm nicht gefiel, er konnte es nur nicht artikulieren. Ich sollte jetzt spielen wie Bertram Engel. »Mach doch einfach mal!« Dann hat er die Tonspuren von Curti weggedrückt und ich habe einfach nach meinem Gefühl zu ein paar Songs getrommelt. Das fand Stephan auf

Anhieb besser. Er meinte, meine Hi-Hat wäre irgendwie lebendiger. Curti hatte das perfekt getrommelt, aber auch maschineller. Ich hatte einen anderen Flow drin, eine andere Attitude.

»So möchte ich das auf den anderen Titeln auch haben.«

Dann hab ich fast die ganze Platte neu gespielt. Der letzte Track, den wir aufnahmen, war eine countrymäßige Slow-Blues-Nummer, »Das Leben liebt den der viel liebt«. Uns fiel auf, dass die Attitude vom Bass nicht zu meinem Spiel passte. Ken Taylor, der vorher die Bässe eingespielt hatte, war schon wieder abgereist. Jetzt platzte Stephan mit einer spontanen Idee heraus: »Das könnte Klaus gut spielen, Klaus Voormann!«

Fast wäre mir der Kaffee aus der Hand gefallen. Klaus Voormann ist eine absolute Legende am Bass! Der hat in den 70er-Jahren all diese Platten gespielt, die man selber gut fand. *Walls and Bridges* von John Lennon, Randy Newmans »Short People«, Carly Simons' »You're So Vain«, George Harrisons *The Concert for Bangla Desh*. All die Dinger hab ich zu Hause rauf und runter gedudelt. Stephan kannte Klaus Voormann aus der Zeit mit Trio. Es kostete ihn nur einen Anruf und die Legende wurde mal eben ins Studio einberufen.

Klaus Voormann betritt den Regieraum und legt seinen Basskoffer auf den Tisch neben der Bandmaschine. Der Koffer ist zugeschissen mit diesen ganzen Backstagepässen von Madison Square Garden über Budōkan bis Yoko Ono und all den Dingern, wo er gespielt hat. Und dann macht er den Koffer auf und darin liegt dieser alte Fender-Bass. »Der sieht ja sensationell aus. Ist das der Bass, mit dem du all diese Songs gespielt hast?«

»Ja. Und Bertram, krieg keinen Schrecken, das sind sogar noch die alten Saiten!«

Der hatte seit 1974 keine Saite mehr gewechselt! Wir machten drei Takes und Klaus sagte: »Der zweite Take, der ist es.« Wir selbst hörten gar keinen Unterschied, aber Stephan gehorchte und verwendete Take zwei fürs Album, das 1993 mit dem Titel *Vamos* erschien. Live gespielt mit Klaus Voormann. Hammer!

Als es dann um Promotion und Fernsehauftritte ging, wurde ich erneut angefragt. Wir spielten Play-back in irgendwelchen Musik- oder Quizsendungen. Die lustigen Auftritte veranlassten Stephan dazu, eine Band zusammenzustellen und auf *Vamos*-Tour zu gehen. Markus Löhr, der unter der Flagge der Neuen Deutschen Welle ein paar Hits mitgeschrieben hatte, bildete die musikalische Brücke zwischen dem modernen Touch und dem Rock, den Pascal Kravetz, Ken Taylor, Carl Carlton und ich spielten. Im Grunde haben wir Mainstream- und Hardrock-Versionen von den ganzen Remmler- und Trio-Nummern gemacht. Wir nannten uns Stephan Remmler und die Steher, in Anlehnung an die Steher beim Sechstagerennen. Das sind die Typen, die stehend auf dem Motorrad vorwegfahren und für den Windschatten sorgen. Gleichzeitig heißt Steher auch Durchhalter. Gerade im Musikbusiness muss man immer durchhalten. Die 1993er *Vamos*-Tour wurde schließlich auf dem Livealbum *Hüh* verewigt. Ich hätte gerne mehr mit ihm gemacht, aber Stephan wollte wohl auf Lanzarote lieber Sterne zählen.

EIN IRRER LÄRM

Es ist der 17. März 1993. Der gedeckte Frühstückstisch gleicht einem Arrangement kulinarischer Verführung, als das Telefon klingelt. Anruf aus Los Angeles! Chris, ein mir bekannter Produzent aus den Dierks-Studiozeiten, überfällt mich regelrecht mit Dringlichkeitsstufe eins. Ich soll sofort in den Flieger steigen und rüberkommen nach Burbank ins Enterprise Studio, um die Platte eines englischen Sängers namens Gordon Smith einzuspielen. Pascal Kravetz sei auch schon da. Der Studiotrommler habe versagt und auf Empfehlung von Pascal sei ich der richtige Typ, um die in Schieflage geratenen Drumtracks zu retten. Ich ließ das Frühstück sausen und 14 Stunden später saß ich im Studio in L. A., in dem Tontechniker wundersame Kabelstrecken legten, während mir der Assistant Engineer unverzüglich zu verstehen gab, dass er hier der Wichtige sei. Schließlich habe er schon mit Michael Jackson gearbeitet und er ließ noch andere große Namen verlauten. Wollte der mich einschüchtern? In seinen Augen war ich ein deutscher No-Name, der jetzt für eine amerikanische Produktion den Notarzt spielen sollte. Ein Eindringling, ein »Besserkönner«. Diese Tatsache kam bei der Studiocrew nicht gut an, zumal im Musiker-Eldorado Los Angeles die besten Trommler der Welt für eine Handvoll Dollar jeden Zuhälterjob erledigen.

Ergo wurde ich regelrecht boykottiert. Mikrofone funktionierten nicht und ein unergründliches Brummen verzögerte den Beginn der Aufnahmen zusehends. Nach mehreren Stunden riss mir der Geduldsfaden. Ich fühlte mich verarscht, war kurz davor, das Auditorium zu verlassen, und sprach ein ernstes Wort mit Chris, der als Produzent des Ganzen den Chefsessel warm hielt. Als wäre eine Zauberfee durchs Studio gegangen, funktionierte die Technik plötzlich im Handumdrehen.

Die ersten Drumtracks lieferte ich First Take ab. Das fanden die alle beeindruckend. Letztlich erledigten Pascal und ich die Geschichte schneller als veranschlagt. So hatten wir hintendran noch zwei Tage Zeit und folgten der Einladung der Band Mother's Finest, mit denen wir Anfang der 90er schon mal gemeinsam die New-Legend-Tour bestritten hatten. Als wir vor deren Haus in Malibu parken, hören wir einen irren Lärm. Ein Sound wie ein Unfall dringt aus einem Garagenloch. Pascal trommelt mit aller Macht gegen das Tor, das plötzlich wie »Sesam öffne dich« nach oben fährt. Bewaffnet mit Gitarren und in voller Bühnenmontur stehen vor uns sechs Typen: Glenn und Dion Murdock, Moses Mo, Joyce Kennedy, Wyzard und John Hayes. In ihrer Garage ist das gesamte Bühnenbesteck aufgebaut mit bis unter die Decke gestapelten Lautsprecherboxen. Was wie eine Rock-'n'-Roll-Puppenstube aussah, war der Proberaum der weltberühmten Funkband Mother's Finest. Wir durften die Brüllkammer betreten, das Tor ging zu, und die Verstärker kreischten zu »Baby Love«, als hätten bekiffte Jugendliche zum ersten Mal Gitarren unter Strom gesetzt. Um den Tinitus runterzufahren, erholten wir unsere Ohren draußen bei frühsommerlichem Wetter am Hollywoodpool, wo farbenprächtige Cocktails gereicht wurden.

Am nächsten Tag steuerten wir den Leihwagen Richtung International Airport, verpassten die Abfahrt auf dem Highway 405 und gerieten ziellos in eine von Industrieschrott und verkommenen Wohnsiedlungen zerzauste Gegend, in der Gangster mit schwarzen Sonnenbrillen Mülltonnen in Brand steckten. Zu allem Überfluss fing auch noch der Motor des Autos an zu qualmen. Uns saß der Stress im Nacken. Am nächsten Tag sollten wir mit Peter Maffay in Leipzig auf der Bühne stehen. Wir erreichten im letzten Moment den Checkin. Rein in den Flieger und mit Jetlag direkt auf die Bühne in Leipzig bei –5 °C. An diesem Abend spielten wir auf dem Festival »Gewalt ätzt« und hatten zum ersten Mal Bassist Ken Taylor in der Band. Sein Bass hatte sofort den magischen Touch, der Gig mit ihm war geil und Ken sollte die nächsten 30 Jahre Mitglied der Peter-Maffay-Band sein.

BÖSEWICHT ARKTOS

Aufgrund des immensen Erfolges unseres Tabaluga-Debüts *Die Reise zur Vernunft* entschloss sich Peter dazu, die Kinderreihe fortzusetzen. Wenn irgendwo gutes Geld zu verdienen ist, wird ein Peter Maffay auch die richtigen Weichen stellen. *Das leuchtende Schweigen* war poetischer und versponnener als unser Tabaluga-Debüt. Auch sollte das Album europaweit in englischer Version rauskommen, weshalb man die Walt-Disney-Sprecherin Hayley Mills als Erzählerin engagierte. Über Carl Carltons Kontakte holten wir Chris Thompson von Manfred Mann's Earth Band ins Boot, der die englischen Titel auf *Magic Jadestone* sang. Mit der dritten Ausgabe von *Tabaluga & Lilli* gab es inzwischen einen ganzen Fundus an Songs, und diese Tatsache ebnete den Weg dafür, Tabaluga als Musical nun auch live aufzuführen.

Die 1993er-Tour war der absolute Smash-Hit mit insgesamt 95 Shows. Zeitweise spielten wir sechs Shows in einer Stadt mit zwei Aufführungen pro Tag.

Während vorne auf der Bühne Rufus Beck, Nino de Angelo, jede Menge Tänzer und Akteure die Märchengeschichte inszenierten, spielte die Band im Hintergrund. Peter hatte mir sogar eine Gesangs- und Schauspielerrolle zugewiesen und ich verkörperte in einer Nummer den Bösewicht Arktos. Bis zur Unkenntlichkeit geschminkt und mit Joker-Maske im Gesicht musste ich mich in ein Generalskostüm zwängen. Wie ein Schwein schwitzend stapfte ich in schweren Militärstiefeln über die Bühne. Mein damaliger Drumtech Rudi hatte bei dieser Nummer das Schlagzeug zu spielen. Zu meiner Doppelrolle als Musiker und Darsteller kam erschwerend hinzu, dass mich seit Monaten ein heftiger Bandscheibenvorfall plagte. Kurz vor der Show und während bereits die Besuchermassen im Saal murmelten, machte ich hinterm Vorhang auf der Bühne mit meinem Physiotherapeuten Yogaübungen. Die nicht abwendbare operative Behandlung meines Rückens hing wie ein Damoklesschwert über mir. Aber ich hatte diese Tatsache immer wieder verdrängt. Die ganzen Tourneen und Studiosachen waren einfach zu eng getaktet, um mich auszuklinken. Als Hypochonder sah ich mich schon im Rollstuhl sitzen. Was, wenn eine OP schiefgeht? Oder wenn ich wegen dieser ganzen Koksgeschichten nicht mehr aus der Narkose aufwache? Ich hatte unglaubliche Angst davor, dass meine Karriere zu Ende sein könnte. Aber mir blieb letztlich keine andere Wahl, als einer Rücken-OP zuzustimmen. Am 19. Januar 1995 lag ich schlussendlich unterm Messer. Die Reparatur der Bandscheiben war vollbracht und die Herren der Medizin verordneten mir eine dringende Auszeit. Doch die Versuchung, Peters neues Red-Rooster-Studio in Augenschein zu nehmen, das er nach modernstem Stand der Technik hatte bauen lassen, war größer als jede Vernunft. Zwei Wochen lang verfolgte mich dieser klinische Desinfektionsgeruch und jetzt wollte ich wieder Studioluft atmen. Peter wollte ein paar Demos aufnehmen, die als Skizzen für ein neues Projekt gedacht waren. Folglich reiste ich zum Starnberger See und redete mir die Tage im beschaulichen Erholungsort Tutzing als Rehamaßnahme schön. Kurz drauf kam ein Anruf aus Köln von Wolfgang Niedecken.

KAPITEL 6

TITANISCHE ZEITEN

LEOPARDEFELL

Manchmal liegen Dinge in der Luft, die man riechen kann, aber nicht zu deuten weiß. Einem Drummer, der mit den beiden größten deutschen Acts spielte, war es durchaus erlaubt, sich heimlich auch mal in die Sphären einer internationalen Karriere hinwegzuträumen. Einige Bausteine waren ja schon in Zement gelegt. Schließlich hatte mich Eric Burdon für ein Projekt angeheuert, ich war vor den Stones aufgetreten und dockte eine Zeit lang bei der britischen Legende The Pretty Things an. Das alles waren nur die Vorboten von größeren Ereignissen, die noch kommen sollten. Dass ich nun in den Dunstkreis von Wolfgang Niedecken geriet, war zumindest eine glückliche Fügung in diese Richtung. Ein Projekt mit Niedecken im Juli 1995 wurde zu einem Meilenstein in meiner Karriere, den ich nie zu träumen gewagt hatte. Die ganze Geschichte hatte einen gewissen Vorlauf und knüpfte unmittelbar an die vollendete *Pik-Sibbe*-Tour der Kölner Kollegen BAP an. Niedecken wollte anscheinend den Energieschub seiner Band nutzen, um in direktem Anschluss der Tour ein neues Projekt anzugehen. Ein Album mit eingekölschten Dylan-Songs sollte es werden. Doch stellte sich heraus, dass bei der Kölner Band irgendwie die Luft raus war. So entschied man sich, dass dieses Vorhaben wohl besser ein Niedecken-Soloprojekt werden sollte. BAP als Band war also raus, nur Keyboarder Axel »Effendi« Büchel hielt ihm die Stange, und Wolfgang war sofort klar, welche Musiker er dazuholen könnte … nämlich die Typen, die man immer auf den richtigen Konzerten trifft! Carl Carlton und ich waren ihm so manches Mal bei Tom Petty oder Joe Cocker über den Weg gelaufen. Wir schwebten auf einer musikalisch gemeinsamen Wellenlänge. Schon fanden wir uns im Maarweg in Köln in den alten EMI Studios ein – und der legendäre Toningenieur Harald Lepschies saß in der Regie am Recording Desk.

Mit Wolfgang konnte ich super arbeiten und wir alle haben uns mit den Dylan-Songs auch identifiziert. Das ganze Projekt ist im Bandkontext entstanden. Dylan-Titel wurden ja schon tausendfach gecovert. Die Herausforderung bestand darin, die Songs mit Wolfgangs persönlicher Handschrift zu versehen. In nur zehn Tagen hatten wir als illustre Musikercrew mit Ken Taylor, Jens Streifling, Effendi, Carl und Wolfgang das komplette *Leopardefell*-Album eingespielt. Weil es so gut lief, wurde sofort eine Tour angekündigt.

Das Problem war nur, dass Peter Maffay jetzt sauer wurde. Er wollte eigentlich Layouts für sein Album *96* aufnehmen und ging davon aus, dass ich zur Verfügung stehe – nicht nur als Musiker, sondern auch als Mitproduzent. Nur wurde seitens Peter nicht kommuniziert, wann das Projekt anlaufen sollte. Kaum hatte er von meinem Niedecken-Engagement erfahren, hing er auch schon am Telefon. Wir hatten ein unschönes Gespräch. Natürlich bemühte ich mich um eine gütige Klärung und gab ihm zu verstehen, dass ich die Niedecken-Tournee nicht mehr absagen konnte. Ich hatte Wolfgang einen Handschlag drauf gegeben. Peter fühlte sich im Stich gelassen und wurde richtig fuchsig: »Ja, wenn das so ist, dann muss ich mir überlegen, mit wem ich zukünftig arbeite.«

Ich dachte in dem Moment wirklich, es wäre das Ende von uns. Letztlich nahm die Geschichte aber eine glückliche Wendung, denn das ganze Projekt *96* wurde seitens der Plattenfirma aus organisatorischen Gründen nach hinten geschoben. Plötzlich war Peter meine Tour mit Niedecken egal. Als wäre nie etwas vorgefallen, hat er mich wieder ins Boot geholt.

Also konnte ich die Tour mit der *Leopardefell*-Band erleichtert antreten. Das ganze Dylan-Ding war nicht nur eine musikalisch willkommene Abwechslung, es fühlte sich auch wie eine Art Urlaub vom ewigen Peter-Maffay-Workaholic an. Unterwegs auf den langen Fahrten entdeckten Wolfgang und ich unsere gemeinsame Begeisterung für alte Filmklassiker. Wolfgang Niedecken ist der größte *Schatzinsel*-Fan unter der Sonne! Wir haben uns im Tourbus gegenseitig und mit lautstarker Begeisterung die ganzen Szenen mit Captain Smollet, dem einbeinigen John Silver und Jim Hawkins erzählt: »15 Mann auf des Totenmanns Kiste – johohoo – und 'ne Buddel voll Rum.«

Auf dieser Tour lernte ich auch einen meiner Lieblingsroadmanager kennen: Jaeki Hildisch. Einst Tourleiter der Einstürzenden Neubauten – das sagt ja schon viel – war er später weltweit für Robbie Williams zuständig. Ihn nannte er immer »seinen Jung«.

Jaeki ist ein superlustiger Typ. »Ahh, die wilden Männer vom Roook sind wieder da.« Der sagte nicht Rock, sondern Roook … wie so 'ne Oma.

Jetzt hatte Jaeki mit dem Fernsehsender Viva gedealt, dass es einen Tourbericht mit kurzweiligen Backstagegeschichten über die Leoparden geben sollte. Als Moderator und Interviewer wollten wir aber keinen dieser Viva-Youngster vor der Kamera sehen, sondern jemanden aus unseren Reihen. Also machte Jaeki den Job.

An einem der Tourtage drehten wir im Kölner Hyatt. Thema: »Was Rockmusiker im Hotel so treiben«. Es spielt sich folgende halb improvisierte Szene ab: Von der Kamera verfolgt, stürmt Jaeki ins Zimmer von Carl Carlton, der sich gerade damit zu schaffen macht, den Fernseher aus dem Fenster zu werfen (die Story ist zwar total abgegriffen, war aber immerhin mit der Hoteldirektion abgesprochen). Dummerweise lässt sich das Sicherheitsfenster nicht weit genug öffnen (wie in besseren Hotels üblich). Also ruft Carl die Rezeption an und beschwert sich, dass der Fernseher nicht durch den Schlitz passt. Unverzüglich wird ein Page nach oben geschickt, der das Fenster mit einem Schlüssel entriegelt. Darauf hebt Carl den Fernseher hoch, rennt mit dem Ding zum offenen Fenster und holt mit Schwung aus. Cut.

Als die TV-Crew in mein Zimmer eindringt, sitze ich gerade am Schreibtisch und mache meine Steuererklärung. Völlig absurd!

Jaeki entpuppte sich neben seinem unsäglichen Humor zudem als cleverer Typ, der uns auf Tour immer wieder gut draufbrachte, wenn mal schlechte Stimmung aufkam. Selbst Carl Carlton hat er auf die Spur gebracht, nachdem er divamäßig ausgeflippt war und aus Ärger eine Garderobe zerkleinert hatte.

Die *Leopardefell*-Band war musikalisch sensationell. Wir spielten um die 35 Gigs quer durch Deutschland und etliche Specials. Für mich war diese Band eine wichtige Erfahrung, zumal ich ja auch Background gesungen habe und nun Kölsch lernen musste – ein extremes Kölsch, das Wolfgang mir erst mal übersetzen musste.

Nach der Tour stattete mir Wolfgangs Manager Balou in meiner Dachterrassenwohnung in Köln einen spontanen Besuch ab. Er wollte mich fest für BAP engagieren. Die *Leopardefell*-Band sollte die neue BAP-Band werden. Ich sagte: »Balou, vielen Dank für die Anfrage, aber ich glaube, wir sind nicht BAP.«

Ich hätte Peter Maffay nicht mehr machen können und mich full-time in das Projekt BAP stürzen müssen. Außerdem fühlte ich mich Peter mehr verbunden – und auch Udo, obwohl gerade Funkstille war. Nicht nur meine Loyalität zu Peter war unumstößlich, auch meine Verantwortung als sein Produzent hatte absoluten Vorrang. So blieb es bei diesem einen stillen Gespräch auf meiner Dachterrasse in Köln-Nippes.

ICH GLAUBE, DER BOSS IST DA!

Kaum war die *Leopardefell*-Tour abgeschlossen, bekam Wolfgang Niedecken einen Anruf von Jochen Leuschner, dem damaligen Chef von Sony Music Deutschland. Wir sollten als Backing Band bei einem Bruce-Springsteen-Video mitwirken. Sony hatte wenige Monate zuvor dessen *Greatest-Hits*-Album rausgebracht und nun wollte man mit einem Remake von »Hungry Heart« das Ding pushen. Jochen Leuschner wusste, dass Wolfgang für einen deutschen Radiosender in New York mal ein Interview mit Springsteen geführt hatte und dass er und Bruce seit dieser Zeit befreundet waren. Zudem verband beide ihre gemeinsame Affinität zu Bob Dylan, und das *Leopardefell*-Projekt war in gewisser Weise auch eine Hommage an Dylan. Alles passte also gut zusammen. Jetzt war Springsteen mit seiner Frau Patti Scialfa gerade zufällig in Europa. Genauer gesagt machten sie Urlaub auf Mallorca. Und weil die E Street Band derzeit auf Eis lag, entpuppte sich die *Leopardefell*-Band als zündende Idee. Gedreht werden sollte in Berlin, weil auch die Ost-West-Thematik ein inhaltliches Anliegen von »Hungry Heart« darstellt.

Die Planung sah vor, das Video als Flashmob-Aktion in einem Café am Prenzlauer Berg zu inszenieren und die spontane Straßen-Rock-'n'-Roll-Atmosphäre einzufangen. Es war allerdings immer die Rede von einem Play-back-Auftritt – nur Springsteen sollte live singen.

So kam es, dass wir am 9. Juli 1995 First Class nach Berlin einflogen, ins beste Hotel chauffiert und wie die Könige behandelt wurden. Wir waren plötzlich die Band von Bruce Springsteen! Berlin war an diesem Tag ein Glutkessel im Hochsommer. Ein Van brachte uns zum Venue und auf der Fahrt hören wir im Radio eine Durchsage, die uns augenblicklich irritierte: »Bruce Springsteen heute Abend live mit seiner Band im Café Eckstein!« Ken Taylor, Pascal Kravetz, Wolfgang und ich schauten uns einen Moment fassungslos an. Wir ahnten, dass irgendwas im Busch war. Als wir an der Pappelallee 73 vorfuhren, war noch gar nichts los. Also sind wir erst mal die Straße rüber zum Chinesen. Wir waren aufgeregt, denn von Bruce Springsteen trennten uns nur wenige Augenblicke. Plötzlich kreischte von gegenüber ein riesig verzerrter Gitarrensound über die Straße. Ich weiß noch, dass ich in dem Moment sagte: »Ich glaube, der Boss ist da. Wir sollten jetzt mal gehen.«

Draußen kam ein Typ auf mich zu, vom Format italienischer Anwalt, und sagte: »Hi, I'm Jon, you must be Bertram, nice to see you, welcome.« Es war Jon Landau, der berühmte Manager von Bruce Springsteen, der einst den Satz prägte: »I saw the future of rock 'n' roll.« Jon nahm uns mit in den Laden, während Bruce gerade mit seinem Engineer Toby Scott zugange war, den Sound seiner Telecaster an einem Fender-Twin-Gitarrenverstärker auszuprobieren. Bruce drehte sich um und gestikulierte mit seiner Bauarbeiterbewegung: »Hey, nice to meet you.« Er schien etwas schüchtern, vielleicht auch skeptisch. Jedenfalls war er nicht der Typ Amerikaner, der einem sofort zu verstehen gibt, dass du sein bester Freund bist. Ich wunderte mich, dass er am Gitarrensound rumfummelte – es sollte doch alles Play-back sein. Dann sah ich die Mikrofone am Schlagzeug, alles war verkabelt, überall standen Mischpulte und draußen wurde ein Kamerakran aufgebaut. Jon Landau meinte, Bruce hätte ein Attentat auf uns vor. Er wolle live spielen, weil eine große Audience am Abend zu erwarten sei. Er dachte an einen rockigen Entertain Evening, damit alle Beteiligten Spaß hätten. Ab und zu würde dann »Hungry Heart« eingestreut. Plötzlich legte Bruce ein Gitarrenriff vor und wir sind schnell ans Gerät und dazu eingefallen. Das war »Down the Road Apiece«, eine Chuck-Berry-Nummer. Wir spielten wie die Teufel, es floss der Schweiß und es war geil. Ich dachte, wir machen einen ausgiebigen Soundcheck und Bruce will uns auschecken, damit das klargeht am Abend. Doch wir spielten nur diese eine Nummer – wie ein First Take – und es hieß: »Great to play with you guys, I'm looking forward to the show tonight. See you later.«

Der Dressing Room entpuppte sich als riesiger Greyhound-Bus mit Klimaanlage. Der war extra angemietet und parkte jetzt neben dem Venue. Spätnachmittags sind wir dann rein in den Bus, und Bruce hatte Catering von McDonald's kommen lassen … richtig amerikanisch. Und in dem Bus war es auch richtig amerikanisch viel zu kalt. In der Annahme, er würde uns die Setlist mitteilen, fragte er, auf welche Songs wir Lust hätten. Der Boss fragte *uns*, was wir heute Abend spielen! Wir einigten uns auf Chuck Berry, Rolling Stones und ein paar seiner Songs, unter anderem »Glory Days« und natürlich »Hungry Heart«, das wir einige Male am Abend einstreuen würden. Dann wurden auf der Gitarre die Stücke durchgegangen, während ich auf einem Plastikeimer trommelte. Wir sitzen mit fucking Bruce Spingsteen im Bus auf der Couch und rehearsen diese Songs! Niemand war zugelassen – keine Plattenfirma, kein Manager, niemand. Der einzige Zeitzeuge war der Fotograf Jim Rakete, der dieses historische Bandfoto aufnahm. Plötzlich hieß es: »Ready? Let's hit the stage.« Inzwischen war der Platz vor dem Café voll mit Leuten. Wir mussten uns regelrecht durch die Menge kämpfen, auch durch Journalisten, die erfahren hatten, dass Bruce Springsteen und seine Band spielen. Was die nicht wussten, war, dass *wir* die Band waren. Ich werde nie vergessen, dass ich dem Musikjournalisten Peter Urban in die Arme lief und er völlig überrascht war, mich in diesem Menschenauflauf zu treffen.

Danach ging's rein in den Club, mit Bruce die Show spielen. Robert Palmer ist feiner Anzug und Fünf-Sterne-Restaurant. Und Bruce Springsteen ist wie ein Bauarbeiter. Der holt den großen Bagger raus und voll auf die Zwölf. Nur schwitzen, Hemd runterreißen und Rock 'n' Roll! Das war die ganz große Liga. Nicht jeder bekommt die Gelegenheit! Springsteen hat an dem Abend abgeräumt und bei der Bandvorstellung große Worte für uns gefunden. Danach hab ich drei Tage in meiner Wohnung in Köln Nippes auf dem Balkon gesessen und schwebte über dem Boden. Ich hatte das erreicht, was ich mir immer zum Ziel gesetzt hatte –

und konnte mithalten! Aber ich fragte mich auch, was jetzt noch kommen sollte. Zwar war ich einer der erfolgreichsten Schlagzeuger in Deutschland, aber dass hinterm Horizont noch eine internationale Karrierestrecke auf mich wartete, hätte ich mir niemals vorstellen können. Die 90er-Jahre steckten voller Big Points und Überraschungen. Eine davon war die unerwartete Reunion des Panikorchesters.

BACK TO PANIC

Am 17. Mai 1996 stand Udos 50. Geburtstag bevor und plötzlich ging das so Blues-Brothers-mäßig los … »Wir müssen die alte Band wieder zusammenbringen!« Jean-Jacques Kravetz hatte sich ins Zeug gelegt und Steffi sollte alle antelefonieren. Jeder Einzelne wurde regelrecht aus seiner Küche rausgeholt. Es sollte eine Überraschungsparty im Hotel Atlantic geben. Mit Livemusik! Nach acht Jahren trat zum ersten Mal das Panikorchester wieder gemeinsam auf die Bühne. Udo hatte zwischen 1989 und 1995 mit wechselnden Besetzungen gearbeitet. Doch jetzt wurde das Panikfeuer neu gezündet. Es sollte weitergehen!

Zunächst trafen wir uns im Jovel in Münster zur ersten Probe. Es war fantastisch. Immer wenn das Panikorchester spielt, ist diese Chemie sofort da. Wir wissen alle, was diese Band bedeutet, und es war so, als wären alle wieder nach Hause gekommen.

Dann gab's die große Revivaltour mit dem legendären Panikorchester. Das Tourprogramm damals basierte auf dem Album *Ewig rauscht die Linde*. Alannah Myles war als Gast dabei und ein Jahr später auf der 1997er Fortsetzung hatten wir Joan Jett & the Blackhearts als Special Act im Programm. Die spielten ein komplettes Bandset mit Thommy Price am Schlagzeug. Ein großartiger Trommler und zugleich ein legendärer Typ. Immerhin hatte er für Billy Idol das ganze Zeug wie »Flesh for Fantasy« und »Rebel Yell« getrommelt. Eine Zeit lang war er auch für Mink DeVille tätig und gehörte somit zum Kreise der Verrückten, die das meiste Haarspray aller Zeiten benutzten. Die hatten damals Rauchverbot in der Garderobe wegen zu viel Haarspray! Mit dem Zeug betonierten sie ihre hochgesteckten Entenschwanzfrisuren und falteten die breiten Koteletten. Dazu spitze Italian Boots mit zu engen Jeans. Und nun war Thommy Price mit auf der Udo-Tour. Ihm ging der Arsch auf Grundeis, als er sah, mit welcher Power das Panikorchester abging. Am Abend kam er auf mein Hotelzimmer und hat geweint. Er war nicht mehr in der Lage, so energetisch zu spielen. »Scheiße, ich will da auch wieder hin … Scheißdrogen …« Der sah total gefährlich aus, war aber ein superlieber Typ. Was ihn besonders umhaute, war die Homogenität unserer Band und die Magie, die vom Panikorchester ausging. Manche Dinge lassen sich nicht in Worte kleiden, aber ich wusste, was er meinte – den Schinkengroove.

DER SCHINKENGROOVE (WESTFÄLISCH)

Der Schinkengroove hat seinen Ursprung an der geografischen Linie der B54, die von Gronau über Burgsteinfurt nach Münster und weiter nach Borghorst führt. Wie Perlen an einer Kette aufgereiht, waren wir alle an dieser Bundesstraße zu Hause. Udo in Gronau, ich wohnte in Burgsteinfurt, Steffi war in Münster und Karl Allaut nur einen Steinwurf entfernt in Borghorst. Uns verbindet sozusagen das B54-Gen – die deutsche Route 66 – wir glauben daran! Ähnlich ist es bei den Leuten in Tulsa/Oklahoma, die mit J. J. Cale spielen. Die kommen auch aus Ecken wie Gronau und Steinfurt und haben diesen J.-J.-Cale-Groove drauf. Aber unsere Community ist die Westfalen-Community. Die Keimzelle des westfälischen Schinkengrooves.

Steffi war damals Wurstverkäufer, und als er sich mit Udo zusammentat, experimentierten die beiden in Steffis Wurstkeller. Steffi hatte da wohl ein altes Schlagzeug rumstehen und unter der Decke hingen die ganzen Schinken. Man brauchte einen Begriff für das, was man tat, und Steffi vereinte die musikalischen Frühversuche unter dem Begriff »Schinkengroove«. Das war ein Name, den sonst keiner hatte. Andere Bands nannten ihre Musik Jazzrock oder Progressive, aber Schinkengroove gefiel den beiden schon aufgrund der präzisen Außergewöhnlichkeit.

Aus meiner Sicht beinhaltet der Schinkengroove aber auch ein bestimmtes Feel am Schlagzeug. Und das ist besonders deutlich im Lindenberg'schen Jonny-Controlletti-Urbeat verankert, eine eigentümliche Mischung aus loose und straight, aber doch irgendwie swingy und sexy. Bei Udo muss der Groove ganz hinten sein. Sumpfig. Dieses Feel hat sich über die Jahrzehnte entwickelt … nie zu weit nach vorne gehen, sondern von hinten das Ding anschieben. Udo singt auch gerne hinter dem Beat. Zudem schreibt er zuerst die Lyrics und dann erst kommt die Musik. Es kommt also vor, dass eine Textzeile ein paar Worte mehr hat, als das Metrum vorsieht, und dadurch die Strophe um einen halben Takt länger gerät. Ich kann also nicht eisenhart die Time bedienen, sondern muss den Song spielen, flexibel bleiben und auf den Text hören. Das Panikorchester war immer gelebter Rock 'n' Roll mit einem ganz eigenen Pulsschlag. Etliche Trommler, die Udo in meiner Abstinenzzeit engagiert hatte, hatten es nicht unbedingt einfach. Denn der Unterschied zwischen Songs lernen und Musik leben ist gewaltig. Udo nimmt sich die Freiheit, Dinge zu tun, die außerhalb der Norm sind. Und diesen musikalischen Mythos muss man verstehen. Nur dann spannt sich für Udo das Segel. Im Grunde genommen war ich immer der Charlie Watts vom Panikorchester. Ich spiele so, wie Udo denkt. Deswegen bin ich seit Ewigkeiten dabei. Zwischen uns beiden existiert eine Art Seelenverwandtschaft der Trommelei.

Ich bin vielleicht nicht der technisch versierteste Trommler. Komplizierte Figuren spielen zu können, mag toll sein, aber Musikalität definiere ich anders. Du brauchst dieses eine Ding zum Rüberschieben und die Leute sagen: Yes, das ist es!

DIE DRITTE BUCHT

Zwei Songs des neuen Maffay-Albums *96* galten als hitverdächtige Kandidaten, wobei »Freiheit, die ich meine« als Favorit gehandelt wurde. Peter schrieb den Song, Jule Neigel steuerte den Text bei, Carl und ich waren die Produzenten. Die zweite Nummer »Siehst du die Sonne« arrangierten wir als Interpretation von Michel Polnareffs »La poupée qui fait non«. Vielleicht kam Peter durch Jean-Jacques Kravetz darauf, der in den 1960er-Jahren in Polnareffs Band Orgel spielte. Auf jeden Fall waren das die beiden Nummern, die als Aushängeschild des Albums mit aufwendigen Musikvideos promotet werden sollten. In den 90ern wurden noch irrsinnig viele CDs umgesetzt und die Plattenfirmen hauten fette Budgets für Promoaktivitäten raus. Peter Maffay war der größte Act in Deutschland, und wenn er seine Videos nicht in einem TV-Studio, sondern mit Mann und Maus in Australien drehen wollte, dann wurde das von der Plattenfirma selbstverständlich abgenickt. Peter legte noch was obendrauf, lud die gesamte Band mit Familien ein und finanzierte uns aus eigener Tasche einen kompletten dreiwöchigen Freizeittrip in Australien über Weihnachten 1995. Nur ab und zu sollten wir ausrücken zu ein paar Videodrehs.

Die komplette Maffay-Band – alle mit ihren Familien und ich mit meiner damaligen Freundin – bestieg in Frankfurt eine Maschine der Qantas Airways. Wir flogen lange 25 Stunden nach Darwin, von dort aus ging's weiter nach Broome an die Westküste. Ein Fünf-Sterne-Hotel ist es nicht gerade, das uns in der frühen Dämmerung empfängt. Vielmehr eine Art Motel mit Fliegengittertüren. Immerhin funktioniert die Klimaanlage und den versprochenen Pool gibt's auch. Für die beiden Videoshootings hat man verschiedene Drehorte ausgekundschaftet. Einer ist ganz in der Nähe des Hotels, der andere außerhalb an den Klippen einer einsamen Meeresbucht, die für Außenaufnahmen fantastische Bilder liefern soll. Angeblich der perfekte Drehort für »Freiheit, die ich meine«.

Schon am nächsten Morgen bringt uns ein Bus in die Nähe der Klippen einer einsamen Meeresbucht. Nach zwei Stunden Fahrt über sandige Pisten endet die Wegstrecke, und wir denken, die Location erreicht zu haben. Es ist unglaublich heiß, Frank Diez hat sich unterwegs schon ein paar Whiskys eingefahren und steht nun mit seinen schicken Sneakern im staubigen Dreck herum. In einiger Entfernung landen zwei Helikopter, und Peter deutet mit dem Finger in deren Richtung: »Dahinten, seht ihr? Dort in der dritten Bucht wird das Video gefilmt.« Die australische Filmcrew lässt sich mit Hubschraubern kutschieren und wir stehen bei 53 °C irgendwo am Indischen Ozean und wollen am liebsten jetzt auch dorthin fliegen. Aber Maffay winkt ab: »Männer, wir laufen. Das kleine Stück kann man auch zu Fuß gehen.« Niemand konnte ahnen, wie weit das wirklich war. Alles flimmerte vor Hitze. Zudem geizt der australische Busch nicht mit Vogelspinnen und Skorpionen. Wir laufen los, und Jean-Jacques filmt fleißig mit, um diese Aktion für den Fall der Fälle für die Lebensversicherung zu dokumentieren. Nach Stunden unter sengender Hitze erreichen wir die Bucht. Ich begebe mich sofort unter einen Felsvorsprung in den Schatten, mein Kopf hämmert, und ich befürchte, mir einen Sonnenstich eingefangen zu haben. Zum Glück hat die Filmcrew Wasser und Eiswürfel dabei. Auch die anderen sind vollkommen erschöpft und gießen sich Eiswasser über den Kopf. Plötzlich rastet Pascal komplett aus und schreit Maffay an: »Wie kannst du uns das zumuten? Ich will hier sofort weg!«

Peter war außer sich. »Wenn du das hier nicht aushältst, dann sieh zu, wie du nach Hause kommst!«

Es war plötzlich Aufstand in der Band. Maffay steht mit nacktem Oberkörper in der Gluthitze. Er ist wütend und kommt mir vor wie die Inkarnation von Robert Duvall in *Apocalypse Now*, als dieser sagt: »Ich liebe den Geruch von Napalm am frühen Morgen.« Wie ein einsamer Wolf läuft er den Strand entlang, um nachzudenken. Die Situation ist angespannt, aber es sollte noch schlimmer kommen.

Unser Koordinator Emmo war für die interne Logistik zuständig und hatte dafür zu sorgen, dass die australische Crew unsere Instrumente zum Drehort befördert. Das allerdings hatte er verpeilt. Wir waren unter Lebensgefahr hier angekommen, um festzustellen, dass sämtliche Instrumente fehlten! Der Regisseur lief schon fragend in der Gegend herum. Emmo hatte es verkackt, aber nicht die Eier, es Peter zu beichten. Wie ein geprügelter Hund bat er mich um diesen Gefallen. In dem ganzen Irrsinn bin ich zu Peter. Maffay guckt hoch in den Himmel, fasst sich an den Hals und sagt ganz leise: »Das ist schlecht.«

Das Video war mit einer halben Million Produktionskosten angesetzt und Peter musste jetzt reagieren. Seine spontane Entscheidung ließ etwas Druck aus dem Kessel: »Wisst ihr was, wir singen einfach alle ›Freiheit, die ich meine‹ und der Helikopter fliegt um uns herum mit Mobile Cameras und filmt Springsteen-mäßig dieses große weite Land mit der Bucht.« Wir haben uns bemüht, leidenschaftliche Sänger abzugeben, während Maffay mit offenen Armen in die Ferne des Indischen Ozeans blickt und von Freiheit singt. Später im fertig geschnittenen Video ist diese Szenerie kaum erkennbar. Man sieht uns nur als kleine Figuren wie Ameisen. Der ganze Aufwand hatte sich bei all dem Risiko, das wir eingegangen waren, nicht gelohnt. Nun gut, nach diesem Dreh, der in den Annalen der Bandgeschichte als »die dritte Bucht« unvergessen bleibt, wurden wir zum Glück mit einem Helikopter zurückgeflogen. Wir waren alle erledigt, gereizt und wollten unsere Gemüter im Hotelpool abkühlen. Doch der war von der Sonne komplett aufgeheizt. Man ist da reingesprungen und schwanger wieder rausgekommen.

Das zweite Videoshooting zu »Siehst du die Sonne« lief geschmeidiger ab. Der Drehort war in der Nähe unseres Hotels und es gab verschiedene Einstellungen. Wir standen auf einem Termitenhügel, eine Art Schrottplatz mit verrosteten Autos diente als Hintergrundkulisse und einige Motive wurden direkt am Strand gedreht. Einmal setzte mich der Regisseur samt Schlagzeug ins Wasser.

Ich war zum ersten Mal in Australien und wir gönnten uns etwas Urlaub. Sozusagen als Entschädigung für diese ganze Aktion. Meine Freundin und ich flogen rüber an die Ostküste nach Mackay und sind von dort mit einem Leihwagen die Küste runtergegurkt über Brisbane bis nach Sydney.

WÜRGESCHLANGE

Kurz vor Release von *96* brachen wir zu einer kurzen Clubtour auf. Läden wie die Große Freiheit in Hamburg, das E-Werk in Köln oder das Aladin in Bremen dienten dazu, das Album zu promoten, das in nur wenigen Wochen eine halbe Million Einheiten verkaufte. Der Erfolg von *96* lieferte die besten Voraussetzungen für die bevorstehende Open-Air-Saison mit über 30 Shows in den größten Freilichtlocations des Landes.

Für die anknüpfende Hallentour *96*, eine der größten und aufwendigsten ihrer Zeit, hatte man alle Register an Bühnentechnik gezogen. Die lange im Vorfeld geplante und tonnenschwere Centerstage in Form einer 40 Meter langen und 12 Meter breiten Gibson-Gitarre war ein absolutes Highlight.

Offenbar hat Bühnentechnik aber auch die besondere Begabung, den Katalog an Spinal-Tap-Storys zu füllen. So hatte man auf der Centerstage an der Position des Gitarrenresonanzlochs einen elektrifizierten Drumriser konstruiert. Das Ding sollte sich während der Show um die eigene Achse drehen. Zugleich konnte das Schlagzeugpodest auch hochgefahren sowie in den Bühnenboden abgesenkt werden. Jetzt stand mein Schlagzeug da oben und wir hatten etliche Stationen der *96*-Tour bereits erfolgreich hinter uns gebracht. Aber nun passierte, was passieren musste: Die Technik hatte sich selbst erwürgt. Normalerweise drehte sich das Multicore-Kabel, das mit den Schlagzeugmikrofonen und allem anderen verbunden war, im Untergrund der Bühne mit. Während ich oben die Show trommelte und der Drumriser sich unter dem Begeisterungssturm des Publikums wie von Geisterhand um 360 Grad drehte, hatte sich unter der Drehplattfom das Kabel im Gestänge verheddert. Es wickelte sich auf, geriet unter Spannung und irgendwann machte es … pack! Der Drumriser zuckte noch kurz und plötzlich war der Ton komplett ausgefallen. In diesen Sekunden schießt das Adrenalin in den Kopf, und ich versuchte zu realisieren was passiert war. Plötzlich schreien die von der Band »Schlagzeugsolo!« Also fing ich an zu improvisieren, und weil man das Schlagzeug in der Halle nur noch akustisch hörte, habe ich wie ein Wahnsinniger geballert, während unter mir die Techniker fieberhaft versuchten, eine neue Kabelstrecke zu legen. Ich weiß nicht, wie die das so schnell geschafft haben. Es dauerte trotzdem eine gefühlte Ewigkeit, und ich hatte keine Ahnung, wann diese Achterbahnfahrt enden sollte. Mitten im Schlagzeugsolo ging der Ton ohne Vorwarnung wieder an – und das mit einer Lautstärke, die ich nicht erwartet hatte. Bumm! Wie eine Explosion.

Bei dieser Tour hatte Peter mir auch eine Solonummer am Klavier zugedacht und ich spielte den Edgar-Winter-Song »Dying to Live«. Wegen der Dramaturgie wurde für die Klavierszene das Schlagzeug in die Bühne abgesenkt. Nur ein einziger weißer Lichtkegel schnitt sich durch das Schwarz der Bühne. Die einsame Nummer am Piano lebte von der Emotion des Augenblicks und das Publikum lauschte mucksmäuschenstill. Nach dem Verhallen des letzten Durakkords erhob sich ein tosender Applaus von zigtausend Menschen, und Peter kam mit umgeschnallter Gitarre auf die Bühne gestürmt: »Bertram Engel am Piano!« Kaum waren seine Worte verklungen, zerriss ein tierisches Geschepper den erhabenen Moment. Peter war plötzlich von der Bildfläche verschwunden und mit einem Riesenradau in das Bühnenloch reingefallen. Mit angeschlossener Gitarre grätschte er in das versenkte Schlagzeug. Ein Glück, dass er sich dabei nicht ernsthaft verletzt hat.

MAN NANNTE IHN AUCH »WEITERMACHEN«

Trotz technischer Fuck-ups war die *96*-Tour eine meiner Lieblingstourneen mit Peter. Wir hatten unfassbar tight gespielt und passten in dieser Zeit auch menschlich gut zusammen.

Die Konzertreise endete in Dortmund. Wir feierten den letzten Abend im Dorint und am nächsten Morgen musste ich zum Airport nach Düsseldorf. Unser Tourmanager Michael Gehrke sollte mich mit einem Leihwagen dorthin bringen – und die Zeit wurde schon knapp. Also brauste er mit dem schwarzen Schlitten rasant vor den Hoteleingang, vor dem ich bereits mit den Füßen scharrte. Genau in dem Moment wurde sein Wagen von einem Taxi zugestellt und der Fahrer begann in aller Gemütsruhe mit den Koffern seiner Fahrgäste zu hantieren. Gehrke schrie aus dem Wagen raus: »Weg da! … Unwichtige weg!« Der Taxifahrer ignorierte das Gezeter, hob kurz den Kopf und verschwand im Hotel. Doch Michael Gehrke war von Beruf Tourmanager! Er gab Gas und drückte das Taxi mit der Stoßstange weg. Sofort rasten wir los und waren gerade auf der A40, als wir hinter uns schon Tatütata hörten. Der Taxifahrer hatte tatsächlich die Polizei gerufen. Aber Michael Gehrke ließ sich davon nicht beeindrucken, drückte auf den Pinn und wir preschten mit 200 km/h weiter Richtung Düsseldorfer Airport. Mir war etwas mulmig zumute, und in meinem Kopf ratterten die Bilder von einem Bankräuber auf der Flucht, der sich jetzt besser stellen sollte. Bevor ich meinen Mund aufmachte, konterte Gehrke schon: »Willst du nach Hause oder mit mir diskutieren? Schnauze halten! Ich Tourmanager – du Rockstar. Keine Diskussion – ich regle das schon.« Am Airport erreichte ich in letzter Sekunde das Gate und Michael Gehrke wurde draußen festgenommen. Er ist auf Kaution wieder rausgekommen.

In seiner Art war er ein legendärer Typ. Man nannte ihn in unseren Kreisen auch »Weitermachen«. Denn immer wenn es irgendwelche Probleme gab, verkündete er einfach: »Weitermachen!« Und wenn wir mit der Band am Venue vorfuhren, schlurfte er uns schon in seinen braunen Slippern entgegen und gab sein Empfangskommando aus: »Suppe-moderat-Soundcheck.« Was er damit meinte, war: Ihr könnt in moderatem Schritt ins Catering gehen und euch noch eine Suppe nehmen, aber dann ist Soundcheck. Manchmal hieß es auch »Suppe-schnell-Soundcheck.« Oder »Keine-Suppe-Soundcheck.« Also auf keinen Fall ins Catering gehen, sondern direkt zum Soundcheck. Später wurde er Leib-Tourmanager der Scorpions.

DER HARTE KNOCHEN

Wenige Wochen nach der *96*-Tour stieg ich in den Flieger nach Sydney. Der australische Rockstar Jimmy Barnes hatte mich für eine Headliner-Tour engagiert.

Aber der Reihe nach. Die Geschichte mit Barnes hat nämlich einen Vorlauf und beginnt bereits Mitte der 80er im Hotline Studio in Frankfurt. Dort war ich gerade mit Tony Carey zugange, den ich zuvor bei den Arbeiten zu Maffays »Sonne in der Nacht« kennenlernte. Tony hatte als ehemaliger Keyboarder der legendären Band Rainbow einen eigenen Deal mit MCA Records und engagierte mich nun, um auf seiner Soloplatte *Blue Highway* zu trommeln. Das komplette Album hab ich in einer einzigen Nacht bis 4 Uhr morgens eingespielt. In dieser Nacht traf ich auf Jimmy Barnes – einen australischen Sänger und Haudegen –, der im Studioraum nebenan Demos aufnahm. Barnes war ein alter Kumpel von Tony. Während wir eigentlich mit den Aufnahmen zu *Blue Highway* beschäftigt waren, hatte Tony nichts Besseres zu tun, als zwischendurch noch Tracks für Barnes zu arrangieren. Und so kam es, dass Tony mich um 4 Uhr morgens fragte, ob ich mal eben die Demos für seinen australischen Kumpel trommeln könnte: »Wär doch so geil … komm … bupp … noch 'ne Nase« … und dann ging's weiter. Wir waren alle damals drauf mit sämtlichem Zeug der Welt, und Barnes ist ein vollkommener Draufgänger, der Wassergläser mit Wodka füllt und sich die Dinger reinschüttet wie Mineralwasser.

Jedenfalls hatte ich in dieser Studionacht tatsächlich noch einige Demotracks für ihn getrommelt. Danach war Feierabend und wir sahen uns lange Zeit nicht wieder. Später erfuhr ich, dass letztlich Mick Fleetwood die originalen Studiodrums spielte und Barnes sein Album *Freight Train Heart* bei Geffen Records rausbrachte.

1995, als ich mit Wolfgang Niedecken und der *Leopardefell*-Band unterwegs war, spielten wir ein Open Air in St. Gallen, bei dem auch Jimmy Barnes auftrat. Am Abend vorher komme ich ins Hotel und laufe ihm in der Lobby in die Arme – acht Jahre nach der Frankfurter Studiosession. Er hat sich sofort an mich erinnert. »Hey Bertram, where have you been all these years?« In Australien ist er eine Legende. Vergleichbar mit Udo und Peter in Deutschland. Beim Konzert mit Wolfgang Niedecken ist er dann noch mit einer Bob-Dylan-Nummer bei uns eingestiegen und hat da den Schreihals gemacht. Ich fand's super, aber Wolfgang Niedecken hat sich erschreckt, als Barnes auf die Bühne kam. Der hat voller Adrenalin erst mal die Monitorboxen von der Bühne getreten, nachdem sich sein Mikrofonkabel darin verheddert hatte.

Nach der Show fragte er uns, ob wir eine Location hätten, wo er ein paar Songs aufnehmen könnte. Zu der Zeit befand er sich im tax exile und war nach Südfrankreich geflohen. Ich schlug ihm Maffays Red Rooster vor. Barnes hatte einen neuen Song im Kopf und wollte den als Single rausbringen, um damit seine *Greatest-Hits*-Platte in Australien zu triggern. Er wollte noch mal durchstarten und wir sollten das jetzt studiomäßig in die Hand nehmen. Am Ende hatten wir sogar zwei Songs fertig, die Pascal Kravetz, Carl Carlton, Ken Taylor und ich in Tutzing aufnahmen – »Lover Lover« und »No Second Prize«. Tatsächlich erreichte »Lover Lover« Platz sechs in Australien. Ich, der Bertram aus Burgsteinfurt, hatte auf einer australischen Top-Ten-Single getrommelt! Und es dauerte nicht lange, bis Jimmy Barnes wieder in mein Leben grätschte. Gerade eben hatten wir mit Peter den Soundcheck in der Nürnberger Frankenhalle beendet und

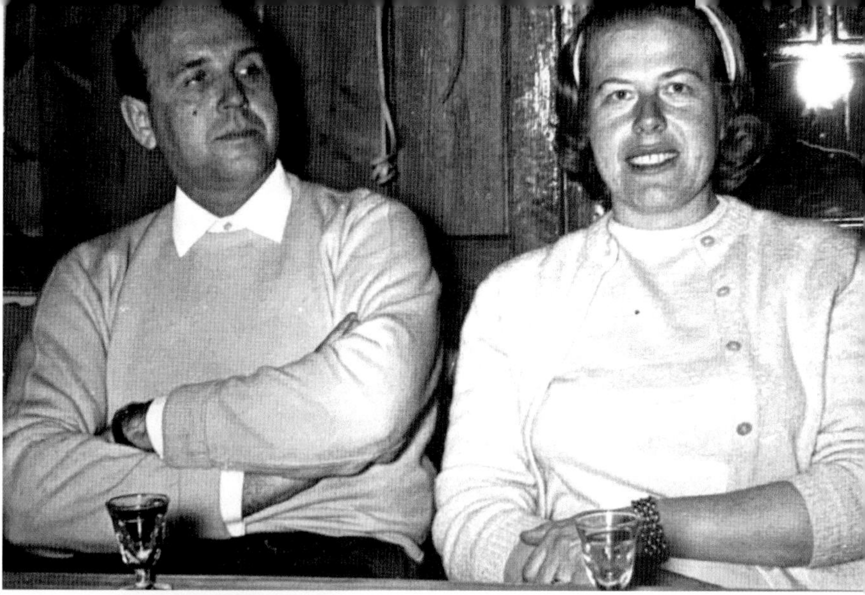

Bertrams Eltern, 1957
Foto: Bertram Engel Archiv

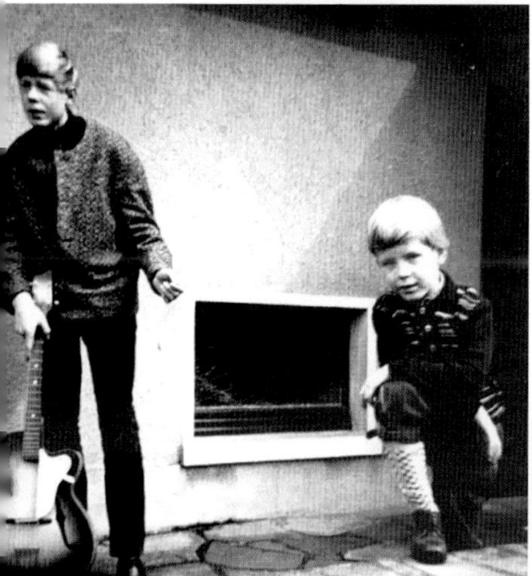

Bertram und sein Bruder Thomas vor dem elterlichen Haus in Burgsteinfurt, 1964
Foto: Bertram Engel Archiv

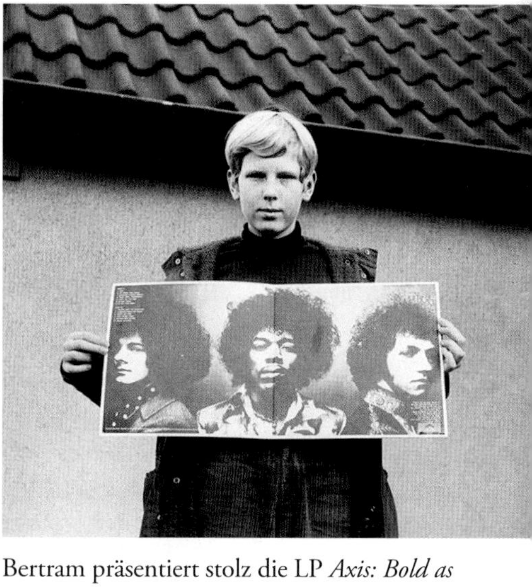

Bertram präsentiert stolz die LP *Axis: Bold as Love* von The Jimi Hendrix Experience, 1968
Foto: Thomas Passmann-Engel

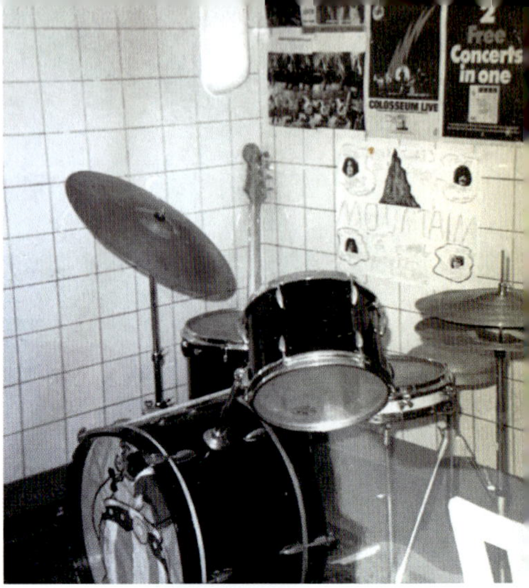

Bertrams erstes Schlagzeug
im Waschkeller, 1970
Foto: Bertram Engel Archiv

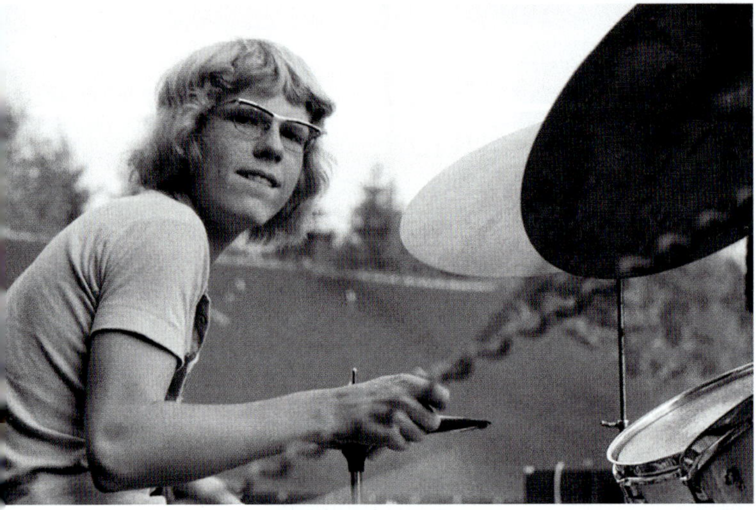

Auftritt im Münsterland mit der Band Relation, 1971
Foto: Thomas Passmann-Engel

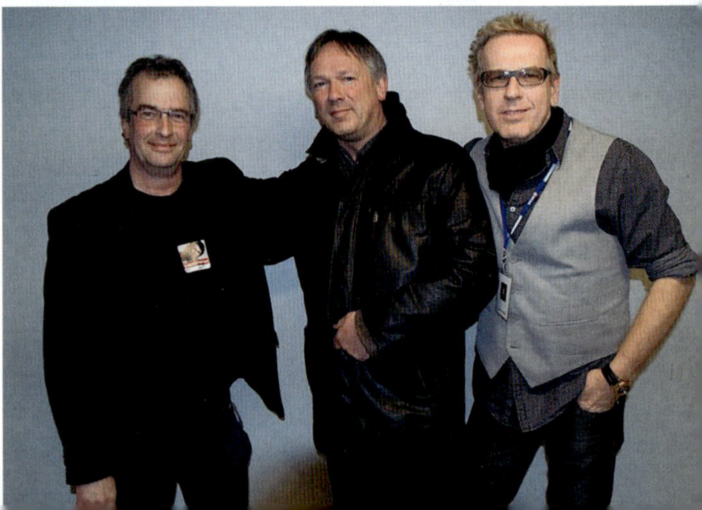

Bertrams erste Jugendband Agnostos Theos bei einem Backstagetreffen während Peter Maffays *Ewig*-Tour, 2009
V. l. n. r.:
Wilfried Wacker, Wolfgang Treutler, Bertram Engel
Foto: Petra Passmann-Engel

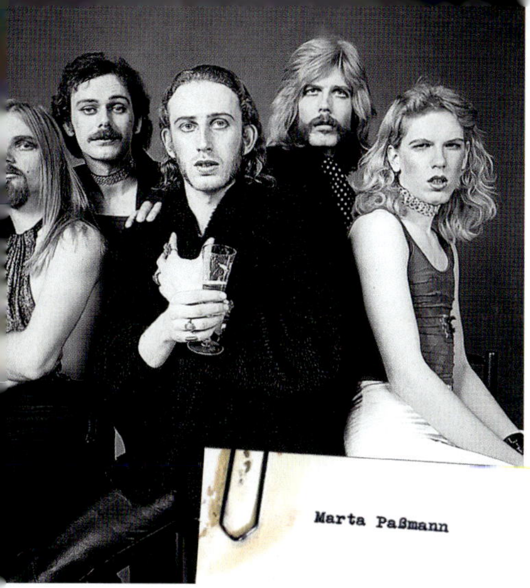

Bertrams und Thomas' Band Lolita, 1973. V. l. n. r.: Otto Rasche, Uli Meyer, Axel Schulz, Thomas Passmann-Engel, Bertram Engel
Foto: Thomas Passmann-Engel

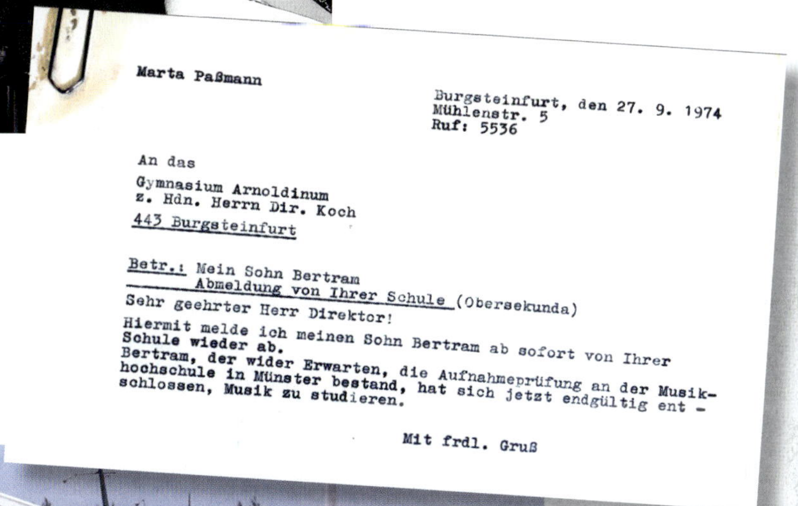

Marta Paßmann

Burgsteinfurt, den 27. 9. 1974
Mühlenstr. 5
Ruf: 5536

An das

Gymnasium Arnoldinum
z. Hdn. Herrn Dir. Koch
443 Burgsteinfurt

Betr.: Mein Sohn Bertram
Abmeldung von Ihrer Schule (Obersekunda)

Sehr geehrter Herr Direktor!

Hiermit melde ich meinen Sohn Bertram ab sofort von Ihrer Schule wieder ab.
Bertram, der wider Erwarten, die Aufnahmeprüfung an der Musikhochschule in Münster bestand, hat sich jetzt endgültig entschlossen, Musik zu studieren.

Mit frdl. Gruß

Die lakonische Abmeldung aus …m Gymnasium …urch Bertrams Mutter, 1974
Foto: Bertram Engel Archiv

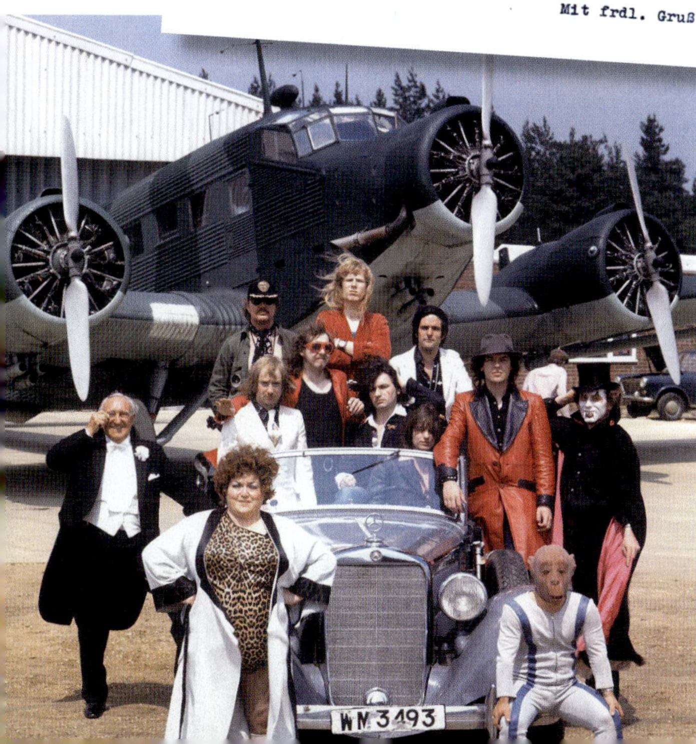

Fotosession in London, 1977. Danach spielte das Panikorchester in der Sendung *The Old Grey Whistle Test.*
Foto: Udo Lindenberg Archiv

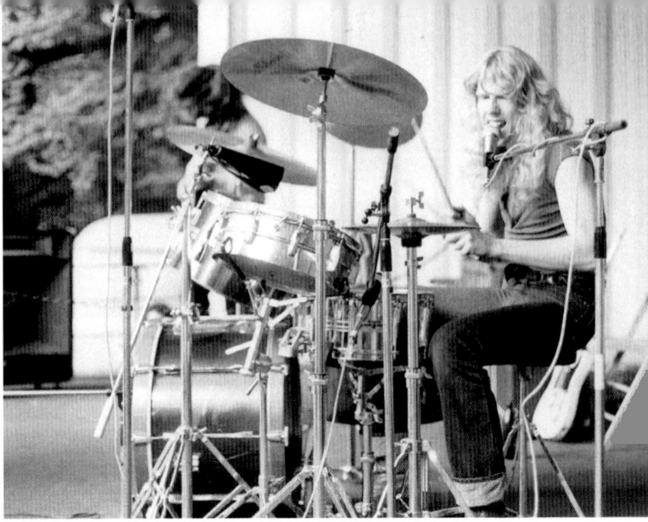

Bertram bei einem Auftritt von Gebrüder Engel in Münster, 1978
Foto: Thomas Passmann-Engel

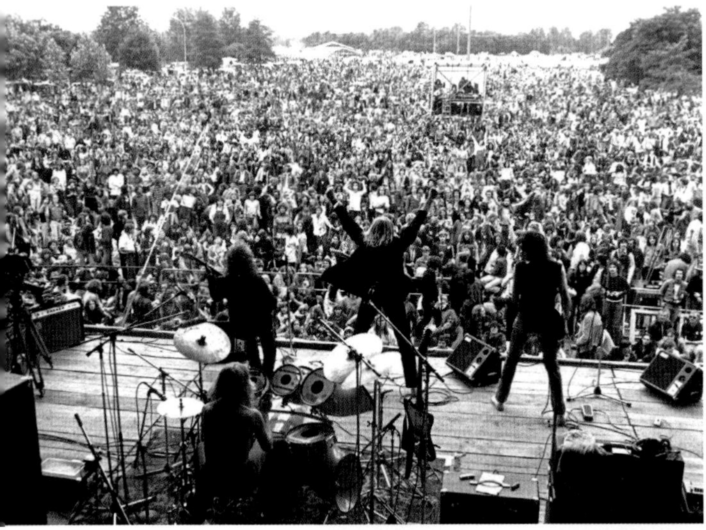

Gebrüder Engel bei Rock gegen Rechts in Frankfurt, 1979

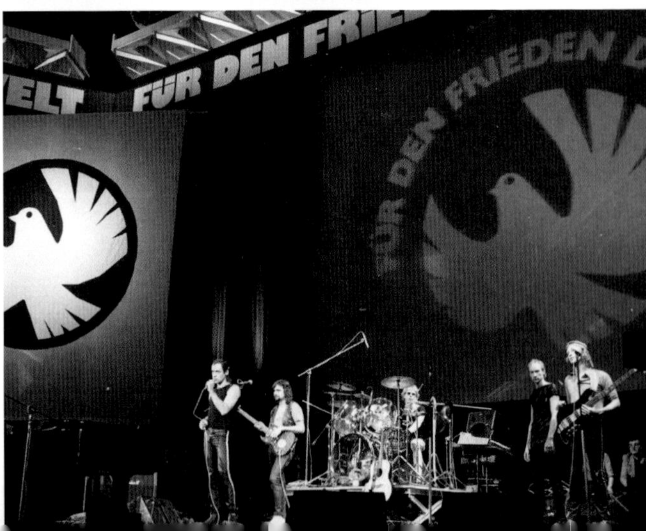

Das Panikorchester im Palast der Republik, 1983
Foto: Udo Lindenberg Archiv

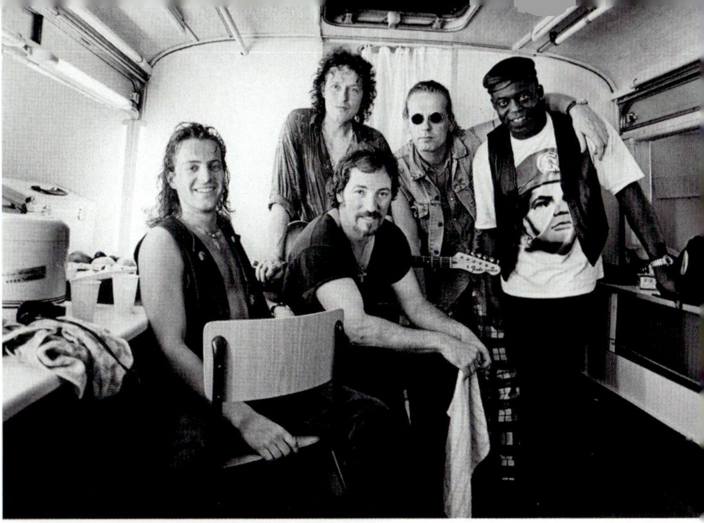

Mit Bruce Springsteen kurz vor dem »Hungry Heart«-Videodreh in Berlin, 1995. V. l. n. r.: Pascal Kravetz, Wolfgang Niedecken, Bruce Springsteen, Bertram Engel, Ken Taylor
Foto: Jim Rakete / Photo Selection

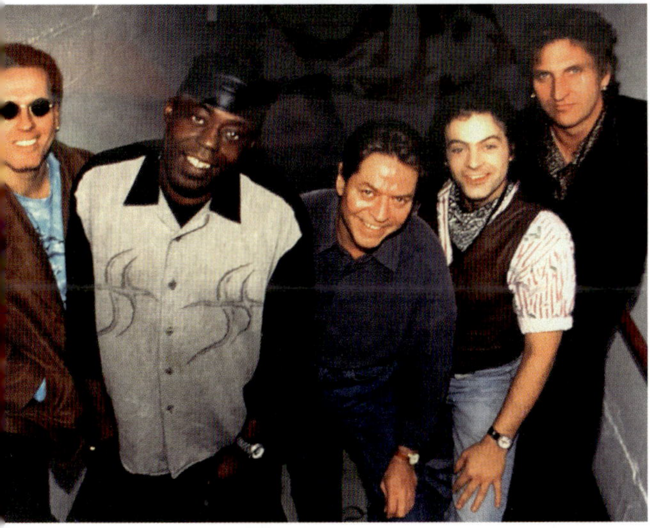

Im Eingang zum Studio Red Rooster in Tutzing, 1997. V. l. n. r.: Bertram Engel, Ken Taylor, Robert Palmer, Pascal Kravetz, Carl Carlton
Foto: Ken Taylor Archiv

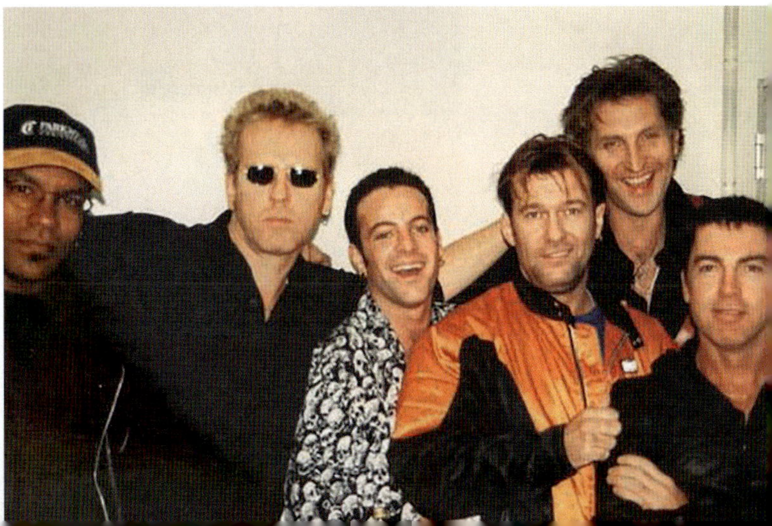

Beim After-Race-Konzert in Melbourne während der Jimmy-Barnes-Tour, 1997. V. l. n. r.: Armondo Hurley, Bertram Engel, Pascal Kravetz, Jimmy Barnes, Carl Carlton, Michael Hegerty

Glücklicher Moment: die Songdogs im Dockside Studio, Maurice/Louisiana, September 2000. V. l. n. r.: Jerry »Wyzard« Seay, Carl Carlton, Levon Helm, Gary »Moses Mo« Moore, Pascal Kravetz, Bertram Engel
Foto: Carl Carlton Archiv

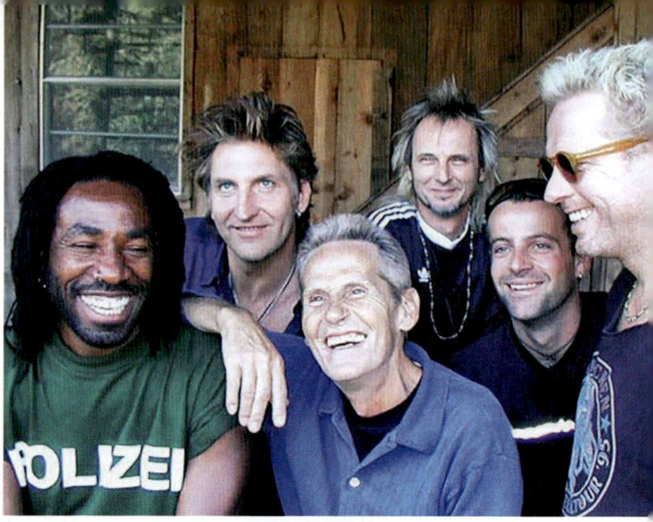

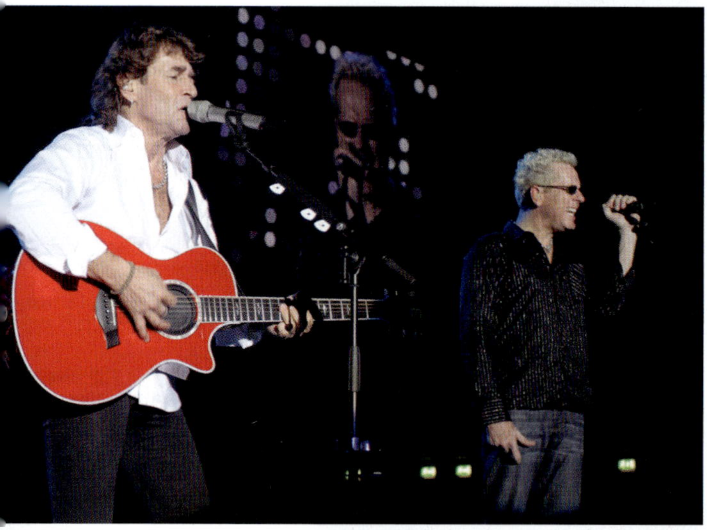

Peter Maffay und Bertram im Duett während eines Konzerts im Rahmen der Tour *Laut & Leise* in der Erfurter Messehalle, 2005
Foto: IMAGO / Axel Heyder

Bertram mit Karl Perazzo beim Peter-Maffay-Gig mit Santana, 2007
Foto: Benjamin Johl

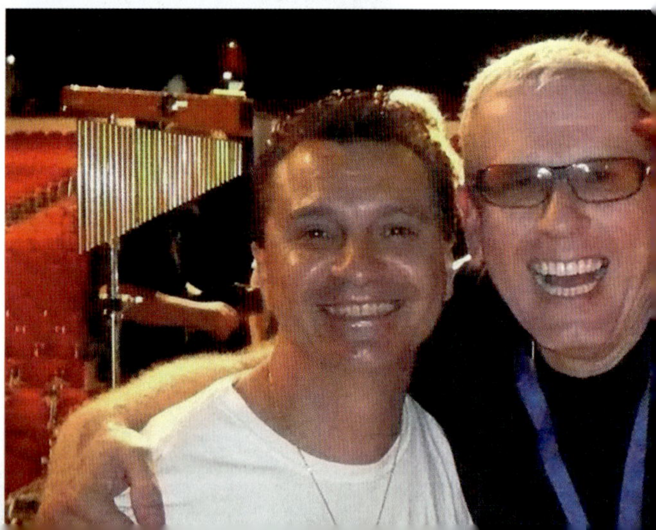

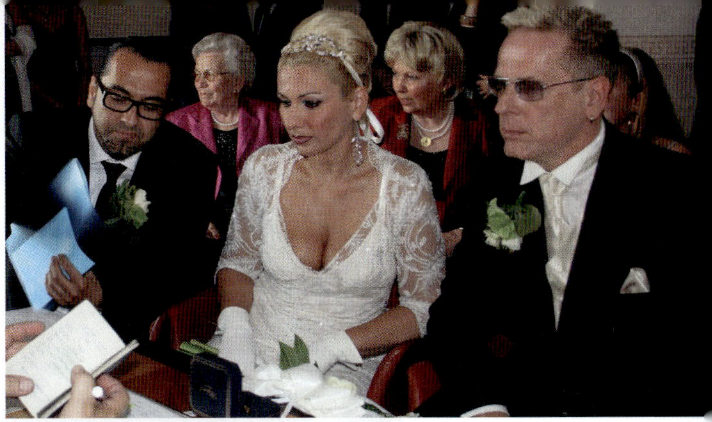

Hochzeit von Petra und Bertram im Dom-Hotel Köln, 19. Juni 2008 Foto: Thomas Passmann-Engel

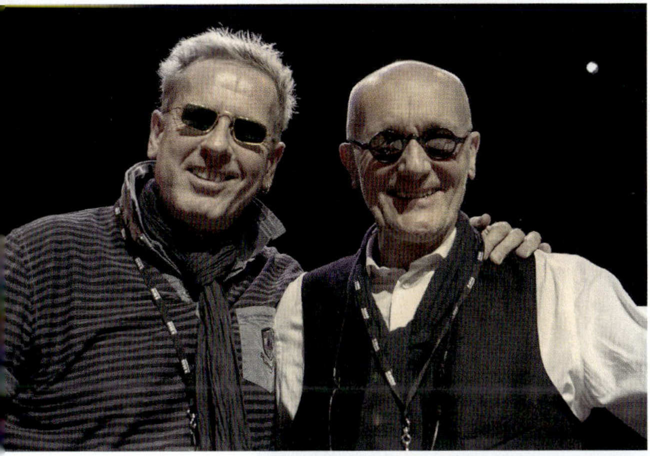

Mit Gastmusiker Ray Cooper bei Peter Maffays *Ewig*-Tour, 2009 Foto: Tom Schäfer

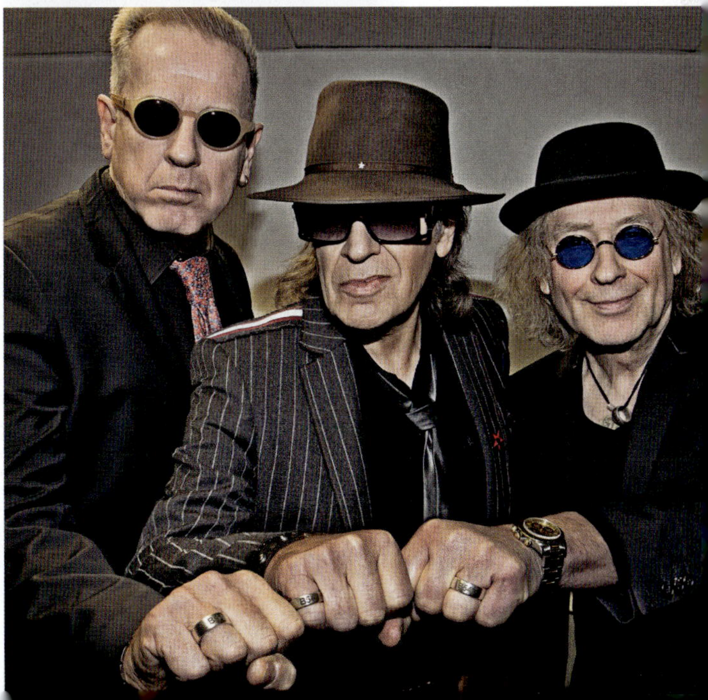

Verbunden durch ihre Herkunft entlang der B 54, der sie mit emeinsamen Ringen ein Zeichen gesetzt haben: Bertram Engel, Udo Lindenberg, Steffi Stephan. Foto: Tine Acke

Udo Lindenberg vor seiner Zeichnung Bertrams, den er »Schmied von Billerbeck« getauft hat, 2019
Foto: Bertram Engel

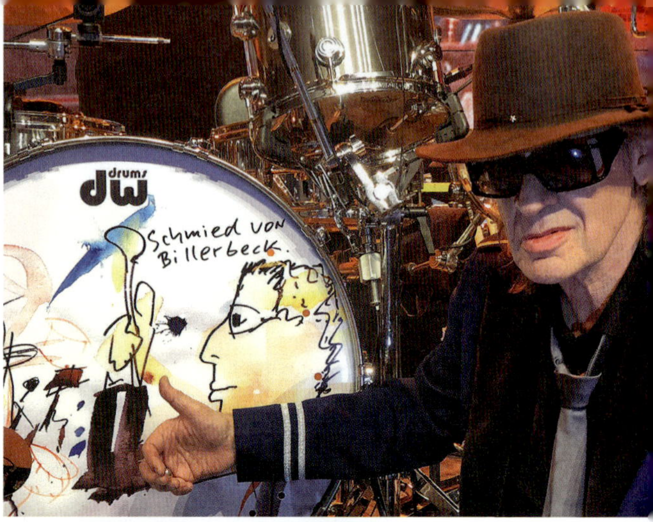

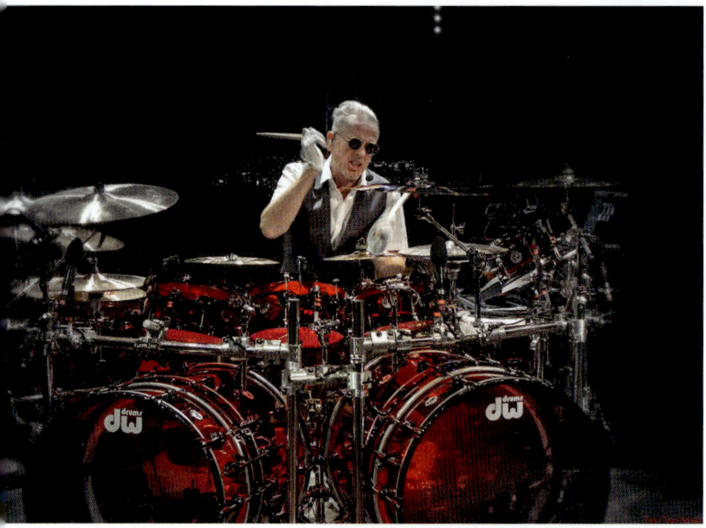

Bertram am Schlagzeug während einer Masterclass Online Session, 2020
Foto: Tom Schäfer

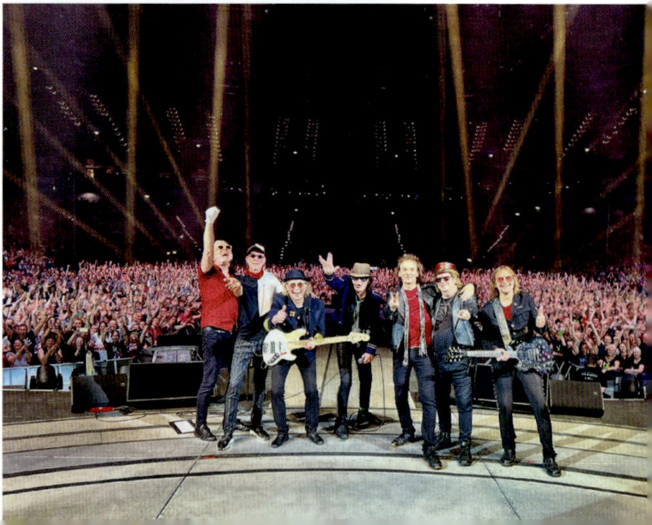

Das Panikorchester in der Barclays Arena in Hamburg, 2022
Foto: Frank Bartsch

saßen im Catering, als mich Jimmy Barnes anrief. Sein *Greatest-Hits*-Album sei jetzt *auch* Nummer eins, und er fragte, ob Carl und ich die Australientour spielen wollten – und zwar jetzt sofort! So spontan, wie er sich das vorstellte, ging das bei uns natürlich nicht. Allerdings war seine Tour in zwei Abschnitte aufgeteilt, sodass wir ihm den zweiten Teil seiner *Hits-Again*-Tour 1997 zusagten. Tatsächlich hatte Barnes nach der ersten Tourhälfte seine eigene Band gekündigt und für die zweite Hälfte kamen wir eingeflogen. Nach intensiven Proben sind wir zwei Monate auf Headliner-Tour durch Australien gewesen und absolvierten weitere fünf Stadionshows in Neuseeland im Vorprogramm von Tina Turner.

Jimmy Barnes war ein harter Knochen. Der türmte immer mehr 100-Watt-Marshalls auf die Bühne. Verstärkeralarm und große Fresse. Das war die Zeit, in der ich auch anfing, mit Handschuhen zu spielen. Auf der Bühne nannte er mich immer »The German on drums!« Einmal waren wir mitten in der australischen Wüste, und ich hätte nie gedacht, dass dort überhaupt ein Mensch hinfindet. Abends saßen dann 5000 Leute vor der Bühne, die mit Allradfahrzeugen und irgendwelchen Pipers dahin gekommen sein mussten. Es war eine unglaubliche Tour, und alle wunderten sich, dass wir nicht von Barnes gefeuert wurden. Es war im Allgemeinen bekannt, dass nur wenige Leute länger als 14 Tage mit ihm durchhielten. Aber wir waren nach drei Monaten immer noch dabei! Die Roadies ließen noch T-Shirts drucken mit dem Spruch »I survived the Jimmy Barnes Tour.« Seine Launen waren mir egal, denn ich war beruflich nicht abhängig von ihm. Ich hatte ja mein eigenes Leben mit Peter und Udo. Wenn er mich anschrie, dann brüllte ich zurück. Einmal hab ich es drauf ankommen lassen, denn Jimmy wollte bei »Lover Lover« Gitarre spielen. Es klang einfach nur schrecklich. Ich war so frech und riet ihm während des Soundchecks davon ab. Jimmy verharrte und sprach mit sarkastischem Ton ins Mikro: »Bertram doesn't like my guitar playing.« Er war ziemlich angepisst von mir, schmiss die Gitarre in die Ecke und hat sie während der Tour kein einziges Mal mehr angerührt. Aber er hat es respektiert.

FORMEL 1

Im Rahmen dieser »Harte Knochen«-Australientour ereignete sich die Sache mit Joe Cocker. Es war der 9. März 1997. Michael Gudinksy, der Fritz Rau von Australien, der auch die Jimmy-Barnes-Gigs stemmte, hatte für den Grand Prix in Melbourne ein After-Race-Konzert organisiert. Und Cockers Manager Roger Davis wollte Cocker einen Showspot auf diesem After-Race-Konzert besorgen. Allerdings hatte Joe Cocker keine Band dabei, und er sollte nun mit uns auftreten, wobei es um lediglich vier Songs ging: »The Letter«, »Unchain My Heart«, »Feelin' Alright« und »Don't Let Me Be Misunderstood«. Diese Songs haben wir uns draufgeschafft, indem wir sie während der laufenden Jimmy-Barnes-Tournee bei den Soundchecks probten. Allerdings hatten wir unterschiedliche Live- und Albumversionen als Vorlage zur Hand. Bei »Unchain My Heart« zum Beispiel diente uns die 1987er LP als Vorlage. Also programmierte ich exakt das Songtempo dieser Aufnahme in mein Metronom ein.

Einen Tag vor der After-Race-Show wurden wir zum Soundcheck aufs Festivalgelände gefahren. Wir hatten alles so weit vorbereitet, als Cocker plötzlich auftauchte. Der hat nicht großartig Guten Tag gesagt. Ich kann nicht mal sagen, dass ich ihn kennengelernt habe. Nun kam es zum Soundcheck. »Unchain My Heart« sollte geprobt werden. Kurzer Blick aufs Metronom, ich zähle die Nummer an, die Band spielt los und nach wenigen Takten kommt ein blonder Gangster auf die Bühne gestürmt. Cockers Manager Roger Davis! Sogleich sprang er zu mir hoch aufs Drumpodest, brach den Song ab und sagt: »Joe likes it a little faster«. Ich erklärte ihm kurz, dass wir die Albumversion einstudiert hätten. »Joe doesn't play it like the record«, und er entschwand im Schatten der Bühne. Ich signalisierte Michael Hegerty, dem Bassisten von Jimmy Barnes, dass wir vier Beats schneller machen. Wieder zähle ich an, wir spielen los und kurz drauf bricht der Gangster erneut ab. Joe drehte sich fragend zu

Roger Davis um, und ich hatte nicht den Eindruck, dass Joe sich unwohl fühlte. Aber der Blonde kommt wieder hoch aufs Drumpodest gesprungen: »Joe still likes it a little faster.« Der hat immer in der dritten Person geredet und mit Joe kein Wort gewechselt. Wieder verschwand er am Bühnenrand und ich war leicht angesäuert. Schließlich waren die auf dem Jimmy-Barnes-Gig und der Typ war nur Gast hier! Aber okay, ich gab noch mal vier Beats hinzu und die Band rockte los. Der blonde Kasper ließ sich nicht mehr blicken. Dann kam »Feelin' Alright« an die Reihe. Meine Vorlage war die Version von *Mad Dogs & Englishmen.* Dieses Livealbum dokumentiert die legendäre Cocker-Tour von 1970 inmitten der Hippiezeit. Und dann spielte ich das so Jim-Keltnermäßig, Cocker drehte sich wie eine Vogelscheuche zu mir um und rief: »Hey, you like the *Mad Dogs* shit! We never played it the last 30 years. Sounds great!«

Joe Cocker fand unsere *Mad-Dogs*-Version großartig. Die Show am Abend haben wir straight über die Bühne gerockt. Sogar Roger Davis fand das geil! Am nächsten Tag nämlich fragte er uns, ob wir mit Jimmy Barnes bei der laufenden Tina-Turner-Tour in Neuseeland als Support Act auftreten könnten. So sind wir rüber nach Auckland, um im Ericsson Stadium die Tina-Turner-*Wildest-Dreams*-Tour einzuläuten. Wir spielten insgesamt fünf Shows in unterschiedlichen Städten. In Christchurch war Jimmy Barnes eingeladen, zusammen mit Tina Turner den Song »Simply the Best« zu singen. Die Leute sind ausgeflippt – Jimmy, der totale Nationalheld, hat die alte Dame plattgesungen! Der Wahnsinn. Bei der nächsten Show in Wellington sollte er wieder mit ihr diesen Song performen. Aber Barnes dachte wohl, Christchurch wäre eine einmalige Angelegenheit gewesen. Als Tina Turner ihn ankündigte, war er gar nicht da. »Where the fuck is Jimmy Barnes?« Aber der saß schon mit Wodka an der Bar im Hotel. Als ich ihn abends auf den Vorfall ansprach, glitt er mit glasigen Augen vom Barhocker und meldete: »The old lady should have told me.«

ADDICTED TO LOVE

1995 bis 1997 waren die absoluten Highlight-Jahre, in denen wahnsinnig viel passierte. Die Tour mit Wolfgang Niedecken, der Videodreh mit Bruce Springsteen, eine Jimmy Barnes Australian Tour, die Reunion des Panikorchesters und ein erfolgreiches Maffay-Album *96* mit vier Songs von mir drauf. Mehr konnte man nicht wollen. Doch es kam noch fetter.

Robert Palmer! Für mich war er noch mehr Hero als Bruce Springsteen. Er hatte schon mit vielen großen Trommlern wie Richie Hayward von Little Feat, Jeff Porcaro von Toto und Ziggy Modeliste von den Meters gespielt. Für mich war Robert Palmer der Miles Davis des Pop. Finally bin ICH in seiner Band gelandet! Harald Engel, seines Zeichens Promoter von EMI, rief mich an und fragte, ob wir mit Robert Palmer spielen wollen. Zur bevorstehenden Best-of-CD sollten 1995 ein paar Promotiongigs stattfinden. Das Problem war nur, dass Palmer zu der Zeit keine feste Band am Start hatte. Seine früheren Musiker aus Amerika einzufliegen war einfach zu teuer. Also wurde der Maffay/Lindenberg-Musikerpool angefragt. Ich hab sofort zugesagt und war vom Fleck weg der Musical Director.

Nachdem ich die Band mit den üblichen Verdächtigen Carl, Ken und Pascal plus Horn Section, Percussion und Backgroundsängerinnen zusammengestellt hatte und wir geprobt hatten, gesellte sich Palmers rechte Hand Alan Mansfield für den Feinschliff hinzu. Zur offiziellen Audition in Köln kam Robert Palmer persönlich aus Lugano eingeflogen. Stilecht im Anzug von »Addicted to Love« betrat er den Proberaum. Wir spielten lediglich ein paar Songs an, Robert war begeistert und sagte: »Sounds cool, let's have dinner … a good meal is like a good rehearsal!« Beim Edelitaliener in Köln sprach ich Palmer darauf an, dass ich vor 16 Jahren bei ihm am Haus auf den Bahamas geklingelt hätte. »Ah, you are the guy with the Gretsch kit.« Er konnte sich tatsächlich erinnern.

Die folgenden zwei Tage galten intensiven Proben. Wir waren uns alle sicher, ein rundes Konzert abliefern zu können. Abends zog uns die Vorfreude an die Hotelbar, um auf die Show am nächsten Tag anzustoßen und auch das Adrenalin ein wenig herunterzupegeln.

Am Morgen wurde die Band zu einem kurzfristig anberaumten Meeting beordert. Alan Mansfield betrat mit ernster Miene den Konferenzraum des Hyatt-Hotels, setzte sich ans Kopfende des polierten Mahagonitisches und nahm sich jeden von uns einzeln vor. Ich war der Erste: »Bertram, we have to change something tonight … we don't need drums.« Ich erstarrte vor Entsetzen. Dann war Carl Carlton dran, und Alan erklärte ihm, dass sämtliche Tonarten geändert würden. Ken Taylor wurde aus mehreren Songs rausgekickt. Plötzlich wurde der gesamte Auftritt verändert, und als er den Raum verließ, drehte er sich nur kurz zu Pascal Kravetz um: »By the way, Pascal, you're fired.« Es herrschte totale Stille im Raum. Alan Mansfield hatte uns gerade gefeuert! Wir saßen da wie verängstigte Schuljungen. Völlig fassungslos.

Plötzlich wurde die Tür aufgerissen und Alan Mansfield erschien wieder im Salon. Mit breitem Grinsen im Gesicht. »By the way, Robert loves it!« Uns steckte das Lachen in der Kehle fest. Er hatte uns nur einen kurzen Schrecken einjagen wollen, damit wir uns nicht zu sicher fühlen. Alan Mansfield hatte uns kalt erwischt.

Die Show am Abend fand im renommierten Kölner Theater am Rudolfplatz statt. Punkt 20 Uhr spielen wir das Intro von »Bad Case of Loving You (Doctor Doctor)«, während Robert elegant auf die Bühne gleitet. Exakt in dem Moment, als er zum Mikrofon greift, setzen wir auf Kommando einen musikalischen Break. Pamm! Robert singt die Zeile »A hot summer night« – und die Band geht ab wie Wahnsinn. Die Götter des Rock 'n' Roll hatten uns all ihre Macht verliehen. Ich hab eine solch musikalische Intensität nie zuvor erlebt. Mit Robert zu spielen bedeutete absolute Looseness bei strikter Disziplin. Wir spielten uns quer durch die Robert-Palmer-Welt mit UB40-Style-Nummer, Dylan-Songs, Popnummern und von Hardrock bis hin zu Electro Style inklusive der legendären Apparate wie »Addicted to Love« und »Looking for Clues«. Und das alles innerhalb eines einstündigen Sets! Das war mit Abstand das musikalisch Größte, was ich je gespielt habe.

Mein Bruder Thomas kam extra aus Berlin, um sich die Show anzusehen. Nach diesem Gig war selbst er platt. Danach saßen wir mit Robert noch lange im Hotel und haben uns unter etlichen Substanzen die Nacht hindurch Geschichten um die Ohren gehauen. Am nächsten Morgen war Robert nicht in der Lage, den angesetzten Pressetermin wahrzunehmen.

Nach Köln traten wir in Paris mit »Addicted to Love« in einer Fernsehshow auf. Anschließend performten wir »Respect Yourself« in der *Harald Schmidt Show*.

Robert war ein analytischer Freak und hatte gleichzeitig viel Know-how. Mit ihm zu arbeiten war eine echt hohe Schule. Palmer fand die Band so großartig, dass er beschloss, mit uns ein Album aufzunehmen. Wir verbrachten mal wieder eine Woche im Red Rooster in Tutzing. Monate danach fanden wir uns in den Digital Studios auf Capri ein. Und es war einfach nur geil – intensiv, aber kein Workaholic-Ding. Gespräche und persönliche Dinge bei gutem Wein sind manchmal wichtiger, als nur musikalisch zusammenzuhocken. Unter dem Einfluss des mediterranen Wohlgefühls gelangen uns solide Backing Tracks. Overdubs mit der Horn Section von Tower of Power wurden später noch in New York angefertigt.

So entstand 1997 die Platte *Rhythm & Blues*, die ein Jahr später bei Eagle Records rauskam, aber leider kein Erfolg wurde. Zu allem Überfluss hatte ich mich mit Palmer auch noch finanziell überworfen. Ich hatte wochenlang für dieses Projekt gearbeitet und das Management wollte am Ende kein Geld zahlen. Das gipfelte darin, dass plötzlich wichtige Leute der Abteilung Bodyguard und Management anfingen, so Oasis-mäßig rumzubuhlen und mir wegen meiner Geldforderung Prügel androhten. Also hab ich einen Anwalt drauf angesetzt und Robert Palmer nahm das persönlich. Er selbst dachte, dass er eigentlich schon bezahlt hätte … der wusste das wahrscheinlich gar nicht, dass ich verarscht wurde. Letztlich einigten wir uns vergleichsmäßig auf die Hälfte des vereinbarten Honorars.

Monate später haben wir uns auf Carl Carltons Hochzeitparty wieder vertragen. Die Feierlichkeiten fanden auf einem Schiff vor der Insel Mallorca statt. Palmer sang a cappella für Carl und Natascha eine Nat-King-Cole-Nummer. Absolut ergreifend. Zu den geladenen Gästen zählte natürlich auch Udo mit seiner Entourage aus Bodyguards und Stylisten. Als wir abends aufs Meer rausfuhren, stand er wie Fitzcarraldo an Deck und sang »Bis ans Ende der Welt«. Die gesamte Hochzeitsgesellschaft glich einem Treffen illustrer Paradiesvögel. Alle in weißen Anzügen und mit riesigen Hüten. Wahrscheinlich waren mehrere Hundert Jahre Knast in Form von Drogen an Bord. Das alles war wie in einem schrillen Film, bei dem Federico Fellini Regie führte und Typen wie Michel Piccoli und Marcello Mastroianni in Gestalt von Eddy Kante und Zarin Niko absurdes Theater spielten. Und dann war da noch Dr. Edd. Ein dubioser Rock-'n'-Roll-Arzt. Er war wohl im Besitz einer Lizenz und durfte außerhalb der Hoheitsgewässer Trauungen durchführen. Das alles hätte als Filmstoff für eine brillante Mafiastory gereicht. Solche Erlebnisse beeindrucken einen Jungen aus Burgsteinfurt immer noch nachhaltig.

ICH ESSE KEINE SCHILDKRÖTEN

Das Projekt *Begegnungen* war ein außergewöhnliches Kapitel in der Maffay-Historie. Ich war gemeinsam mit Carl Carlton nicht nur Produzent des gleichnamigen Albums, sondern auch Musiker, Songwriter und Ideengeber sowie Zeitzeuge einer abenteuerlichen Reise, die 1997 Fahrt aufnahm und zweieinhalb Jahre später beinahe in einer irren Messerstecherei endete. Die ganze Geschichte hatte ihren Ursprung darin, dass Peter mit seiner Plattenfirma die Veröffentlichung eines Konzeptalbums vereinbart hatte. Und nun war die Zeit gekommen, jenes Projekt anzugehen. Peter entwickelte die Vision, mit Musikern verschiedener Kulturen und Kontinente ein Gemeinschaftsprojekt anzustreben. Mit jungen Acts unterschiedlicher Nationalitäten wollte er Duette aufnehmen und die Songs unter der Headline *Begegnungen* als Statement für gegenseitiges Völkerverständnis und Toleranz auf einem Album vereinen. *Begegnungen* sollte zudem Zeichen setzen gegen Rassismus – ganz im Sinne von Peters sozialem Engagement für Umwelt, Frieden, gegen Gewalt und Diktatur.

Ein solches Projekt mit allen Risiken und Unwägbarkeiten anzugehen, fand ich von Peter sehr mutig. Peter hatte bereits in der Türkei, in Israel, Amerika, Australien und Afrika nach möglichen Wegbegleitern recherchiert und versuchte seine Vision zu schärfen, wobei die große Frage im Raum stand, ob Musiker anderer Länder überhaupt Interesse daran hätten, sich auf einen Sänger aus Deutschland einzulassen. Seine Plattenfirma erkannte Potenzial in der Geschichte und schickte sogleich Coaches los, die vor Ort interessante Acts aufspüren sollten. Wenig später kamen die Vorschläge auf den Tisch: Keb' Mo' und Sonny Landreth aus Amerika, Noa aus Israel, die australische Band Yothu Yindi, Songwriter Lokua Kanza aus dem Kongo, Sängerin Natacha Atlas aus Ägypten, die Rapper Cartel aus Berlin, der dänische Gitarrist Nikolaj Steen und George Angelescu mit seinem rumänischen Balkanorchester. Sie alle gaben ihr Okay und schickten ihre Songs rüber. Eine Herkulesaufgabe stand bevor, die Carl und ich als Produzenten des Albums nun zu bezwingen hatten. Peter als Initiator des Ganzen hielt die Fäden zusammen. Jeder Act bekam zwei Songs auf dem Album, wobei die Auswahl auch vor dem Hintergrund des organisatorisch Machbaren getroffen wurde. Über Monate verkrochen wir uns im Red Rooster in Tutzing, um die ganzen Titel zu durchleuchten, auseinanderzunehmen und zu bearbeiten. Die Kooperation mit den Künstlern sah vor, dass wir als Maffay-Band die Songs nach unserer Art umsetzen und alle Tracks neu einspielen. Die Guest Acts sollten dann nach Tutzing eingeflogen werden und ihre Vocals auf unsere

Arrangements singen, nachdem sie geprooft und genehmigt waren. Nur Sonny Landreth bestand auf ein Studio in seiner Homebase Louisiana. Und für die Aufnahmen mit Yothu Yindi mussten wir rüber nach Australien. Das passte insofern gut, weil Footage für einen Dokumentarfilm gebraucht wurde, der die Entstehung des Projekts und dessen Umsetzung von Beginn an festhalten sollte. Also wurde der Regisseur und Filmproduzent Rudi Dolezahl mit seinem Team engagiert, um unsere Reise ins Aborigine-Reservat zu begleiten und die Geschehnisse vor Ort mit scharfer Linse einzufangen. Neben Peter, Carl und mir bestand unsere kleine Reisegruppe noch aus dem Filmteam sowie Peters Projektmanagerin Miriam, mit der ich zu der Zeit noch halbwegs liiert war. Wir flogen über Singapur in den Norden Australiens nach Arnhemland. Es war absolut paradiesisch dort, und ich musste an die *Crocodile-Dundee*-Filme denken, die vor dieser traumhaften Naturkulisse gedreht wurden. Eine kleine Piper-Maschine brachte uns schließlich von Darwin nach Nhulunbuy zum Homeland der Yolngu und Stammsitz der Aborigine-Band Yothu Yindi. Als wir das Camp erreichten, landeten wir in einer anderen Welt. Uns wurde augenblicklich klar, dass die bereits wieder gestartete Piper mit unserem letzten Bestand gewohnter Zivilisation gerade davonflog und wir die nächsten Tage gemeinsam mit den Familien und Mitgliedern Yothu Yindis in feuchtheißen Zelten leben würden.

Es war faszinierend und abenteuerlich zugleich. Fremde kommen selten in diese abgelegene Region und sind auch nicht unbedingt gerne gesehen. Aber vor dem Hintergrund unserer transkulturellen Projektreise wurden wir von der Community freundlich aufgenommen. Wir durften überallhin und versuchten in das Leben der Stammesleute einzutauchen. Es dauerte nicht lange, bis man uns nach lokaler Gewohnheit neue Namen gab. Ich war Banatja, was man mir auf Englisch übersetzte als »fish with the beat«, in Anlehnung an Springfische, die aus den Wellen emporschnellen, wieder untertauchen und diesen Vorgang in einer unentwegten Rhythmik vollziehen.

Mandawuy Yunupingu war nicht nur der musikalische Chef von Yothu Yindi, er schien auch eine höhere Position im Camp einzunehmen. Er selbst wurde dreimal zum Australier des Jahres gewählt, weil er sich politisch für sein Volk einsetzte. Er gestand uns, dass er immer schon ein totaler Fan der englischen Band The Shadows war. Besonders Hank B. Marvin an der Gitarre fand er geil. Aber wir sollten es keinem weitererzählen, denn die Shadows machten schließlich die weißeste Musik mit dem weißesten Gitarristen, den man sich vorstellen kann. Mandawuy wäre im Kreise der Stammestradition nicht mehr glaubwürdig gewesen.

Auch wenn sich das Leben in diesem Camp etwas befremdlich anfühlte, versuchte ich mich auf Situationen und Begegnungen einzulassen. Zum ersten Mal im Leben bin ich mit Wasserschildkröten geschwommen und hätte niemals geahnt, dass diese friedvollen Tiere auf dem Speiseplan standen. Aber abends sprangen einige Männer mit Speeren ins Wasser und – bumm – holten sie sich zum Abendessen eine Schildkröte raus. Für einen Typen wie mich, der aus einer anderen Zivilisation kam und zusehen musste, wie die Eingeborenen das Tier töten, die Eingeweide rausholen und das Schildkrötenfleisch verzehren, war das völlig absurd. Unsere Gastgeber waren freundlich und boten uns an, am Mahl teilzunehmen. Ein Würgereiz kroch mir in die Kehle. Zum Glück hatten wir unser eigenes Essen mitgebracht und die Ravioli aus der Dose schmeckten mir gut wie nie zuvor.

Die Zeit im Camp ging recht schnell vorüber, obwohl wir viel abhingen und eine Art Zeitlosigkeit erlebten. Um einer romantischen Verwahrlosung entgegenzuwirken, haben wir mit den Jungs von Yothu Yindi öfters gejammt und Rudi Dolezahl fing die Szenerien mit der Kamera ein. Auch den Moment, als ich mich traute, ins Meer hinauszuschwimmen, obwohl im glasklaren Ozean tödliche Gefahr lauerte. Denn zuweilen tauchen dort Salzwasserkrokodile auf.

Am vorletzten Tag unseres Aufenthalts gingen wir raus ins Gelände, weil Rudi Dolezahl ein paar Interviews drehen wollte, als plötzlich das irrsinnige Gekreische eines Helikopters in die Stille der Natur grätschte und roter Sandstaub unter dem Druck der Rotorblätter wie ein Derwisch umherwirbelte. Es war Mandawuys Bruder, der im eigenen Hubschrauber herangeschwebt kam. Er sah aus wie der millionenschwere Boxpromoter Don King, der ewig lachende »Rumble in the Jungle« mit der legendären Starkstromfrisur. Ihm gehörte das ganze Land ringsum. Die Australier hatten einst Gebiete an die indigenen Völker zurückgegeben, und er war einer der Begünstigten, denen jetzt ein riesiges Territorium zu Füßen lag. »It's great to have a helicopter, because then I see my land from above.«

Abends saßen wir am Lagerfeuer und die Jungs spielten auf ihren Clapsticks aus Eisenholz und begleiteten die Didgeridoos. Mandawuy erklärte, dass der Name Didgeridoo von den Engländern geprägt wurde und eigentlich eine Beleidigung für ihre Instrumente sei, die in der eigenen Sprache Yidaki oder auch Djalupu genannt werden. Diese Yidakis werden tatsächlich nur von Aborigines gespielt. Und auch nur von jenen Volksstämmen, die am Wasser wohnen, weil die Eukalyptusröhren zum Stimmen ins Wasser gelegt werden müssen. Abends am Feuer wurde gefeiert, und ein Joint nach dem anderen drehte die Runde, während die grunzenden Didges Geräusche wie Elche in der Brunftzeit von sich gaben. In meinen Ohren klang dieses Gebläse nach unsäglichem Mist. Und die Permanentbeschallung der zugedröhnten Typen nervte mich gehörig. Jeder in der Runde bemerkte meine Missbilligung. Ich wurde direkt von Rudi angepfiffen und sollte mal ein bisschen mehr Respekt haben vor den Ureinwohnern. Das wollte ich nicht so hinnehmen und fragte Mandawuy nach der Wahrheit, ob die Didge-Spieler denn eine gepflegte Intonation draufhätten oder einfach nur Müll spielen. »They play shit« war sein Kommentar. Er entriss ihnen kurzerhand die Yidakis und dann war Ruhe.

Nach vier Tagen brachen wir auf und flogen mit einigen Yothu Yindis runter an die Ostküste nach Byron Bay, einem vornehmen Touristenort, der mich irgendwie an den Timmendorfer Strand erinnerte. Dort war ein Tonstudio gebucht, das wir rund um die Uhr in Beschlag nahmen, um mit Mandawuy und seinen Söhnen Yumunu und Makuma nicht nur die geplanten Tracks für die Songs »Tribal Voice« und »One Blood« aufzunehmen, sondern auch ausgiebig zu feiern. Und das Ganze wurde natürlich gefilmt. Irgendwann in einer Drehpause zogen sich die Aborigines ihre traditionellen Kostüme an, bemalten ihre Gesichter mit spirituellen Mustern und tanzten in Baströckchen vor dem Fernseher, der gerade den US-Sender Country Music TV ausstrahlte. Dort traten solche Cowboyhut-Typen wie Garth Brooks auf und die Mandawuy-Brüder waren hin und weg. Sie tanzten mit ihren Speeren und in Kriegsbemalung vor dem Fernsehgerät, feierten die Rednecks und dachten gar nicht darüber nach, dass es Weiße waren. Diesen Moment empfand ich als authentische und echte Begegnung und Völkervereinigung. Ich hätte mir gewünscht, dass Rudi Dolezahl die Szene filmt, aber er weigerte sich. Denn die Wahrheit dieser Szene würde niemand glauben. Er befürchtete den Vorwurf der Inszenierung und wollte die Provokation vermeiden, man hätte sich über People of Color lustig gemacht. Somit ist einzig meine Erinnerung Zeuge dieser denkwürdigen Begebenheit.

Nach Australien stand nun Amerika an. Die Yothu-Yindi-Sessions waren abgeschlossen und wir flogen über Sydney und Los Angeles nach New Orleans. Auf Empfehlung hatte Peter das Dockside Studio in Maurice/Louisiana gebucht. Es war jene wunderbare Studioscheune, die wir später im Rahmen der Songdogs Recordings erneut aufsuchen sollten. Dort war bereits der Slide-Guitar-Spieler Sonny Landreth in den Startlöchern. Er galt damals schon als herausragender Musiker, dessen musikalische Welten insbesondere im Rhythm 'n' Blues des Mississippi-Deltas verwurzelt waren.

Nach einer ausgiebigen Woche im Mississippisumpf nahmen wir tonnenschwere Eindrücke mit nach Hause ins entfernte Tutzing, wo nun das gesamte Material über die Wintermonate gemischt und vollendet werden sollte.

Inzwischen hatte sich Keb' Mo' unsere Version seines Titels angehört und kam für die Gesangsaufnahmen aus Amerika eingeflogen. Aber das war wohl nicht der einzige Grund. Offenbar war er mit dem Mix des Backing Tracks nicht ganz einverstanden. Wir hatten einen garagigen open Drumsound mit viel Raumanteil verwendet, der dem Song eine gute Portion Velvet Underground verpasste. Als Keb' nun in Deutschland ankam und sich in der Regie des Red-Rooster-Studios einfand, waren wir zugegeben etwas nervös. Er wollte die einzelnen Spuren hören. »Let's listen to the drums.« Nach wenigen Sekunden forderte er derart viel Nachbearbeitung, dass vom Schlagzeug und der ganzen Big Atmo nur noch ein stumpfer Discobeat übrig blieb. Alles andere wurde weggefiltert.

Mit der Bassspur war er einverstanden, aber dann kamen die Gitarren unters Messer. Zuerst flog Frank Diez' Gitarre raus: »We don't need it.« Dann kam Andreas Beckers Gitarre dran. Dasselbe: »We don't need it.« Carl Carlton: Weg damit. Zum Schluss hörte er sich Peters Gitarre an. Mit Keb' Mo's Reaktion darauf hatten wir nicht gerechnet. Er schob den Fader hoch: »Great guitar!« Alle anderen Gitarrenhelden im Raum waren fassungslos.

Nur Ken Taylor, Peter Maffay und meine Wenigkeit bestanden die Audition. Jetzt wollte er zusammen mit Carl auf den Mix zwei neue Gitarrenspuren draufsetzen. Die beiden spielten lediglich einen Spontantake. Das war's! Und die Nummer klang 20-mal besser als vorher. Keb' Mo' grinste: »Now I feel the chicken grease.« Er wusste genau, wo im Soundmix die Löcher sein mussten und wo weniger wirklich mehr bedeutete. Durch die Reduzierung aufs Wesentliche klang »Am I Wrong« dermaßen funky, dass wir alle im Studio tanzten. Kevin Moore aka Keb' Mo' war in dieser Zeit noch ein eher unbekannter Bluessänger und Gitarrist. Kurze Zeit nach unserer Begegnung legte er eine beachtliche Karriere hin. Er spielte mit Größen wie Willie Nelson und Eric Clapton und heimste fünf Grammys für seine Bluesalben ein.

Nun kam es zum Finale des *Begegnungen*-Projekts. Das im April 1998 veröffentlichte Album wurde zu einem Meilenstein und bekam Platin. Auf dieser Grundlage wurde eine Tour angesagt mit allen Acts, die an der Platte mitgewirkt hatten. Man muss dazu sagen, dass die Planung für diese Tour bereits ein Jahr zuvor gestartet war, weil man den Erfolg des Albums erwartet hatte.

Bis *Begegnungen* schließlich auf der Bühne stand, war es eine wahnsinnige Organisation. Jeder Act hatte seinen eigenen Tourmanager und es gab sogar Manager für mitreisende Angehörige. Wir hatten uns zum Ziel gesetzt, mit *Begegnungen* live auch Zeichen kulturübergreifender Toleranz zu setzen. Unsere Show auf den Konzertbühnen sollte immer wieder aufs Neue von Herzlichkeit geprägt sein. Für solche Dinge muss man gegenseitiges Verständnis mitbringen. Aber die Wirklichkeit bescherte uns das Gegenteil.

Als die Jungs von Yothu Yindi zu ersten Proben nach Tutzing anreisten, wohnten sie zunächst in unserem legendären Stammhotel Engelhof. Aber das ging nur zwei Tage gut, weil die drei allen Ernstes auf die Idee kamen, auf dem Hotelzimmer ein Lagerfeuer anzuzünden.

Auf Tour stellte sich heraus, dass die Typen keinerlei Zeitgefühl mitbrachen. Für die war es Tag, wenn die Sonne schien, und es war Nacht, wenn es dunkel war. Mit Verabredungen zu bestimmten Uhrzeiten bezüglich Abfahrten, Soundcheck und Showtime konnte man denen nicht kommen. Also mussten sie tagtäglich vom Tourmanager aus den Hotelzimmern geholt werden, damit sie rechtzeitig zum Gig kamen.

Obwohl alle Acts ihre eigenen Garderoben beanspruchten, gab es untereinander nur Streitereien. Besonders die Australier beschwerten sich, dass ihre Garderobe kleiner wäre als die Garderobe der anderen. Es gab ewige Probleme und manche Gäste benahmen sich wie totale Diven. Musikalisch und von der Show her war die Tour großartig. Nur was hinter der Bühne abging, drohte immer mehr im Chaos zu ersticken.

Das gipfelte schließlich darin, dass Makuma Yunupingu den eigenen Yothu-Yindi-Manager Alan James umbringen wollte. Alan James ist nachts in Braunschweig nackt aus dem Hotelzimmerfenster gesprungen und durch die Stadt geirrt, weil Makuma mit einem Messer in sein Zimmer eingebrochen und nun hinter ihm her war. Anscheinend misstrauten sie ihrem eigenen Manager, der sie jahrelang zum Erfolg gebracht hatte. Irgendwann schaukelte sich das hoch zu Hasstiraden mit Attentatsgelüsten. Am nächsten Tag hatte sich das erledigt und es kam zu einer Entschuldigung. So viel zu *Begegnungen*. Trotz allen Irrsinns, der sich tagtäglich hinter den Kulissen ereignete, war es eine musikalisch großartige Tour. Mir hat es tierischen Spaß gemacht, all die verschiedenen ethnischen Einflüsse und andersartigen Rhythmen zu verinnerlichen, sie zu hinterfragen, durch meinen eigenen Filter zu schicken und das alles dann live auf die Bühne zu bringen. Zumindest war *Begegnungen* ein musikalisch höchst anspruchsvolles Projekt, das seinesgleichen sucht. Zum Glück wurde eine Liveplatte mitgeschnitten, die für mich eine der besten ist, auf der ich je gespielt habe.

CARL DER GROSSE

Seiner tiefen Leidenschaft für Roots Rock und Südstaatenblues hing Carl Carlton lange schon nach. Inspiriert von den Pionieren des roughen und handgemachten Sounds, hatte er sich zum Ziel gesetzt, seinen musikalischen Traum mit ausgewählten Komplizen zu verwirklichen. Also fragte er die Funkrock-Pioniere Moses Mo und Wyzard von Mother's Finest sowie Pascal Kravetz und mich, ob wir Bock drauf hätten. Carl schrieb die Songs und wir als Band entschwanden in das sumpfige Bluesuniversum. 1999 wurden die Songdogs gegründet.

Für die Aufnahmen des ersten Albums *Revolution Avenue* kehrten wir nach Louisiana ins Dockside Studio zurück, das wir bereits zwei Jahre zuvor bei Peter Maffays *Begegnungen*-Projekt zu schätzen gelernt hatten.

Die wilde Holzhütte lag in der Ortschaft Maurice, unweit von Lafayette und inmitten von Cajun Country. Wir waren also im Mississippi Swamp angekommen, wo die ganzen Containerhäuser rumstehen. Die Gegend erinnerte mich an alte amerikanische Offroadthriller, in denen Serienkiller ihr Unwesen treiben und Menschenteile in alten Ölfässern verschwinden. Leider ist der Rassismus dort noch stark verbreitet. Einmal hatte ich mir einen dieser röhrenden 8-Zylinder-Pick-ups gemietet und preschte über riesig breite Straßen durch die Landschaft. An der Petrol Station wurde ich direkt von einem Redneck angequatscht: »Hey buddy, where you coming from?« Als Deutscher war man angesagt, aber Wyzard saß neben mir, seine dunkle Haut glänzte in der Sonne und kurz drauf standen etliche Cowboys um uns herum. Ich erzählte denen von unserer Band und da war die Sache für die in Ordnung. Trotzdem wurde bloß ich von den Cowboys zum Barbecue eingeladen. Wyzard nicht. Die Einladung nahm ich selbstverständlich nicht an.

Für *Revolution Avenue* belagerten wir also die alte Dockside-Scheune. Oben über dem Studio wohnten wir in alten Wildwestzimmern mit Kuhhörnern überm Bett. Es sah aus wie bei *Bonanza*. Drei Wochen haben wir dort mehr oder weniger gehaust, selber gekocht, uns vielfältige Möglichkeiten der Inspiration zugeführt und etliche Gastmusiker zu den Aufnahmen hinzugezogen.

Nicht nur der weltbekannte Slide-Guitar-Spieler Sonny Landreth war bei einigen Tracks dabei, auch Small-Faces- und Rolling-Stones-Pianist Ian McLagan sowie Jon Smith und Steve Howard von den White Trash Horns kamen eingeflogen. Die beiden hatte ich noch in bester Erinnerung von *Edgar Winter's White Trash*, der alten Scheibe, die ich damals verehrte.

Auf einen Gastmusiker war ich jedoch besonders gespannt. Er kam mit seinem Saab-Cabrio aus Woodstock angefahren. Vorne seine Tochter Amy drin und hinten das alte Yamaha-Schlagzeug. Und jetzt stand er vor mir: Levon Helm. Eine Legende, nicht nur als Drummer von The Band, sondern auch als Sänger. Er hat zum Beispiel »The Night They Drove Old Dixie Down« gesungen, woraus später viele Coverversionen hervorgingen. Jeder kennt wohl »Conny Kramer« von Juliane Werding. Levon hatte für Bob Dylan gearbeitet und auf den legendären Scheiben getrommelt. The Band jonglierte zwischen Roots Rock, Folk, Rhythm 'n' Blues und Country. Sie galt als wegbereitende Formation, die sogar die Beatles beeinflusste, als sie Mitte der 1960er mit Rubber Soul anfingen. Auch Eric Clapton kam einst rüber nach Woodstock und wollte The Band treffen. Damals schon hatte Trommler Levon Helm diesen eigenartigen Beat gespielt mit der weggelassenen Hi-Hat beim Snareschlag. Er benutzte diesen Spieltrick, um dadurch die Übersprechung aufs Snaremikro zu umgehen. Dadurch klang die Snare in dem Moment viel klarer und freier. Auch Hal Blaine, der Studioschlagzeuger der Wrecking Crew, die damals für die Beachboys arbeiteten, machte sich diesen Trick zu eigen. Und Charlie Watts wiederum hatte sich das von Hal Blaine abgeguckt.

Für mich war es kaum zu glauben, diesem Urvater plötzlich gegenüberzustehen. Nun betrat er bescheiden und superfreundlich die Studioscheune. Unser Plan sah vor, dass wir parallel mit zwei Schlagzeugen spielen. Ganz pur, mit viel Atmosphäre und viel Raumsound. Unsere beiden Sets standen sich gegenüber und wir trommelten sozusagen von Antlitz zu Antlitz.

Mit ihm zu arbeiten war eine Mördererfahrung. Zuerst wunderte ich mich über Levons Spielweise, denn er trommelte wie ein alter Hausschuh – wie ein Typ, der null Technik hat. Fast wie ein Maler, der mit Pinseln hinterm Schlagzeug sitzt und dann so begleitendes Funktionsspiel zum Besten gibt. Ich hingegen war schon immer der aufdringliche Schlagzeuger und spielte eisenhart Time, so wie ich das Anfang der 80er gelernt hatte, als die Maschinen und Clicks aufkamen. Vom Kopf her bin ich ein komplett anderer Spieler, total sortiert, vorbereitet und auf den Punkt. Da stießen Welten aufeinander. Levon lernte den Song erst, während er spielte, und entwickelte Figuren on the spot. Und dann war ich auch unsicher. Ich hatte ja Respekt vor dem Typen und wollte ihn nicht totspielen. Was er trommelte, war für mich nicht richtig greifbar. Erst als ich im Regieraum unsere Aufnahmen hörte, war ich vollkommen geflasht. Levons Spiel war perfekt. Es war hochmusikalisch und klang unglaublich emotional. In dem Moment hab ich total an mir gezweifelt. Wenn einer so gut spielt und es klingt soooo stark, da bin ich Lichtjahre von entfernt. Also schlug ich Levon vor, er möge die Platte alleine trommeln. Aber er: »No … no, you play much better than I do … you have much more skills. I am only a drummer from the sixties.« Und er hatte totalen Respekt mir gegenüber.

Jeden Abend hockten wir in der Runde zusammen, aßen Austern, tranken Tequila, es wurde geraucht und Levon erzählte seine Geschichten. Obwohl er nach zwei Kehlkopfoperationen nur noch ein Schatten seiner selbst war, verbreitete er eine unglaublich positive Ausstrahlung. Nur Singen war für ihn nicht mehr drin: »I can't sing, you know, but the good thing about that is, I can concentrate more on the drums these days.« Da musste man weinen und lachen gleichzeitig. Levon war zu dieser Zeit pleite und Carl Carlton hatte ihm 4000 Dollar für die Aufnahmen versprochen. Für das Geld kam er gerne von Woodstock angefahren.

Am Ende der Studiozeit schenkte ich ihm meine Birch Cake Snaredrum. Die hatte diesen alten Handtuchsound, der für Levon perfekt war. Als Dankeschön schrieb er mir eine Widmung auf ein Trommelfell. Von solchen Erlebnissen mit Levon Helm zehre ich heute noch. Seine Aufrichtigkeit und seine Neugierde meinem Spiel gegenüber sind die schönsten Komplimente. Dafür lebe ich.

Auch Bobby Keys hatten wir als Gast für die Aufnahmen vorgesehen, den legendären Saxofonisten der Rolling Stones. Er kam gerade von der *No-Security*-Tour und lag erst mal tagelang im Hotel, ohne sich zu melden. Wir wussten zwar, dass er angekommen war und sich in diesem Hotel verschanzte, aber erst nach vier Tagen nahm er den Telefonhörer ab und krakeelte mit seiner lauten Stimme, dass er demnächst bei uns vorbeischauen wolle. Am nächsten Abend schlurfte er tatsächlich an, aber wir fragten uns, ob das jetzt wirklich Bobby Keys war. Sein Sound war nicht das, was uns allen noch seit »Brown Sugar« im Ohr hing. Er hatte mit Blasenkrebs zu kämpfen und man hatte ihm unten bereits was Künstliches eingebaut. Von daher war es erklärbar, dass dieser berühmte Bobby-

Keys-Sound nur noch in der Vergangenheit existierte. Aber wir fanden es geil, den Namen von dem Stones-Typen auf der Platte zu haben – auch wenn Jon Smith teilweise seine Saxofonspuren neu einspielen musste.

Wir waren schon zehn Tage im Studio zugange und die Luft wurde immer klebriger. Also legten wir einen day off ein und ich nahm Pascal mit auf einen Ausflug nach New Orleans. Robert Palmer gastierte dort gerade und hatte uns spontan zum Konzert eingeladen. Die Stadt lag nur zwei Autostunden entfernt und war ein gefährliches Pflaster – zumindest dann, wenn man die falsche Straße nimmt und jemanden wie Pascal Kravetz dabeihat.

Zunächst landeten wir in einer Karaokebar und haben dort mit Genuss Tequila verkostet und Robert-Palmer-Nummern intoniert. Unser nächstes Interesse galt der Bourbon Street. Pascal wurde von der Idee getrieben, sich in einer Seitenstraße irgendwelche Drogen zu besorgen. Er quatschte ein paar finstere Typen an und hinter uns fuhr langsam eine Polizeistreife durchs Bild. Das war wie im Film. Ich hatte keinen Bock, an der nächsten Ecke erstochen zu werden, und versuchte Pascal aus der spelunkenhaften Nebenstraße zu zerren. Fast hätten wir uns in die Haare gekriegt. Wenn man mit ihm unterwegs ist, muss man aufpassen, um nicht mit eingeknastet zu werden.

Abends waren wir mir Robert Palmer verabredet, der mit seiner Band Power Station im House of Blues spielen sollte. Seit unserem 1997er Rhythm-'n'-Blues Projekt hatten wir uns nicht mehr gesehen. Bereits vor der Show liefen wir backstage ein und da ging die totale Luzie ab mit Kokain aufm Tisch und dem vollen Programm. Dann kam die Show mit John Taylor am Bass, Andy Taylor an der Gitarre, irgendeinem Keyboarder und Tony Thompson am Schlagzeug. Aber es war der totale Müllsound. Man hat Robert überhaupt nicht gehört, alles klang schrottig und die Band spielte voll auf Droge. Nach dem Gig waren wir dummerweise wieder backstage verabredet. Eigentlich will man danach die geile Show abfeiern, aber ich bin kein Typ, der rumlabert und schöne Worte findet, wenn's nicht gut war. Ich nahm Palmer zur Seite und steckte ihm, dass es ein schlechter Gig war – Stimme zu leise, Schlagzeug zu laut, Tempi zu schnell. Palmer antwortete völlig angepisst: »Thank you for the information.« Er hat daraufhin seinen Toningenieur zusammengeschissen und war nicht mehr gut auf mich zu sprechen.

In den drei gemeinsamen Wochen im Dockside brachten wir unzählige Songs aufs Band, die nicht nur von der einzigartigen Atmosphäre der Location, sondern auch von der Region des lebendigen Blues geprägt waren – von dieser Gegend, wo alles herkommt und wo sich die Einflüsse aus Cajun und Country wie in einem sticky melting pot versammeln. Die Lazyness und Looseness dort haben dem Sound einen ganz eigenen Touch verliehen. *Revolution Avenue* hätte man sicherlich nicht in Köln aufnehmen können.

Für die Promotion unserer ersten Songdogs-Tour hatten wir mit »Coming Home« einen TV-Auftritt in der Samstagabendshow *Geld oder Liebe*. Sonny Landreth und Small-Faces-Keyboarder Ian McLagan standen mit auf der Bühne.

Drei Jahre später nahmen wir die zweite Songdogs-Scheibe *Love & Respect* auf. Wieder in Maurice, wieder im Dockside. Wir wollten die geile Atmosphäre wiederholen, waren dieselben Leute, hatten dieselbe Location, aber diese Unschuldigkeit von damals ließ sich nicht reproduzieren. Von daher halte ich das Debüt *Revolution Avenue* für eine der besseren Platten.

ZITRONENGARTEN

Anfang 2000 verlagerte ich meine Arbeit mehr und mehr nach Mallorca. Peter hatte in einer Scheune seines Anwesens ein analoges Wald-und-Wiesen-Studio mit einer 24-Spur-Studer-Maschine eingerichtet. Auch Carl schwärmte von seiner Finca auf der Insel. Durch das angenehme Arbeiten und Leben in diesem Mittelmeerklima spielte ich mit dem Gedanken, ganz dorthin zu ziehen.

Ich hatte als Producer inzwischen gutes Geld verdient und lernte über Carl den Immobilienmakler Philip Roegis von Mundo Mediterráneo kennen. Wir waren öfters einen trinken und er machte mir ein attraktives Angebot für eine Finca in Campanet. Vista Alegre lag im Hinterland im Tramuntana-Gebirge mit Pool und Zitronengarten. Traumhaft schön. Wir wurden uns einig und im Sommer 2000 brach ich meine Zelte in Deutschland ab. Mit meinem vollgepackten Hyundai fuhr ich die 1400 Kilometer bis Barcelona runter. Wie ich das mit der Klapperkiste durchgehalten hab, weiß ich bis heute nicht. Dann aufs Schiff, noch eine halbe Stunde mit dem Auto übers Land und am 18. Mai saß ich in meinem Zitronengarten. Ein paar Roadies haben noch den ganzen anderen Wahnsinn aus meiner Kölner Wohnung dorthin geschleppt. Jetzt, wo ich angekommen war, musste ich feststellen, dass an dem Haus einige Restaurierungsarbeiten nötig waren. Ein paar deutsche Aussteiger, die sich schwarz ein bisschen Kohle verdienen wollten, halfen dabei, ein vernünftiges Bad einzubauen und den Studioraum fit zu machen, der ins Nebengebäude sollte.

Mallorca war eine Oase, und ich hatte das Gefühl, mich an diesem Ort neu definieren zu können. Auch meine damalige Freundin Miriam kam öfters rübergeflogen, und wir genossen anfänglich das mallorquinische Leben an diesem verschlafenen Ort mit seinen engen Gassen, wo die Zeit stillzustehen schien. Peter, Carl und ich wohnten an derselben Straße, nur 15 Minuten voneinander entfernt. Es gab spontane Poolpartys und zwischendurch hat man eine Jamsession gemacht oder im Studio was aufgenommen. Es war eine exzentrische und gleichsam kreative Zeit, aber auch fast hippiemäßig, und erinnerte ein bisschen an Laurel Canyon, die sagenumwobene Seventies-Künstlerkolonie in den Santa Monica Mountains.

Auf Dauer allerdings gingen mir die blökenden Schafe auf den Geist – genau wie die ständig knatternden Zweitakter-Mopeds, die wie Ameisen die Insel bevölkerten. Es gab Zeiten, in denen ich ganz allein in meiner Finca rumlungerte. Um dem Gefühl der Einsamkeit zu entgehen, schraubte ich im Studio an irgendwelchen Ideen oder experimentierte mit den kulinarischen Möglichkeiten der mallorquinischen Küche. Der mediterran gewürzte Gemüseauflauf namens Tumbet war einer meiner Favourites. Bestens geeignet für kühlere Tage. Im Sommer hielt ich mich mehr an die erfrischend kulinarischen Expertisen der Kaltsuppen Salmorejo und Gazpacho.

Ich erinnere mich noch an einen unglaublich schwülen Abend. In der Hoffnung auf einen kleinen Luftzug hatte ich alle Türen und Fenster aufgerissen, hing erschlagen vor dem Fernseher und gönnte mir den Skandalfilm *Cocksucker Blues* von der 72er Stones-Tour, als plötzlich das Telefon klingelt. Bobby Keys ist dran. Was für ein Zufall! Ich schaue gerade den Stones-Film und in dem Moment ist der Stones-Saxofonist Bobby Keys in der Leitung! Mit ihm hatte ich ein Jahr zuvor in Louisiana an der Songdogs-Platte *Love & Respect* gearbeitet, und jetzt rief er mich aus einem Hotel in Palma an. Die Rolling Stones waren gerade inmitten ihrer Licks Europe Tour zu einem Entspannungstrip auf Mallorca gelandet. Und Bobby lud mich ein, ins Mardavall Mallorca Resort zu kommen, jenen Luxus-Spa-Tempel, in dem häufig VIPs undercover absteigen. »But Bertie, make sure, you bring something slow and something fast with you.«

Unverzüglich setzte ich mich in Bewegung und fuhr mit meiner alten Klapperkiste an diesem Edelhotel vor, das komplett mit den Stones und deren Entourage besetzt war. Ich sollte draußen bei der Security nach einem Mister Henry fragen. Henry war das Pseudonym von Bobby Keys. Kaum hab ich die Zauberformel ausgesprochen, öffnet sich das schmiedeeiserne Tor und gibt den Weg zur noblen Hotelanlage frei.

Meine Karre sah erbärmlich aus neben all den Lamborghinis und schwarzen Limousinen. Von einem Bodyguard wurde ich hochgeführt in die Etage, wo die Jungs in ihren Suiten residieren. Gitarrist Blondie Chaplin und Sänger Bernard Fowler sitzen auf Bobby Keys' Zimmer. Ich hatte noch wie versprochen ein bisschen »Partyfreude« mitgebracht und daraufhin wurde man natürlich gerne eingeladen in den Inner Circle der Stones.

Danach sind wir runter an die Bar, erzählten unsere Geschichten und plötzlich stand Charlie Watts neben mir. Er kam mit seiner Frau plus Enkelin. Bobby stellte mich vor und ließ im Nebensatz verlauten, dass ich ein Freund von Levon Helm sei, dem Trommler-Urgestein von Bob Dylans The Band. Sofort war das Eis gebrochen. »Ey hello, oh, you know Levon!« Charlie war der größte Levon-Helm-Fan unter der Sonne. Doch wahrscheinlich kannte ich Levon Helm besser als er, weil ich mit ihm vor nicht allzu langer Zeit in Louisiana tagelang im Dockside Studio abgehangen hatte. Charlie lud mich direkt zur nächsten Stones-Show nach Barcelona ein. Ich sollte in ihrem Privatjet mitfliegen. Ein solches Angebot kommt nur einmal im Leben. Aber ich musste es ausschlagen, da wir gerade mit Peter Maffay in einer wichtigen Produktionsphase steckten. Ich konnte jetzt nicht plötzlich mit den Stones durchbrennen! Wir gestatteten uns einen Small-Talk-Drink, als im nächsten Moment ein braun gebrannter Typ mit Wildlederjacke in die Bar schwebte. Es war die Personifizierung des Rock 'n' Roll: Keith Richards persönlich! Er sah aus wie ein englischer Jachtbesitzer. Ein supernetter Typ. Privat ist der komplett anders. Keith Richards zu treffen war für mich etwas Besonderes. Ich konnte nicht auf cool machen, als ich vor ihm stand. Wir sind alle nicht gefeit davor, bestimmte Menschen auch zu verehren. Ich war respektvoll und freundlich. Und wenn du ihm die Hand gibst, da kommt schon so jesusmäßig was rüber … ich dachte, ich werde von dem jetzt rock-'n'-roll-mäßig geimpft.

Mallorca ermöglichte mir einen Lifestyle, der sich leicht und ungezwungen anfühlte. Auch finanziell schien die Welt in Ordnung.

DESASTER IM OSTEN

Die Tabaluga-Projekte waren inzwischen fester Bestandteil des Maffay-Gesamtwerks und hatten einen kalkulierbaren Erfolg. Trotz allem boten die Liveinszenierungen im Musicalcharakter im Grunde nicht das richtige Fundament für die Maffay-Band. Denn wir sind nicht diese Beamtenmusiker, die monatelang durchgetaktete Abläufe bedienen und den Fahrplan marathonmäßig durchziehen. Wir gehören auf die Rockbühne, wir spielen um unser Leben, wir sind Vollblutpferde – darauf trainiert, zu sprinten und jeden Abend 150 Prozent abzuliefern. Und danach müssen wir in den Stall. Aber bei Tabaluga musste man sich die Mentalität eines Musicalspielers draufschaffen – als jemand, der zur Arbeit geht.

Ich vermisste die echte Rockbühne, war aber Profi genug, um nicht hinzuschmeißen. Wenn diese Mammuttourneen dann endlich vorbei waren, fühlte ich mich unendlich erleichtert. Zum Glück folgten die Tabaluga-Projekte in großen zeitlichen Abständen. Doch wenn die Jahre ins Land gingen, die Erinnerungen verblassten und das Thema jungfräulich wieder aufs Tablett gehoben wurde, war man trotzdem wieder dabei, klatschte sich ab und jubelte: Hey, wir holen den Drachen wieder raus!

Nur Jean-Jacques Kravetz hatte seine Probleme damit. Er war zeitweise so gelangweilt von dieser Fülle und dem immer gleich getakteten Ablauf der Shows, dass er zum Schluss Einsätze verpasste und einmal auch hinter der Orgel einschlief. Peter hat ihn kurzerhand in den Urlaub geschickt.

Wenn ich heute an die Tabaluga-Tourneen zurückdenke, war es eine völlig unreale Zeit. Man lebte wochenlang in einer abgekapselten Welt mit diesen ganzen Wunderbäumen, Schneemännern, Zwergen und halb nackten Tänzerinnen, die hinter der Bühne rumsprangen. Als Permanent-Märchenonkel hat man normale Menschen gar nicht mehr getroffen. Zwischen Soundcheck, Doppelshows, Proben und dem ganzen Theaterwahnsinn blieb kaum Möglichkeit zur Entspannung. Der private Rückzugsort beschränkte sich auf vier bis maximal fünf Stunden Schlaf.

Um das alles auszuhalten und nicht durchzudrehen, hatte schließlich der Rock 'n' Roll Einzug gehalten. Haschisch, Alkohol, Koks und anderes Zeug wurden 24/7 zum Personal

Coach. Und das auf einer Kindertournee! Hätte damals jemand eine Polizeieinheit in die Halle geschickt, es wäre hilarious gewesen. Dummerweise hatte der Kokskonsum das Ganze noch unrealistischer gemacht. Da konnte man auf den falschen Trip kommen, wenn die Zukunftspanik nahte und man darüber nachdachte, ob es nach Tabaluga noch ein anderes Leben geben könnte. Nach solchen Mammutaktionen den richtigen Weg ins normale Leben zu finden ist nicht immer leicht. In diesem Kontext weiß ich rückblickend zu schätzen, dass ich durch mein Elternhaus eine konservative Prägung mitbekommen habe und dadurch nicht in dem Maße abhängig vom Rock 'n' Roll wurde wie andere, die in ein Tourloch fielen und ohne den Applaus des Publikums nicht mehr klarkamen. Um den Tourmodus abzuschalten, fuhr ich nach Hause, besuchte meine Mutter, befasste mich mit den normalen Dingen des Lebens wie der Steuererklärung. Von dem Geld, das übrig geblieben war, kaufte ich mir eine Wohnung in Köln, saß erst mal auf meinem Balkon und dachte nach. Ganz weit weg von allem Wahnsinn. Dieser jedoch ließ nicht lange auf sich warten.

Denn Carl und ich waren dem Rat einer Kapitalgesellschaft gefolgt, unser Geld, das wir als Produzenten angesammelt hatten (insbesondere durch *Tabaluga & Lilli*), in Immobilien anzulegen. Bauprojekte im Osten! Das war nach dem Mauerfall das große Ding. In Leipzig bot sich das interessante Projekt einer Wohnungsgesellschaft. Wir wurden Teilhaber, investierten und waren in großer Vorfreude auf Steuerersparnisse bei gleichzeitiger Gewinnausschüttung durch künftige Mieteinnahmen. So zumindest war der Plan, der uns wasserdicht erschien, zumal er auf der Expertise eines Steuerberaters beruhte. Also machten wir einen Deal mit der Bank und gingen davon aus, dass nach Fertigstellung der Wohnungsbaumaßnahmen die versprochenen Mieteinnahmen unsere Konten beglücken würden. Aber wir hatten uns total verzettelt. Die Expertisen waren faul und die Mieten brachten nicht mal die Hälfte von dem, was kalkuliert war. Hinzu mussten wir viel zu hoch verzinste Kredite abzahlen und versenkten massenhaft Kohle in die so angepriesenen Wohnprojekte des Ostens. Sehenden Auges verschwand ein ganzes Vermögen in zwielichtigen Baugruben. Inmitten dieser Misere fiel plötzlich der Steuerberater tot um – diesen Verbrecher konnte man also nicht mehr verantwortlich machen. Er hatte uns mit seinen Spekulationsgeschäften über den Tisch gezogen. Es war der Wahnsinn. Mein Leben stand auf dem Kopf. Zu Gesellschafterversammlungen nahm ich meinen Anwalt aus Köln mit – in der Hoffnung, er könnte mich da raushauen. Heute muss ich weinen, wenn ich an all die verlorene Kohle denke. Ich bin voll auf die Schnauze gefallen.

Aus dieser Nummer wieder rauszukommen war nur mit der Unterstützung meiner zukünftigen Frau Petra und der finanziellen Hilfe von Peter Maffay möglich. Er hat mir damals viel Geld geliehen, damit ich mich aus den Verträgen rauskaufen konnte.

Leider trieb dieses Fiasko einen Keil zwischen Carl und mich. Er schuldete mir Geld und war nicht in der Lage, es zurückzuzahlen. Aber er zeigte auch keinen Willen dazu, bis ich schließlich einen Anwalt einschalten musste. Wenn es so weit kommt, ist der Teamspirit geschädigt. Die Songdogs waren eigentlich unser Steckenpferd, aber als Konsequenz der verfahrenen Situation heuerte Carl jetzt andere Drummer an. Zunächst Wayne P. Sheehy, später Zack Alford. Zum Glück haben wir uns wieder zusammengerauft.

ATLANTIC AFFAIRS

Udos letzte Platten waren von wenig Erfolg gekrönt. Die Ungewissheit, ob er zukünftig überhaupt noch musikalisch tragfähige Ideen zustande bringen würde, schwebte lange über den Dingen. Mitunter lag das an seiner Fragilität. Man wusste nie, in welchem Zustand er sich befand. Er kam aus dem Alkoholsumpf nicht raus, hielt seinen Pegel auf Kurs und massive Rückfälle sorgten für Schlagzeilen in der Boulevardpresse. Es war schon traurig anzusehen, wie er teilweise fertiggemacht wurde. Udo wusste um sein Schicksal, aber er glitt immer tiefer in die Abgründe seiner spirituosen Galaxien. Absinth adelte er als Wermutstropfen seines selbstzerstörerischen Lebens. Für ihn war es das Getränk der Künstler. Bereits van Gogh hatte die grüne Herrlichkeit beseelt als Schicksalsdroge verehrt – und die Sache mit dem Ohr war nur ein Berufsunfall. So wie Udo schon aus Berufsgründen Alkohol in seine Venen pumpte, um die geheimnisvollen Kräfte der Kunst zu finden. In Wirklichkeit kroch er auf allen vieren in irgendwelchen Hotelbars rum und war vollkommen am Ende. Zu dieser Zeit trat Tine Acke in sein Leben. Sie passte auf ihn auf. Udo war jetzt komplett auf den Kunsttrip geraten und seine Arbeiten hatten nur noch wenig mit dem Panikorchester und dem ganzen Rock-'n'-Roll-Zirkus zu tun.

Mit *Hermine* und *Gustav* veröffentlichte er Alben, auf denen er sich retrospektiv mit dem Leben seiner Eltern auseinandersetzte. Und Nummern wie »Hotel Imperial« oder »Unterm Säufermond« stellten die kritische Betrachtung seiner eigenen Biografie dar.

Mit dem Konzeptalbum *Atlantic Affairs* interpretierte Udo Werke bedeutender deutscher Künstler, die in den 1930er-Jahren durch die Naziverfolgung nach Amerika auswandern mussten. Millionen von Menschen aus vielen Ländern Europas sind zwischen 1850 und 1939 in ihr neues Leben nach Amerika aufgebrochen. Viele nahmen die Atlantikroute Hamburg–New York, und noch heute erzählen die geschichtsträchtigen Auswandererhallen wie Ballinstadt von den Dampfschiffen, die sich von dort aus mit Verfolgten an Bord über den Ozean ins Land der unbegrenzten Möglichkeiten aufmachten. Dieses Thema mit all den Schicksalen lag Udo sehr am Herzen. Aber auch das Flair der 1920er hatte seinen künstlerischen Spirit geweckt. Mit *Atlantic Affairs* wollte er zudem eine »Zeitenbrücke« bauen, um die Musik der 20er- und 30er-Jahre aus ihrer Nostalgie zu befreien. Rebellische Lieder wie »Ich bin von Kopf bis Fuß auf Liebe eingestellt«, »Lili Marleen« oder »Ich hab noch einen Koffer in Berlin« transportierte er in die Gegenwart.

Atlantic Affairs ging mit einer multimedialen Revue auf die Bühne. Der Plot basierte auf einer Schiffsreise von New York nach Bremerhaven. Udo hatte mysteriöse Koffer geerbt, doch anstatt der erhofften Dollarnoten entdeckte er darin Texte, Notenblätter und Storys von Künstlern wie Bertolt Brecht, Kurt Weill oder Friedrich Hollaender. Auf dieser Grundlage wurde eine Ballsaal-Rockrevue entwickelt. Und der Mann mit der dicken Zigarre, gut gekleidet und mit Hut, trägt die Poesie vor. Udo ist komplett in diese Rolle eingetaucht. Alles war jetzt Kunst.

Innerlich hatte ich damals das Panikorchester schon abgehakt, aber für die Liveumsetzung trommelte Udo die Mannschaft wieder zusammen. Nur konnte ich musikalisch anfangs nicht viel mit den poetisch angehauchten Liedern anfangen, die so nach Moulin Rouge klangen. Das alles hatte wenig mit dem Schinkengroove zu tun. Erst das Einstudieren des Programms offenbarte die Verlockung einer echten Herausforderung. Das ganze Set war festgezurrt wie ein Musical und die Bewältigung der teilweise zappaesquen Instrumentalteile bedeutete harte Arbeit. Ein solch künstlerisch angehauchtes Projekt hatte das Panikorchester nie zuvor gespielt. Ellen ten Damme, Tim Fischer, die Prinzen und einige andere traten als Gäste auf. Zudem hatte Udo die Schauspieler Heinz Hoenig, Peter Lohmeyer und Otto Sander engagiert. Sie übernahmen abwechselnd die Rolle des Schiffsstewards und führten durchs Programm. Ausgewählte Konzerte in renommierten Theatern des Landes waren für die gesittete Abendgarderobe inszeniert. Man musste ja dem Anspruch »künstlerisch wertvoll« gerecht werden. Das änderte sich in dem Moment, als Ben Becker aufschlug. Auch er war einer der Protagonisten der Revue. Ein Typ aus hartem Holz geschnitzt – oder eher aus einem Stahlträger geschweißt. Mit ihm kam wieder Rock 'n' Roll ins Spiel. Ben ist ein supertalentierter Schauspieler, aber auch ein großes Kind und ein zorniger Geist. Sobald er irgendwo in Erscheinung tritt, beherrscht er die Szene, als wäre er die leibhaftige Inkarnation Klaus Kinskis. Wenn er über die Stränge schlägt, will man nicht in seiner Nähe sein. Manchmal packte ihn der vollkommene Wahnsinn, wenn er mit einer Bohrmaschine im Hotelzimmer Löcher in die Wände bohrte und auf kleinen Zetteln heimliche Botschaften darin versteckte. Einmal verlangte er mitten in der Nacht Einlass ins Konzertauditorium. Das Festspielhaus in Recklinghausen war natürlich verschlossen und die Crew längst im Bett. Aber er polterte gegen die Türen und schrie: »Macht auf, ich will da jetzt rein!«

»Wahnsinn und Genie gehen Hand in Hand«, hatte Udo schon bei »Votan Wahnwitz« gesungen. Wenn es mit Ben aus dem Ruder lief, war ich einer der wenigen, der ihn in die Schranken weisen konnte.

Der Höhepunkt von *Atlantic Affairs* war die Einladung nach China. Udos Revue der Atlantikbrücke wurde als künstlerisch bedeutungsvoll eingestuft und sollte nun in Peking und in Schanghai aufgeführt werden. Steffi und Udo sind als Vorboten schon mal dorthin gereist, um die Lage zu checken und den Deal klarzumachen. Nachdem Volkswagen als Sponsoring Partner eingestiegen war, hatte man die Produktionskosten im Griff, und so konnte das Panikorchester erstmalig im Reich der Mitte antreten.

Mit einem Goethe-Institut-Feeling kamen wir Ende Februar 2004 in Schanghai an. Die Stadt war total futuristisch. Als wir im Hotel eincheckten, hatte ich den Eindruck, ich wäre in der Zukunft angekommen. Alles war computergesteuert mit modernster Technik, und ich dachte, da müssten gleich Autos durch die Luft fliegen. So wie im Film. Im Vergleich zu diesem chinesischen Futurismus erschien mir mein eigenes technisches Musikequipment fast mittelalterlich. Als hätte er unter dem Anblick der fernöstlichen Hypertechnik kapituliert, ließ mich der Alesis-SR16-Drumcomputer im Stich. Mein Metronom und wichtiger Spielpartner hatte einen Tag vor der ersten Show den Geist aufgegeben. Drumtech Benji Johl gab sich alle Mühe, in die technischen Tiefen des Geräts vorzudringen, während ihm fünf chinesische Techniker über die Schulter blickten, um mit Argusaugen die Verdrahtungen und Platinenkreise zu ergründen. Schließlich war klar: Netzteil defekt. Und dann haben die fünf chinesischen Techniker über Nacht ein Gerät gebaut, mit dem der Alesis wieder ansprang. Die Jungs waren total freundlich und immens kreativ.

Wir spielten *Atlantic Affairs* in einem kleinen Theater, das aber längst nicht ausverkauft war, obwohl der chinesische Rockstar Cui Jian mit uns auftrat. Auch das Konzert in Peking hatten nur wenige Menschen besucht. China war nicht der Ort, um die Geschichte deutscher Emigranten zu erzählen.

Die Enttäuschung steckte uns in den Knochen und Udo hatte sich wieder in Grund und Boden getrunken. Wenn sich die Dämonen des Rock 'n' Roll deiner Seele bemächtigen, hast du keine Chance, ihnen zu entkommen. Innerlich hatte ich die Zukunft des Panikorchesters mal wieder abgehakt. Aber immer wenn wir das Ende erahnten, kam Udo wie Phönix aus der Asche mit einer großen Tournee raus.

AUFMARSCH DER GIGANTEN

Anlässlich Udos 30-jährigen Bühnenjubiläums wurde unmittelbar nach *Atlantic Affairs* eine Jubiläumstour ausgerufen. Es fühlte sich wie eine Art Comeback des legendären Panikorchesters an. Wir spielten die bewährten Dinger und rockten ein Programm durch Udos Hitarchiv. Auch Ben Becker war wieder dabei. Er machte den Ansager: »Konsequenz hat einen Namen – das Panikorchester!« Es ging richtig gut los, und wir alle wollten einfach weitermachen und das Panikorchester dahin zurückbringen, wo es hingehört. Nämlich auf den Olymp der großen Rockbühnen. Die Euphorie war so groß, dass wir einen Udo Lindenberg tolerierten, der den Alkoholwahnsinn nicht stoppen konnte. Der *Spiegel* schrieb damals noch: »Der Aufmarsch der Giganten ist ein Aufmarsch der Überlebenden. Rudi Ratlos ist tot, Elli Pyrelli verschollen, Fritz Rau in Rente, aus Thomas Kretschmer wurde Carola und das Durchschnittsalter auf der Bühne beträgt schätzungsweise 56 Jahre.«

Wir fuhren die Rock-'n'-Roll-Maschine hoch und hatten Nina Hagen ins Programm eingebaut. Auch Nena war mit, die zu der Zeit eine heimliche Liebschaft mit Udo führte. Ich empfand sie mit ihrer Neureichattitude als ein bisschen schwierig. Das völlige Gegenteil war Nina Hagen. Sie ist ein Rebell, selbstbewusst und zugleich wie eine Mutter, die in sich ruht.

Während dieser Tour ging es mit Udo ständig auf und ab. Einmal war es mit ihm so heavy, dass er vor 7000 Leuten einfach die Bühne verließ. Und wir standen da oben wie die Idioten. Das hatte wenig mit dem »Aufmarsch der Giganten« zu tun, den der Name der Tour versprach. Wir waren so frustriert über seine Unzurechnungsfähigkeit, dass Steffi und ich ihm mit der Aufkündigung unserer Freundschaft drohten.

Zu dieser Zeit hatten wir die Nummer »Lady Whisky« im Programm. Und jedes Mal ist mir der Song sehr nahegegangen, auch wenn wir ihn schon hundertfach gespielt hatten. »Sie hat so schöne braune Augen, brauchst sie nur auszusaugen.« Udo spricht wie in einem Liebesverhältnis, und du denkst zuerst, er meint eine Frau. Aber er redet mit der Whiskyflasche. Das war seine wahre Geliebte. In diesem Song analysiert er sich selbst – wie ein Soziopath, der genau weiß, was er tut, es aber nicht verhindern kann.

Parallel zur Tour drehte das Fernsehen eine 30-Jahre-Lindenberg-Doku. Auch Udos Anfangszeit als deutscher Jazzschlagzeuger sollte Teil der Story werden. Und weil er einst an der Musikhochschule in Münster Schlagzeug studiert hatte, sollten dort Szenen gedreht werden. Udo und ich fuhren gemeinsam dorthin, und es sollte ein Wiedersehen mit unserem damaligen Schlagzeuglehrer Theo Hegenkötter inszeniert werden, der wahrscheinlich in seinem Fernsehsessel immer noch davon träumte, Rockstar zu werden. Man kehrt immer an den Tatort zurück … dachte ich noch, als wir in der Universität aufschlugen. Herr Hegenkötter hatte sich bereit erklärt, mit uns vor die Kamera zu treten. Plötzlich waren Udo und ich die Größten. Er schmetterte inbrünstig: »Ich bin ganz stolz! Der Udo und der Bertram, das waren meine besten Schüler! Und sie mussten damals ihren Weg gehen – das war klar.«

Am Ende der »Giganten«-Tour veranstalteten wir im Hotel Atlantic eine Abschlussparty. Wir hatten mit dem Panikorchester inzwischen allerlei private Videoschnipsel zu einem Film zusammengestellt und überreichten unser Familienwerk an Udo als Geschenk – zum Dank für 30 Jahre on the road.

Meine Vorahnung damals trog mich nicht, dass Udo sich immer tiefer in der Abwärtsspirale verlor. Während ich mich dem nächsten Maffay-Projekt widmete, ließ sich Udo mit 4,7 Promille in die Klinik einweisen. Er hatte ein Zwiegespräch mit dem Tod geführt und einen Pakt geschlossen. Danach war Schluss mit der Sauferei.

9/11

Die Politik lässt sich nicht lumpen, wenn's um die kulinarische Verwöhnung der Gäste beim Kanzlerfest geht. Eine Entourage wichtiger Bundesprominenz inklusive Gerhard Schröder und seiner Frau Doris begrüßte uns persönlich an diesem ersten Septembersamstag im spätsommerlichen Berlin. Nach drei Jahren Kanzlerschaft und dem Umzug von Bonn nach Berlin feierte Schröder die Eröffnung des neuen Kanzleramts. Anlässlich dieses Events waren Udo und das Panikorchester dort eingeladen, neben den Prinzen und No Angels den Höhepunkt des abendlichen Showprogramms zu gestalten. Einige Tausend Geladene versammelten sich vor der Bühne, die man auf dem Vorplatz des architektonischen Prestigeobjekts in den Betonboden geschraubt hatte. Passend zum Ambiente eines intellektuellen Publikums brachten wir Songs aus dem eher nachdenklichen Udo-Repertoire auf die Bühne, während meine damalige Weggefährtin sich am Büfett durch das verlockende Potpourri schicker Kanapees arbeitete. Ich derweil machte meinen Job und freute mich auf die anschließende einwöchige Auszeit. Miriam und ich hatten die Flugtickets nach New York in der Tasche und wollten gleich am nächsten Tag zu einer einwöchigen Big-Apple-Städtetour aufbrechen.

Dort angekommen, buchten wir uns ins Marriott ein, folgten dem Treiben der Stadt, gingen in Museen und landeten am letzten Abend unseres New-York-Trips in der *David Letterman Show*. Draußen in den Straßenschluchten war es ziemlich warm, aber das Fernsehstudio hatte man enorm runtergekühlt, weswegen wir uns noch Jacken organisierten, um die Show einigermaßen relaxed zu genießen. Zum Abschluss des Abends gönnten wir uns ein Menü beim Italiener und fuhren gegen Mitternacht mit angenehmem Rotweinkopf in den 11. Stock unseres Hotels.

Am frühen Morgen reißt mich das vibrierende Surren meines Mobiltelefons aus dem Schlaf. Auf dem Display ploppt ein Foto auf: das World Trade Center mit einem rauchenden Loch drin. Mein erster Gedanke: Das ist Werbung für den neuen Roland-Emmerich-Blockbuster. Aber dann lese ich die News: Eine Boeing 767 hat sich um 8:46 Uhr wie ein Projektil in den Nordturm des World Trade Center gebohrt und ist explodiert. Ich setze mich auf die Bettkante und schalte den Fernseher ein. Auf sämtlichen Kanälen laufen die Bilder vom rauchenden World Trade Center. CNN hat eine Liveschalte und zeigt, wie eine zweite Maschine in den anderen Turm fliegt. Auf der Straße heulen Feuerwehrsirenen, wir sind nur zehn Autominuten von den Twin Towers weg.

Auf dem Bildschirm werden Kommentare angeblicher Terrorakte eingeblendet und in großen Walt-Disney-Lettern schwebt das Wort *War* – Krieg – über den Bildschirm. So richtig amerikanisch Angst machend. An diesem Tag soll eigentlich unser Rückflug vom Newark Airport nach Frankfurt gehen. Die Tickets liegen vor mir auf dem Tisch. Über die Medien erfahren wir, dass New York abgeriegelt ist und alle Airports geschlossen wurden. Kein Flieger geht mehr, weder raus noch rein. Wir sitzen fest in einer Stadt, die allmählich in den Panikmodus fällt.

Ich bemühte mich, einen klaren Kopf zu bewahren, und eilte runter zur Rezeption, um die Verlängerung unseres Aufenthalts zu klären. Doch das Hotel hatte schnell geschaltet – so wie alle Unterkünfte in New York – und flugs die Preise um das Doppelte bis Dreifache erhöht. Ich sollte 450 Dollar die Nacht zahlen. Das hätte die Kreditkarte komplett gesprengt.

Während ich fieberhaft über eine Lösung nachdenke, fällt mir ein alter Bekannter aus Deutschland ein. Marcus Demuth war vor 20 Jahren nach New York City ausgewandert und führte jetzt in Brooklyn einen Schlagzeugladen. Mein Versuch, ihn telefonisch zu erreichen, scheiterte zunächst am völlig überlasteten Netz. Es dauerte Stunden, bis ich durchkam. Er bot uns sofort eine Notunterkunft in seinem Drumshop an. Zwei Matratzen auf Flightcases im Schlagzeuglager. Inzwischen hatte ich Peter Maffay über meine Lage informiert, und sein Büro setzte daraufhin alle Hebel in Bewegung, um uns irgendwie auszufliegen. Eine Woche harrten wir aus, schlenderten durch Brooklyn, saßen in Cafés und wurden von Albträumen verfolgt. Es waren Tage zwischen Angst und Euphorie.

Endlich dann, am 19. September, bekamen wir einen Rückflug nach Frankfurt. Angeblich sollte es am Check-in des Newark Airport exorbitante Sicherheitskontrollen geben. Doch das Gegenteil war der Fall. Es gab überhaupt keine Kontrollen und ich spürte in mir eine gewisse Unsicherheit aufkommen. Gegen 17 Uhr war der Flieger ready zum Takeoff, als plötzlich die Turbinen runterfuhren und der Abflug gestoppt wurde. Angeblich sei eine Person in der Maschine, die aus gesundheitlichen Gründen aussteigen müsse. Polizisten, Ärzte und Zollbeamte kamen an Bord und jemand wurde aus dem Flieger rausgeholt. Ob es sich tatsächlich um einen medizinischen Notfall handelte oder um etwas anderes, erfuhren wir nicht. Finally startete die Maschine. Wir drehten einen Bogen über New York, und ich hatte dermaßen Angst in der Hose, dass ich angeschraubt im Sitz saß und mir ausmalte, wie das Ding jeden Augenblick in die Luft fliegt. Erst über dem Ozean konnte ich durchatmen und dachte daran, wie oft ich »Eiszeit« und »Sieben Brücken« verflucht hatte. Aber jetzt betete ich: Lieber Gott, wenn ich hier rauskomme, ich werde mein Leben nichts anderes tun, als gerne »Eiszeit« und »Sieben Brücken« spielen. Und ich will mich nie wieder darüber beschweren.

Abends landeten wir in Frankfurt und wollten weiter nach Köln. Wieder gab es Probleme, weil auch dort eine Terrorwarnung ausgerufen war. Über Umwege erreichten wir schließlich den Kölner Hauptbahnhof und nahmen ein Taxi, das uns zur Neusser Straße brachte. Als wir am Haus anhielten, war der Eingangsbereich mit blauen Bändern von der Polizei abgesperrt. Wir mussten uns ausweisen und durften erst danach die Wohnung betreten. Sie war vollkommen leer. Alles weg. Kein Stuhl, kein Teppich, kein Löffel war mehr da. Unsere Wohnung hatte man komplett ausgeräumt und alles war geklaut. Meine ganzen Goldenen Schallplatten, Betten, Schränke und sogar die Klobrille war abmontiert. Angeblich sind Leute übers Dach rein, haben in Ruhe eingepackt und konnten als getarntes Umzugsunternehmen alles rausschaffen. Wir waren mit den Nerven durch, wollten eigentlich in den heimischen vier Wänden das New-York-Desaster verdauen und mussten uns nun schon wieder irgendwo einquartieren. Bis die Versicherung eine neue Wohnungseinrichtung spendierte, vergingen Wochen.

Damals wusste ich noch nicht, dass dieser 9/11 in die weltpolitische Geschichte eingehen würde. Auch nicht, dass mein nächstes Abenteuer »Man lebt nur zweimal« unter den Folgen der Ereignisse stattfand, die »Nine Eleven« ausgelöst hatte. US-Präsident George W. Bush machte die Terrororganisation Al-Qaida für die Anschläge auf das World Trade Center verantwortlich und verlangte die Auslieferung ihres Drahtziehers Osama bin Laden durch das Regime der Taliban in Afghanistan. Im Oktober 2001 begann die US-Armee ihre Angriffe auf Taliban-Stellungen, was zu einem Einsatz multinationaler Streitkräfte in Afghanistan führte. Auch Deutschland beteiligte sich ab Januar 2002 an diesem Einsatz.

MAN LEBT NUR ZWEIMAL

Gerade haben wir mit Peter die Open-Air-Show auf der Berliner Wuhlheide beendet und sind bereits im After-Show-Modus, als die Security wichtige Herren ins Backstage eskortiert. Vor uns stehen die Maßanzüge einer Abgeordnetendelegation der damaligen Regierung Schröder in Begleitung strammer Bundeswehrgeneräle. Sie kommen schnell zur Sache. Das Wort Afghanistan knipst sofort die Feierlaune aus, und wir lauschen den Strategen, die uns auf diplomatische Weise eine Einladung der deutschen Regierung überbringen. Wir sollen in Kabul ein Konzert im dortigen Camp der Bundeswehr spielen. Offenbar geht es um die Beruhigung der Soldaten, die drei Jahre zuvor unter dem Vorwand einer Friedensmission nach Afghanistan geschickt wurden und denen man nun zur mentalen Aufmunterung ein kulturelles Highlight zukommen lassen will. Seit Monaten harren sie in der zermürbenden Situation des Wartens auf den nicht einschätzbaren Ernstfall. Die Taliban lauern nebenan und jeden Moment kann irgendwo eine Bombe hochgehen.

Peter wusste bereits von der Anfrage und wollte das Thema mit uns im Kreise der Anwesenden besprechen. Die Band zeigte gemischte Reaktionen. Ich war skeptisch. Aber es hieß sofort, dass die Aktion völlig ungefährlich sei. Man würde uns nicht dorthin bringen, wo es brenzlig sei. Ich wollte Peter nicht hängen lassen und zugleich der Band Loyalität erweisen. Alles lief gerade so gut. Also sagte ich zu. Und alle anderen auch. So kam es, dass wir dem Marschbefehl »Rockkonzert in Kabul« folgten.

In Köln bestiegen wir eine Regierungsmaschine, die uns First Class und alles vom Feinsten zunächst nach Usbekistan brachte. Im Bauch des Airbus befand sich die komplette Anlage mit PA, Lichttechnik und Instrumenten. Der gesamte Check-in wurde unbürokratisch von der Bundesregierung abgewickelt. Ebenso unsere Gagen, die man von Steuergeldern finanzierte. Mit an Bord war die komplette Maffay-Band, Peters Managerin Kathrine

Standley, die üblichen Verdächtigen der Technikcrew sowie der legendäre Tourmanager Michael Gehrke.

Eigentlich gab es bei diesem Trip kein Budget für einen Tourmanager. Aber Gehrke wollte auf Teufel komm raus dabei sein: »Gebt mir einen Platz im Flieger und eine Pritsche im Zelt. Was ihr da vorhabt, das ist für mich absolut James Bond.« Er war ein riesiger Bond-Fan und wollte unbedingt Panzer fahren. Also kam er unentgeltlich als Tourmanager mit. Abends landeten wir auf einem Militärstützpunkt und wurden von irgendwelchen Generälen in Empfang genommen, die uns zur Teeküche führten und schließlich zu den Zelten, in denen wir übernachten sollten. Erst am nächsten Tag sollte es mit einer Transall weitergehen nach Kabul. Inzwischen hatte sich eine ganze Schar junger Soldaten um uns gruppiert, so als wären wir die prominente Erlösung mit der Lizenz zum Abfeiern. Es wurde seitens der Obrigkeit darum gebeten, man möge sich ruhig verhalten und keinen Krach machen, da am nächsten Morgen alle früh rausmussten. Die jungen Soldaten lachten sich halb schlapp. Von wegen keine Party machen: Wenn Peter und die Jungs schon mal da sind, dann will man auch feiern. Kaum war der General verschwunden und hatte uns noch eine gute Nacht gewünscht, kamen die jungen Typen angeschlichen, holten uns aus dem Schlafzelt und führten uns im Schutz der Dunkelheit übers Gelände, bis wir schließlich im hell erleuchteten Piña-Colada-Zelt landeten. Da war die Party bereits im Gange, Rumcocktails machten die Runde und auf einem riesigen Screen lief MTV. Es wurde getanzt, die Wasserpfeife kreiste und in diesem Zelt war alles möglich. Natürlich wurde gefeiert, was das Zeug hält. Plötzlich hörten wir eine laute Trillerpfeife. Wie auf Kommando verstummte die Party, alles wurde ausgestellt und dunkel gemacht. Niemand rührte sich. Draußen vor dem Zelt waren Aufpasser, die jedes Mal das Trillersignal gaben, wenn irgendwo ein General auftauchte. Sobald die Luft rein war, ging der Fernseher wieder an und die Party lief unvermindert weiter. Es war wie in einem Pfadfinderlager.

Am nächsten Tag brachen wir mit einer Transall C-160 Richtung Afghanistan auf. Das Ding ist ein militärisches Transportflugzeug mit dröhnenden Propellern und innen drin sitzt man seitlich mit dem Rücken zur Wand. Man sagte uns vorher, dass die Maschine wenige Kilometer vor Kabul in einen Sturzflug gehen würde, um dem Radar der Taliban auszuweichen. Ich malte mir aus, wie sich die Ladeluke öffnet und wir uns mit Fallschirmen in die Tiefe stürzen. Kurz vor Kabul gab der Pilot durch: »Wir gehen in einer Minute in den Sturzflug.« Ich merkte einen kurzen Ruck, wie bei einem schnellen Aufzug, der mal eben drei Stockwerke runterschnellt. Das Ding sackte kurz nach vorne ab und ging sogleich wieder hoch. Ich hatte mir das schlimmer vorgestellt, trotzdem fühlte ich mich mulmig in diesem vibrierenden Ungetüm, das die tonnenschwere Last unseres gesamten, in Tarnnetzen verzurrten Equipments hoffentlich auf festen Boden bringen würde.

Endlich landete die Maschine im Camp Warehouse, einer Militärbasis im Osten von Kabul, die unter Führung der Bundeswehr stand. Wir stiegen aus dem Flieger und meine Brille war augenblicklich beschlagen bei gefühlt 52 °C und Luftfeuchtigkeit ohne Ende. Mitten in der Wüste und von einem Gebirgskessel umzingelt, hatte man einen wilden Airport errichtet. Ich kam mir vor wie in einem dieser alten Hardy-Krüger-Filme. Die Sonne knallte unerbittlich und Gehrke trug wie immer braune Slipper und seine komische Wildlederjacke. Der hatte immer dieselben Klamotten an, egal ob auf dem Schweizer Gletscher oder in der afghanischen Wüste. Und immer mit hochrotem Kopf. Einmal vor Kälte, einmal vor Hitze.

Unverzüglich werden wir zu unseren Zelten gebracht. Eins ist für Frauen, eins für Männer. Kathrine weilt also »exklusiv« in der Damenunterkunft und alle anderen inklusive Michael Gehrke und Peter Maffay im Männergemeinschaftszelt auf Feldbetten. Die Duschen sind in Militärcontainern untergebracht. Mit Klamotten unterm Arm und in Adiletten ging's raus zum Duschen, und du standst davor und musstest warten, bis Ken Taylor fertig war. Aber wir hatten diesem Trip ja zugestimmt und redeten uns die Lage schön, in die wir uns selbst gebracht hatten.

Das staubige Gelände war Flughafen und Camp in einem. Immerhin gab es einen Kiosk, und der nannte sich Aldi Süd. Ein Pappschild mit dem Schriftzug des Discounters war an die Fassade der Einkaufsbude getackert. Dort konnte man sich Toilettenpapier, Schokolade und Zigaretten kaufen.

Nachts lag ich auf meiner Pritsche, links neben mir schlief Peter, rechts schnarchte Michael Gehrke. Ich erwachte von Geräuschen, die sich wie ein entferntes Silvesterfeuerwerk anhörten. Doch wir hatten den 5. Juni. Später sagte man uns, es seien die Taliban beim Manöver. Aber die seien 10 Kilometer weit weg. Mit der Angst, dass jederzeit eine Rakete in diesem Camp hätte einschlagen können, fand ich nachts kaum Schlaf. Und die erbärmliche Hitze tat ein Übriges. Das war alles sehr abenteuerlich. In der kommenden Nacht wachte ich erneut auf und hörte wieder Geräusche, die ich im Halbschlaf zu deuten versuchte. Diesmal war es kein Geballer. Ich hörte jemanden stöhnen und hecheln. Mein erster Gedanke: Hallo, hier hat einer 'ne Frau ins Zelt geholt? Da guck ich links neben mich und sehe, wie der Meister dabei ist, im Dekor seiner gelben Badehose Liegestütze zu machen. Er keuchte vor Anstrengung, und ich dachte, er bereitet sich auf die Taliban vor, während rechts von mir Gehrke immer noch schnarchte. Aus seiner kaputten Socke guckte oben eine Zehe raus.

Zur Akklimatisierung hatten wir nun schon zwei Tage mit Nichtstun im Camp verbracht. Man versuchte uns bei Laune zu halten, war seitens der Militärleitung aber darauf bedacht, uns ausschließlich über die positiven Seiten des Bundeswehreinsatzes in Kenntnis zu setzen. Die Wahrheit existierte hinter den Kulissen. Wir sollten der Verharmlosung einer in Wirklichkeit gefährlichen Lage auf den Leim gehen, die als Romantisierung eines orientalischen Abenteuers verkauft wurde. Denen ging es vor allem darum, das Image der Bundeswehr aufzupolieren.

Während unsere Crew damit beschäftigt war, die Rock-'n'-Roll-Bühne mit der gesamten Technik zu errichten, organisierte man für die Band ein absurdes Sightseeing durch Kabul. Natürlich nicht zu Fuß, auch nicht mit dem Bus. Sondern mit dem Panzer! Und Michael Gehrke war der Erste, der wie Roger Moore oben ausm Panzer rausguckte und mit heroischer Infantilität den kreischenden Stahlkoloss dirigierte. Wir wurden mit einem kompletten Panzerkonvoi durch Kabul geführt. So ein Panzer kann klaustrophobisch sein, man sitzt wie in einer Sardinendose eng beieinander. Außerdem herrscht innen drin ein tosender Lärm. Trotz geschlossener Kopfhörer drang einem dieses *Rooaaarrr* in die Ohren. Zur Kommunikation waren wir mit einem Headset ausgestattet. Und das Kabel endete in einer Buchse, über der zwei große Knöpfe thronten. Ein roter und ein blauer. Den roten durfte man nur im Notfall drücken. Dann nämlich hatte man direkten Sprechkontakt zum obersten General im vorwegfahrenden Panzer. Wollte man sich innerhalb des Panzers mit seinen Kollegen unterhalten, musste man blau drücken. So rumpelten wir wie ein fahrender Zoo durch die Straßen der Millionenmetropole, als plötzlich ein Moment der Angst in unsere Glieder fuhr. Wir hörten die Ansage des Kommandanten: »Achtung, rechts verdächtige Person auf Fahrrad. Nach links ausweichen!« Sofort zog die Panzerkolonne links rüber. In der Vergangenheit hatten Selbstmordattentäter Anschläge verübt, Autobomben sind hochgegangen, und es passierte auch, dass Granaten oder Molotowcocktails unter Panzer geworfen wurden. Aber alles lief glimpflich ab, und so erreichten wir mit erhöhtem Adrenalinspiegel das Camp, um wenige Stunden später unsere erste Show in Afghanistan zu spielen. Die Auftritte nutzten wir bewusst als Warm-up und Proben für eine anschließende Open-Air-Tour durch Deutschland. Am Abend hatte es sich auf 38 °C abgekühlt und wir rockten ohne Rücksicht auf Verluste ein Full-Power-Maffay-Set. Weil ich zu hart getrommelt hatte, spürte ich Schmerzen im Handgelenk und wurde noch am Abend mit Verdacht auf Tennisarm ins Lazarett geschickt. Plötzlich bekam ich die Wahrheit zu Gesicht. Ich stand im Zelt, und ringsum lagen verwundete Soldaten, die mit blutigen Verbänden auf Pritschen kauerten. Sanitäter brachten Verletzte rein, junge Kerle mit abgeschossenen Armen, die sofort unter Schmerzmittel gestellt wurden. Es war entsetzlich. Ich kam mir vor wie eine Mimose, die einen wehen Arm hatte und um Voltaren bettelte.

Das waren alles junge Menschen im Alter zwischen 18 und 25, die sich mit Leichtsinn in ein vermeintliches Abenteuer gestürzt hatten und womöglich traumatisiert nach Hause kamen. Als ich in ihrem Alter war, hatte ich bereits mit Peter und Udo Goldene Schallplatten eingespielt und war vor den Rolling Stones aufgetreten. Was für ein unterschiedliches Leben!

Wir blieben noch zwei weitere Tage im Camp und spielten jeden Abend eine Show. Wegen der Schichtdienste konnten nicht alle Soldaten gleichzeitig die Konzerte sehen. Also wurde das auf insgesamt drei Abende aufgeteilt. Danach waren wir körperlich alle am Ende und wollten unbedingt nach Hause. Diese eine Woche hatte mich in eine Welt katapultiert, in die ich nicht hineingehörte, aber die Jungs verbrachten teilweise sechs Monate und mehr in diesem Lager. Dass man da durchdrehen kann und die Nerven verliert, konnte ich mir gut vorstellen. Auf demselben Weg, wie wir gekommen waren, brachte uns der Regierungsflieger endlich nach Köln zurück.

Ein paar Tage später saß ich zu Hause und schaute mir die Talkshow von Johannes B. Kerner an. Ein ehemaliger General wurde befragt, der kurz zuvor in Kabul stationiert war. Er berichtete über gefährliche Einsätze der Bundeswehr im Kampf gegen die Taliban. Der seiner Erfahrung nach gefährlichste Ort der Welt sei zu dem Zeitpunkt die Region um Camp Warehouse gewesen. Mir wurde fast schlecht. Schön, dass wir überlebt hatten. Niemand hatte uns gesagt, dass wir mitten ins Terrorzentrum der Taliban gereist waren.

KAPITEL 7

ZEITENWENDE

NICHTS LÄUFT EWIG

Letztlich hatten Carl und ich im Laufe der letzten 14 Jahre einen nicht unerheblichen Einfluss auf Maffays Erfolg gehabt. Das hat sich auch finanziell niedergeschlagen. Solange man Platin verkauft, gehört man zum Winning Team. Als Produzent bist du an den Plattenumsätzen beteiligt, was wirtschaftlich – je nach Vertrag – ein interessanter Faktor sein kann. Wir haben gut verdient, sind aber keine Millionäre geworden, weil wir nicht genügend beteiligt waren. Im Nachhinein muss ich sagen, gegenüber der Arbeit, die wir geleistet, und auch hinsichtlich des Erfolgs, den wir erzielt haben, war das alles sehr knapp bezahlt. Vielleicht waren wir zu blauäugig. Wenn ich mal 100 000 verdient hatte, war nach Abzug der Steuer nur noch die Hälfte da und 50 Riesen werden auch schnell weggeschnupft. Man lebt ja nicht mehr bei der Mutter in der Einzimmerwohnung.

Aus Produzentensicht ärgerte mich, dass Carl und ich nie den Zuspruch der Medien bekamen – zum Beispiel in puncto Echoverleihung, wo auch Producer nominiert werden. Ich muss mir keinen Preis an die Wand nageln, aber eine Auszeichnung verschafft Publicity und steigert den Marktwert.

2003 produzierten Carl und ich *Tabaluga und das verschenkte Glück* – es war unser letztes gemeinsames Projekt für Peter. Dass wir irgendwann ausgetauscht wurden, war klar. Als erfolgreicher Maffay-Produzent mit millionenfachen Plattenverkäufen gerät man schnell in den Fokus der Kritik. Nichts läuft ewig.

Den Produzentenstatus zu verlieren, hatte auch wirtschaftliche Konsequenzen – ein Cut, den ich wegstecken musste.

In dieser Zeit ging auch noch meine Beziehung zu Miriam zunehmend den Bach runter. Wir kannten uns seit der Zeit mit New Legend. Ich hatte wenig Hoffnung. Um mich herum verfinsterte sich die Welt. Im Zustand der Niedergeschlagenheit verkroch ich mich in mein Gästezimmer über dem Red Rooster. Tagsüber arbeiteten wir am »verschenkten Glück« und abends hielt ich mein eigenes Unglück kompositorisch in Form von Skizzen und Songideen fest. Zwischen zwei Speakern zu sitzen, einen zu trinken und auf dem Rechner Songs zu entwickeln war eine morphinhaltige Medizin, die den Beziehungsstress ruhigstellte. Ich wusste, dass Veränderungen privater und beruflicher Natur unmittelbar bevorstanden.

LAUT & LEISE

Lukas Hilbert hatte uns quasi den Job geklaut und produzierte 2005 das Album *Laut & Leise*. In seiner umtriebigen Art geriet er über die Freundschaft zu Pascal Kravetz in den Maffay-Pool und muss Peter wohl gesteckt haben, dass es Zeit sei, neue Wege zu gehen. Allerdings kam Carl mit der Situation, sich nun von einem Youngster sagen lassen zu müssen, wie gespielt wird, überhaupt nicht klar. Die seelische Belastung war für ihn so groß, dass er das Handtuch schmiss.

Mit dem Umbruch in der Maffay-Band kam zugleich ein neues Aufnahmeverfahren an den Start. Was vorher noch im Bandkontext passierte, wurde nun am Computer erstellt. Plötzlich war es Mode, sich der Perfektion rechnerbasierter Disziplin unterzuordnen, während angesagte Referenzproduktionen wie Def Leppard oder Nickelback als das Maß aller Dinge in den Himmel gelobt wurden. Für mich sind solche Platten silikongespritzte Produkte, die der Technik einen höheren Stellenwert einräumen als der handgemachten Musik. Nachdem Peter sich solche Platten angehört hatte, wurde dieses Aufnahmeverfahren bei *Laut & Leise* eingesetzt, ganz nach dem Motto: »Wenn das jetzt modern ist, dann machen wir das auch so.« Auf diese Weise kam eine Überproduktion an den Start und die Zauberformel hieß: »Auf dem Grid schneiden«. Mit diesem Verfahren werden das natürliche Timefeel eines Musikers und der Sound einer homogenen Band außer Kraft gesetzt und dem perfekten Zeitraster eines rechnerbasierten Programms angepasst. Also wurde Peter Schmidt engagiert, ein versatiler Engineer, der viele erfolgreiche Platten gefahren hatte und jetzt bei *Laut & Leise* an den Knöpfen saß. Er hatte einen Kollegen zur Seite, der als Koryphäe in der Bedienstruktur des Grid-Verfahrens galt. Ein Computernerd, der selten das Licht der Sonne zu Gesicht bekam.

Man ereiferte sich daran, jeden einzelnen Ton an der Gitarre separiert aufzunehmen und hinterher als Akkord wieder zusammenzufügen. Auch Peter Kellers marschierende Achtelgitarren hat man stundenlang recorded, wobei die besten Momente rausgenommen und im Rechner auf dem Grid geschnitten wurden. Am Ende klingt das wie ein steriler Ufo-Sound vom anderen Stern. Immer wenn wir Musiker mit unserer Performance im Red Rooster fertig waren, machte sich der Computernerd an die Arbeit, fertigte von den Aufnahmespuren kleine Einzelstücke an und schnitt diese stundenlang am Bildschirm zurecht.

Dann hieß es, auch Bertram müsse geschnitten werden. Man wollte versuchen, das Grid-Verfahren beim Song »Glaub an mich« anzuwenden. Jetzt stellten die fest, dass es nichts zu schneiden gab. Die Bassdrum und alles andere war so on the money und auf dem Click, dass es diesen Grid-Wahn ad absurdum führte. Trotzdem hielt Peter an der neuen Technik fest. Der Computernerd legte also eine Nachtschicht ein. Am nächsten Tag hörten wir uns die Version an. Es klang total uninteressant. Zum Vergleich hörten wir in den Originaltrack rein und sofort war es klar.

Es ist eben nicht alles toll, was technisch überperfektioniert wird. Es fehlen die Facetten der Emotion und die Feinheiten, die einen weinen, lachen oder aufschreien lassen. Und genau das fehlte dem editierten Track. Ich wusste damals schon, dass das alles dummes Zeug ist. So was macht man mit Leuten, die im Studio nicht wirklich gut spielen. Ich will jetzt keinen Namen nennen von der berühmten Gruppe aus Hannover. Aber wenn die Jungs das im Studio nicht gut genug hinbekommen haben, entschied der Produzent sich fürs Editieren. Die Seele der Maffay-Band erleidet Schaden, wenn man an ihr rumschraubt.

Trotz aller Widrigkeiten war die Studioproduktion ein Erkenntnisgewinn. Die technische Vorgehensweise interessierte mich, also blickte ich dem Editor über die Schulter, um zu lernen, was er da tat. Die tiefergehenden Möglichkeiten der technischen Gestaltung waren tatsächlich erhellend.

Letztlich ist *Laut & Leise* ein solides Doppelalbum geworden – eine laute und eine leise Platte – mit wirklich guten Nummern drauf.

Für die Plattenpromotion hatte Carl sich noch bereit erklärt mitzuwirken, bei der offiziellen Hallentour im Winter 2005 war er dann nicht mehr dabei.

Auf der *Laut-&-Leise*-Tour hatte ich ein kleines Gesangsfeature mit der Interpretation der Don-Henley-Nummer »Everything Is Different Now«. Der Song traf genau meine Situation zu der Zeit. Eine bessere Nummer zu covern, ging in dem Moment nicht: Ich hatte keinen Produzentenstatus mehr, der Band fehlte es an Rock 'n' Roll, und meine private Situation stand am Abgrund einer Tragödie, in die mich Candy Jane hineingezogen hatte.

CANDY JANE

Es tat einen dumpfen Schlag, als die Erde von der kleinen Schaufel wich und auf die Urne fiel. So als wollte ich mit einem letzten Faustschlag den Dämon für immer ins Jenseits verbannen. Es war ein heißer Tag im August 2005.

Viele glauben, die ganzen Rock-'n'-Roll-Stars und all jene, die im Musikbusiness goldene Taler verdienen, stehen auf der Partyseite des Lebens. Dem ist nicht so. Ich selbst habe in den tiefen Abgrund des Elends geblickt. Manche Dinge im Leben haften wie bitterer Teer auf der Seele. Man zahlt Blutzoll dafür. Es fällt mir schwer, diese Geschichte aufzuschreiben, die mich 16 Jahre meines Lebens begleitet hat und wie eine Leiche im Keller auf meiner Seele lastet. Manchmal treiben die Nachwirkungen heute noch wie albtraumhafte Flashbacks ihr Unwesen. Aber diese Geschichte ist Teil meines Lebens und hat in ihrer ganzen Tragik nichts eingebüßt. Ich widme ihr den bittersüßen Titel »Candy Jane«.

Rewind. 1989. Wir wollten Rockstars werden, hatten große Pläne und schlugen im Winter 89 in Stommeln in den Dierks Studios auf. Hier sollte New Legend die Geburtsstunde einer neuen Rockära erleben. Dieter Dierks empfing uns mit einem Rundgang durch die heiligen Studiohallen, die regelrechte Musikgeschichte atmeten, während seine Chefsekretärin mit kleinen Anekdoten pointierte und ein paar Bierdosen zischen ließ. Ihr blondes Haar fiel in schweren Strähnen talwärts und ihr Teint verriet gelebten Rock 'n' Roll. Miriam kam aus Köln und kannte die ganze Musikprominenz, die hier ein und aus ging. Die Scorpions, Accept, Twisted Sister, Rory Gallagher, Tina Turner … alle waren sie schon da gewesen. Als Chefsekretärin betreute Miriam das gesamte Bürowesen inklusive Finanzressort. Anfangs hatte ich mit ihr weiter nichts zu tun, zumal sie mir auch gar nicht sonderlich auffiel. Mir saß die Trennung von meiner ersten Frau noch im Nacken, und ich hatte keinerlei Ambitionen, jemanden kennenzulernen. Weil die Studioproduktion mit New Legend nun anlief, hingen wir tagelang in Stommeln ab. Und standesgemäß bis spät in die Nacht auch nebenan in Marlenes berühmtem Pub, den man Studio 4 nannte. Miriam war ständig mit von der Partie. Wir schlugen uns mit Tequilas die Nächte um die Ohren und während einer dieser Puborgien hat sie mich irgendwie davon überzeugt, mit ihr zusammen zu sein. Das war keine Liebe. Trotzdem bin ich mit ihr zusammengekommen und natürlich landeten wir in der Kiste.

In ihrer früheren Zeit als Model hatte sie in Cannes einen heroinsüchtigen italienischen Filmproduzenten kennengelernt. Inzwischen saß der in Rom wegen Drogen im Knast, und sein Freund Robert De Niro hatte wohl versucht, ihn da rauszuholen. Das Regina-Coeli war eins der berüchtigsten Gefängnisse Italiens, und plötzlich kam Miriam auf die Idee, sie müsse ihren Ex umgehend dort aufsuchen. Ich war wie vor den Kopf gestoßen und wir stritten uns. Aber sie ließ sich nicht von ihrem Vorhaben abbringen.

Wir hatten ständig derartige Querelen und ich hätte zu dem Zeitpunkt die Reißleine ziehen müssen. Die ganze Sache driftete immer tiefer in die Sackgasse, als Dieter Dierks ihr kündigte. Es gab Interessenkonflikte, weil sie nicht gleichzeitig mit einem Musiker liiert sein konnte, der von Dieter Dierks produziert wurde. Das war ein No-Go. Also suchte sie einen neuen Job und hatte sich plötzlich bei Maffay Entertainment eingeschlichen, weil Peter für sein Projekt *Begegnungen* eine Assistenz suchte. Das Ganze hatte zur Folge, dass Miriam mit uns in der Welt herumreiste. Jeder vom Team kannte sie inzwischen gut, man verstand sich rock-'n'-rollmäßig, hing gemeinsam ab und nahm die gleichen Drogen. Die Sache mit ihr konnte ich nicht so einfach beenden. Wahrscheinlich war ich zu bequem, denn alles war viel zu verstrickt. Ich hing mittendrin und konnte mich der Situation nicht entziehen. Mein Privatleben ging in der Zeit den Bach runter. Ich hab phasenweise stark getrunken, um das zu kompensieren. Nur in der Musik war ich happy und das Projekt *Begegnungen* bot mir derzeit eine Vielfalt musikalischer Herausforderungen. So spielten wir in Australien mit der Aborigine-Band Yothu Yindi und sollten dann weiter nach

Louisiana ins Dockside Studio, um dort mit Keb'Mo'und dem Slide-Guitar-Spieler Sonny Landreth aufzunehmen. Wir flogen zunächst von Sydney nach Los Angeles. Während des Flugs kramte Miriam in ihren Einreisedokumenten und stellte plötzlich fest: »Oh fuck, ich glaube, ich hab meinen Pass im Duty-free-Shop in Sydney am Flughafen liegen lassen.« Ein vermeidbarer Worst Case, der auf ihr Konto ging. Ohne Pass keine Einreise in die USA. Peter saß weiter hinten im Flieger, ich kletterte zu ihm rüber und beichtete die Geschichte. Peter klärte die Situation mit den Piloten, die daraufhin Kontakt zum Tower in Sydney aufnahmen und es irgendwie organisieren konnten, dass der Pass mit dem nächsten Flieger nach L. A. nachgeschickt wurde. Es war alles völlig konfus und irre. In L. A. war die Band auf die nächste Maschine nach New Orleans gebucht und wir mussten Miriam am Flughafen zurücklassen, die in dem ganzen Chaos nun auf ihren Pass wartete. Mittags erreichten wir unser Hotel, und am nächsten Morgen sollte es weitergehen nach Lafayette, was etwa zwei Autostunden entfernt liegt. Mit großem Hallo tauchte Miriam plötzlich mitten in der Nacht und völlig überdreht in der Hotelbar auf. Sie tischte uns eine riesige Story auf von wegen Stress mit Zollbeamten und Theater mit der Polizei bis hin zu körperlichen Angängen wegen eines angeblichen Drogenverdachtsfalls. Aber man hätte sie dann doch weiterziehen lassen. Miriam hatte zu ihrem Rudel zurückgefunden – mit Pass – und blieb auch die kommende Zeit im Mitarbeiterstab von Maffay.

Im Frühjahr 2000 kaufte ich auf Mallorca ein Haus und verlegte meinen Wohnsitz dorthin. Für Miriam war es der Trip mit einem Rockstar in die Welt der Schönen und Reichen. Zumindest glaubte sie das, aber in Wahrheit konnte sie weder mit Mallorca noch mit sich selbst etwas anfangen. Vielleicht war sie nur auf meine Kohle aus und scharf darauf, sich wie Uschi Obermaier im Dunstkreis der Prominenz aufzuhübschen. Unsere Beziehung wurde zu einem toxischen Teufelskreis aus Neid, Eifersucht und Drogen.

Ein entscheidender Wendepunkt in meinem Privatleben passierte 2001 während der *30-Jahre-Peter-Maffay*-Tour. Bernfried, ein

Fahrer von uns, der ein Bekannter meiner jetzigen Frau Petra war, hatte es ermöglicht, dass Petra mit ihrem Mann und Sohn Timmy beim Soundcheck in Xanten zugucken konnte. Vielleicht hatten sie sich auch ausgemalt, Peter Maffay einmal die Hand zu schütteln. Plötzlich stand diese Frau mit dem kleinen Jungen vor der Bühne und es hat mich auf der Stelle umgehauen. Ich kann durchaus sagen, es war Liebe auf den ersten Blick. Sie knallte in mein Leben. Ihrem Sohn Timmy zeigte ich das Schlagzeug und ich reservierte beiden einen speziellen Platz auf der Bühne, bestellte Getränke und hab Petra auch ein bisschen hofiert. Natürlich bemerkte sie das. Und ich hatte das Gefühl im Bauch, dass es zwischen uns funkt. Jetzt war Miriam in ihrem Job als Maffay-Beauftragte dummerweise angewiesen, die Backstagepässe für die beiden zu besorgen, und sie witterte, dass irgendwas im Busch war. Frauen spüren es, wenn da etwas zwischen Himmel und Erde passiert. Inzwischen war auch noch Petras Ehemann hinzugekommen, ein Maffay-Fan, und der muss dann wohl auch was gemerkt haben … so in der Art: *Oh, das war's dann wohl.* Hätte er besser mal seine Frau nicht zum Konzert mitgebracht. Mich beschlich gleich das Gefühl, ihm die Frau weggenommen zu haben, obwohl ja noch gar nichts passiert war.

Petra hat mich später über eine E-Mail-Adresse auf Mallorca kontaktiert und Stück für Stück kamen wir uns näher. Wir telefonierten und schrieben uns. Aber ich kam aus der anderen Nummer nicht raus, weil Miriam im Maffay-Business genauso verankert war wie in meinem Privatleben. Hätte ich ihr damals den Stecker gezogen und die Wahrheit gesagt, wäre mein komplettes Leben über mir zusammengebrochen. Damals hatte ich auch noch mit Drogen zu tun, und ich war einfach zu bequem, um diesem Lifestyle zu entsagen. Doch Petra ging mir nicht mehr aus dem Kopf. Im Rahmen einer TV-Produktion in Hamburg trafen wir uns spontan im Hotel Atlantic und verbrachten die Nacht zusammen. Zum ersten Mal. Es tat so gut, dieses Gefühl von wahrer Liebe zu spüren, aber mit jedem Tag wurde meine seelische Zerrissenheit schmerzhafter. Ich wollte mit Petra zusammen sein, war aber mit Miriam liiert und teilte mit ihr eine Wohnung. Der Albtraum nahm erst richtig Fahrt auf, als sie mir sagte, dass sie Krebs habe. Diagnose: hoffnungslos. Eine tödliche Krebserkrankung. Ich kam in die totale Bredouille, hatte Gewissensbisse und sagte mir: *Scheiße … ich muss jetzt helfen und alles andere aus meinem Kopf rauskriegen.*

Aus reiner Verzweiflung schrieb ich Petra einen emotionalen Brief und versuchte zu erklären, dass ich mich jetzt um meine Frau kümmern müsse, die im Sterben lag. Eigentlich hatte ich einen ziemlichen Unsinn zu Papier gebracht, aber ich musste die Affäre mit Petra beenden. Ich versuchte eine Glut zu löschen, die stärker war als alles Wasser, das ich vergeudete. Mich befiel ein unglaublicher Gefühlswahnsinn, und ich fühlte mich einer Frau verpflichtet, die ich nie geliebt hatte. Miriam wurde ins Krankenhaus eingeliefert. Die Metastasen hatten sich verändert. Ich dachte damals, es geht zu Ende. Ich hatte Mitleid aus Nächstenliebe. Gleichzeitig fühlte ich mich für sie verantwortlich und saß an ihrem Bett, während sie mit Morphium vollgespritzt war. Aber ich musste auch meinen Job machen und es standen Shows mit Peter an. Als die *Laut-&-Leise-*Tour zu Ende war, ging ich nach Köln. Mein Hauptwohnsitz war eigentlich Mallorca, aber in Köln besaß ich noch zwei Wohnungen auf der Neusser Straße im Stadtteil Nippes als Rückzugsort. Die obere auf der fünften Etage hatte ich an irgendwelche dubiosen Damen vermietet. Die sahen aus wie Escortgirls, und ich vermutete, dass die unterm Dach kleine Filmchen drehten. Die kleine 40-m^2-Parterrewohnung hatte ich für mich reserviert.

Im Juli 2005 wurde Miriam als unheilbar aus der Klinik entlassen. Es war sehr heiß in Köln und wir harrten bei 35 °C in dieser kleinen Wohnung aus. Und da lag sie jetzt. Ich sollte auf sie aufpassen. Sie war unleidlich und fing an, laut zu werden, weil sie Schmerzen hatte, sie schrie und beschimpfte mich. Sie hatte sich nicht unter Kontrolle, zumal sie auf Morphium war. An ihrem Hals traten Geschwüre hervor, sie konnte nicht mehr schlucken. Zu allem Überfluss war auch noch ihr Hund mit in der Wohnung.

Abends saß ich in Nippes auf der Parkbank, schaute dem Hund zu und war verzweifelt. Plötzlich ging's nicht mehr. Sie hatte solche Schmerzen, dass ich den Notarzt rief. Sie musste zurück in die Klinik. Ich konnte das nicht alleine schaffen.

Ich bin noch mehrmals zu Miriam ins Krankenhaus gefahren, doch sie war nicht mehr ansprechbar. Kurze Zeit später ist sie in einem Hospiz gestorben.

SCHALER GESCHMACK

Ich fühlte mich wie nach einem Unfall. Miriam hatte einen Ballast an Dingen hinterlassen und ich musste mich um ihre persönlichen Sachen kümmern und all die behördlichen und finanziellen Dinge abwickeln. In diesen Tagen nahm ich Kontakt zu Petra auf. Wir hatten zwei Jahre nichts voneinander gehört. Ihre Stimme klang vertraut und ich erzählte ihr die ganze Story. Petra hatte sich inzwischen von ihrem Mann getrennt.

Es war der 2. September 2005, als wir uns wiedersahen. Sie wartete in Köln auf der Domplatte, wir umarmten uns, redeten stundenlang und fühlten uns leicht. Unsere Leidenschaft war nie verglüht. Von nun an trafen wir uns häufig. Ich bin heute noch dankbar dafür, dass Petra mich zu dem Zeitpunkt nicht verlassen hat. Stattdessen besuchte sie mich auf Mallorca und half mir, Miriams Sachen zu entsorgen.

Für meine Bandkollegen war es natürlich emotional heftig, dass ihre langjährige Mitarbeiterin verstorben war. Und nun tauchte ich plötzlich im Herbst 2005 mit Petra auf. Drei Monate nach dem Tod von Miriam. Alle haben mich wegen Pietätlosigkeit verurteilt. Ich könnte doch nicht direkt wieder mit 'ner neuen Frau auftauchen. Ich sollte doch mal trauern. Aber ich trauerte eben auf meine Art. Zu Unrecht hegte man Petra gegenüber Vorurteile. Das war nicht fair. Aber es war auch mein Fehler, denn ich hätte allen reinen Wein einschenken und sagen müssen, dass zwischen Miriam und mir lange schon nichts mehr lief und dass ich Petra schon seit Jahren liebte und sie die Frau meines Lebens war. Dass ich so hinterm Berg gehalten und Petra nicht aufrichtig vorgestellt habe, das bereue ich noch heute. Dadurch wurde Petra das Image der »Nachfolgerin« verpasst, das sie nicht verdiente. Bis heute hängt dieser schale Geschmack nach, obwohl ich mittlerweile allen erzählt habe, was damals passierte.

REISE ZUR VERNUNFT

Je weiter die 2000er-Jahre voranschritten, desto weniger wurde es mit Drogen und Alkohol. Uns allen wurde langsam klar, dass wir den ruinösen Wahnsinn der 80er und 90er nicht einfach weitermachen konnten. In dieser unsäglichen Zeit waren wir wie Kinder im Sandkasten. Und irgendwann wächst du aus dem Sandkasten raus, obwohl Peter Maffay heute immer noch singt: »Ich wollte nie erwachsen sein.« Man muss aber erwachsen werden, sonst hätte man paradoxerweise den Sinn des Lebens verfehlt. Es sei denn, man ist so bescheuert wie Keith Richards und Anita Pallenberg. Das führt entweder in die Klinik oder zum Tod. Dass der Tag für mich irgendwann kommen würde, der den Schlusspunkt des ganzen Drogenwahnsinns setzen musste, war mir klar. Man dachte zwar immer an diesen bevorstehenden Moment, an dieses Damoklesschwert, das über einem schwebte. Aber eine wahrhaftige Entschlussfähigkeit wurde angesichts des partyfreudigen Environments immer wieder außer Kraft gesetzt. Verdrängungsmechanismen entwickeln da ungeahnte Kräfte. Doch die Axt der Zäsur schlug unverhofft ein. Es war an meinem Geburtstag 2005 auf der *Laut-&-Leise*-Tour.

Wir hatten eine Nachtfahrt mit dem Nightliner und Petra war das erste Mal im Bus dabei. Sie wusste damals nichts von den Dingen, die wir auf Tour so ritualmäßig vollzogen – weder vom Rauchen noch vom Koks und dem ganzen Kram. Nun sind Nightliner ja nicht nur rollende Schlafkojen, sondern auch fahrende Wohnzimmer mit Entertainment, Fernsehsesseln, Bar und einer Lounge, die am hinteren Ende des Luxusliners zum Chillen und Abhängen einlädt. Ein Ort, an dem auch mal Dinge geschehen.

Die Band hatte zu meinem Geburtstag etwas vorbereitet und holte mich nun in diese Lounge. Allerdings durfte Petra nicht mitkommen. »Wir müssen mal eben kurz unter uns …« Dass die Jungs für mich was ausgepackt hatten, war mir schon klar, und ich hab die Nase genommen, während Petra vorne im Bus noch irgendwelche Geburtstagsgirlanden über die Sitzreihen spannte. Plötzlich wurde die Tür aufgerissen und Petra stand vor mir. Sie war vollkommen schockiert und sah, was wir gemacht hatten. Ich war komplett auf Nase und zog Petra nun in eine Sache rein, die ich vor ihr verheimlicht hatte. Es gab eine Szene unter Tränen und Petra wollte sofort aus dem Bus raus. Ich dachte, das war's! Gerade hatten wir uns richtig kennengelernt und jetzt dieses Desaster. Und das alles auf der Geburtstagsfahrt. Völlig extrem.

Morgens sind wir in Berlin angekommen und im Hotel haben wir geredet. Petra stellte eine Sache sofort klar: »Du kannst weitermachen, aber dann bin ich nicht mehr dabei.« In dem Moment erkannte ich, dass dieses ganze Zeug nur für einen Egoisten taugt, für einen empathielosen Menschen, der ohne Rücksicht in seiner eigenen Welt lebt. Aber jetzt hatte ich den Menschen an meiner Seite, den ich liebte. Und ich wollte Petra nicht verlieren. In dieser Nacht, an meinem Geburtstag, habe ich mit dem ganzen Wahnsinn aufgehört. Mit der Extremsauferei, der Kokserei und allem anderen Kram. Von jetzt auf gleich! Ich habe mich für die Sache entschieden, die mir guttut. Für Petra und für die Musik. Alles andere ging über Bord. Eine kluge Entscheidung! Rock 'n' Roll und ewige Jugend – das ist alles gut und schön. Aber nach Jahren des Konsums von Substanzen schlägt der Effekt ins Gegenteil um. Es geht nur nach hinten los.

Heute verhalten sich alle in der Band sehr diszipliniert. Vor der Show werden keinerlei Substanzen genommen. Auch kein Alkohol. Wer sich nicht daran hält, ist plötzlich nicht mehr dabei. Mit wenigen Ausnahmen habe ich selbst vor einer Show ohnehin nie Alkohol getrunken. Die Exzesse in Moskau oder 1980 in der Wellblechhalle in Villingen-Schwenningen werte ich mal als Fälle höherer Gewalt.

BEGEGNUNGEN II

Nach Abschluss der *Laut-&-Leise*-Tour, die uns fast ein ganzes Jahr beansprucht hatte, zog ich mich in meine Finca auf Mallorca zurück. Peter war mitgekommen und wir ließen anfangs noch die Seele baumeln. Nach wenigen Tagen schaltete er allerdings wieder in den Aktivitätsmodus um und begann mit der Vorbereitung seines neuen Projekts: *Begegnungen – Eine Allianz für Kinder.* Während ich damit beschäftigt war, die düsteren Erlebnisse der vergangenen Monate zu verarbeiten, knüpfte Peter ein Netzwerk, das Künstler und Persönlichkeiten aus Politik und Gesellschaft mit unterschiedlichen Charity-Einrichtungen in Verbindung brachte. Ein ambitioniertes Vorhaben! Ich hingegen war niedergeschlagen. Als Arbeitsbeschaffungsmaßnahme und auch, um mich von den finsteren Dingen wegzudenken, bot Peter mir noch einmal den Produzentenjob an. Es war sozusagen eine therapeutische Maßnahme, auf die ich mich mit aller Kraft, Gewissenhaftigkeit und Verantwortung einließ. Ich war wieder aufgestanden, stürzte mich mit vollem Elan in die Arbeit und produzierte gemeinsam mit meinem deutsch-türkischen Freund Kader Kesek *Begegnungen II.* Jedoch beschlich mich von Anfang an das Gefühl, dass es bloß eine Wiederholung oder vielmehr ein Aufguss des ersten *Begegnungen*-Projekts war. Die Intensität fehlte.

Am Ende jubelte das Album nicht mit tollen Verkaufszahlen. Das ganze Projekt dümpelte in eher unbedeutenden Fahrwassern. Trotzdem oder gerade deswegen wurde eine Tour angesagt, um der

Allianz für Kinder die nötige Gewichtung zu schenken. Wir hatten zwar unbekanntere Gäste dabei, aber vom musikalischen Gehalt waren Zola, Tsipi Mashid, Chen Lin, Cesária Évora, Ruslana und all die vielen anderen Acts absolut fantastisch.

Die meisten Einnahmen gingen an eine Kinderstiftung.

ZEITENWENDE

Vier Jahre waren nun schon vergangen, seit ich Petra in Xanten begegnet war. Ihren Sohn Timmy, damals um die fünf Jahre alt, hatte sie öfters zu Maffay-Konzerten mitgebracht. Ich bekam mit, dass er leidenschaftlich gerne trommelte. Als mich Petra zum ersten Mal in ihr Zuhause nach Wesel einlud, war sie bereits von ihrem Mann getrennt, der jetzt in Amerika lebte.

Timmy hatte im Keller ein Schlagzeug stehen und für ihn war ich eine Art Idol geworden. An der Wand hingen Poster und er trommelte das Zeug von der *30-Jahre-Maffay*-DVD nach. Beim Trommeln setzte er eine Sonnenbrille auf, und wenn ich am Schlagzeug Zigaretten rauchte, hat er eine Lakritzstange in den Mund genommen. Timmy wusste nicht, dass ich an diesem Tag seine Mutter besuchte, und ihm fiel fast die Brille von der Nase, als ich ihn unten in seinem Keller überraschte. Er hat sich riesig gefreut. Allmählich wurde ihm klar, dass ich nun mit seiner Mutter zusammen war. Mich mochte er aus Schlagzeuggründen, aber dass ich jetzt sein neuer Vater sein sollte, sein zukünftiger Stiefvater, war für ihn sehr strange. Das Idol wird der Vater und die Mutter ist nun mit einem Plakat zusammen – eine verrückte Situation.

Jetzt lernte ich auch Nina kennen, Tims ältere Schwester. Mit beiden kam ich gut zurecht. Als neue Familie verbrachten wir einige Zeit auf Mallorca und dachten darüber nach, vielleicht längerfristig dort zu bleiben. Aber der Vater lehnte es ab, dass die Kinder auf eine Privatschule auf Mallorca gehen.

Einfach war unsere familiäre Organisation damals nicht. Der Vater in Amerika, ich auf Tour und Petra hatte mit Haushalt und Schulkindern einen 24/7-Job. Zugleich stand eine weitere schwierige Phase bevor: Petras Scheidung. Damit nicht zwei Anwälte aufeinander losgehen, wollte man es gütlich über eine Mediatorin regeln. Allerdings war die Mediatorin nach unserem Eindruck befangen und hatte mehr ein Faible für Petras Mann. Diese Tatsache machte es schwierig, Empfehlungen anzunehmen. Petra hätte am liebsten beide Kinder bei sich gehabt, aber die Mediatorengespräche brachten das Ergebnis einer Aufteilung hervor. Es wurde entschieden: Das Mädchen bleibt bei der Mutter und der Junge geht zum Vater nach Amerika. Dass Timmy nun so weit weg war, fand ich sehr schade. Er gab das Schlagzeugspielen auf und interessierte sich mehr für Sport, machte Bodybuilding und engagierte sich im American Football. Wenn wir telefonierten, wirkte er einsam und verschlossen. Ich spürte, dass die Trennung von zu Hause an seiner Seele nagte.

Nina war jetzt bei uns, und wir taten alles dafür, ihr ein angenehmes Umfeld zu ermöglichen. Sie reiste fortan mit uns durchs Leben, und ich denke, dass sie dabei auch eine gewisse Art von Flexibilität mitgenommen hat, die ihren Blick auf die Zukunft etwas sorgloser gestaltete.

Mein Leben hat sich durch Petra schlagartig verändert. Es hat klare Strukturen bekommen und ich fühlte mich zum ersten Mal richtig geerdet.

Petra ist die Liebe meines Lebens, und durch sie habe ich gelernt, was Liebe wirklich bedeutet. Früher war alles immer nur Rock 'n' Roll.

Petra hat mit mir alles durchgekämpft und meine Altlasten mitgetragen, für die sie nichts konnte – wie die Schulden aufgrund der fehlgeschlagenen Investitionen in Ostdeutschland. Petra war immer an meiner Seite, versuchte zu beraten und Perspektiven aufzuzeigen. Sie half mir, aus meinem engen Nerd-Denken rauszukommen.

Die neuen Lebensumstände gaben den Ausschlag, das Kapitel Mallorca abzuschließen. Unter der Last der Vergangenheit hielt Vista Alegre nicht mehr stand. Es war eine irre Zeit dort, doch die Zitronen im Garten hatten ihre Leuchtkraft längst verloren. Ende 2006 habe ich die Insel endgültig verlassen. Über einen dubiosen Makler, der nebenbei auch fürs Drogengeschäft zuständig war, ging das Haus halb schwarz, halb weiß an ein spanisches Ehepaar. Mit 60 000 Euro in der Plastiktüte.

Petra und ich heirateten und wir wünschten uns ein gemeinsames Kind. Aber es hat nicht sein sollen.

DER VOLLSTRECKER

Durch die Hilfsprojekte für Kinder und sein Eintreten für Solidarität und Toleranz wurde Peter Maffay in der deutschen Kulturlandschaft immer mehr zum Botschafter für soziale Initiativen.

Gemeinsam hatten wir mit der Band in den Jahren unzählige Charity-Veranstaltungen gespielt und uns solidarisch hinter Peter und die Sache gestellt. So auch am 1. Juli 2007 in Bochum. Dort fand in der Jahrhunderthalle ein Benefizkonzert für Menschen in Not statt, veranstaltet von der Stiftung »Herausforderung Zukunft« in Kooperation mit dem südafrikanischen Menschenrechtsaktivisten Desmond Tutu. Insbesondere ging es um Hilfe zur Selbsthilfe in Afrika. Zu den geladenen Gästen gehörten die damaligen Staatspräsidenten Schimon Peres (Israel) und Lech Wałęsa (Polen). Um die Sache an die große Glocke zu hängen, hatte man einen riesigen Medienrummel veranstaltet, der insbesondere aufgrund des musikalischen Rahmenprogramms mit Starbesetzung seine Wirkung vollzog. Carlos Santana und Cat Stevens waren die plakativen Big Names. Auch Wolfgang Niedecken und Heinz Rudolf Kunze sollten auftreten. Und Peter Maffay als Aktivist und Sprachrohr für Völkerverständigung wurde bei dieser Veranstaltung groß ins Rampenlicht gesetzt. Der delikate Plan sah nämlich vor, dass man die Maffay-Band gemeinsam mit Cat Stevens und Gitarrenlegende Santana auf die Bühne holen wollte. Cat Stevens okay, aber dass die Maffay-Band nun zur »Hot Latino Santana Section« umswitchen sollte, erschien mir eine Jahrhundertherausforderung. Im Vorfeld wurde verabredet, dass die Klassiker »Oye Como Va«, »Black Magic Woman«, »Soul Sacrifice« und »Samba Pa Ti« auf der Setlist landen. Zudem hatte man uns die Info zukommen lassen, dass Cat Stevens womöglich mit einigen Bandmusikern kommt und Carlos Santana seinen musikalischen Vollstrecker mitbringen wird: den Weltmeister an den Timbales – Karl Perazzo.

Wir waren bereits zwei Tage vor dem 1. Juli angereist und übten fleißig die Santana-Nummern. Auf Wunsch von Peter unter Zuhilfenahme meiner beliebten Alesis-SR16-Clicktrack-Maschine. Diese tackerte uns seit Ewigkeiten – mit Ausnahme von Schanghai – ein unbeirrbares Metronom ins Ohr, um die Songs stets im festgelegten Tempo zu halten. Jedoch hatte ich sogleich meine Zweifel, ob solche Nummern wie »Samba Pa Ti« und »Oye Como Va« auf Click eine gute Idee wären. Wahrscheinlich hatten die Santana-Typen im Leben noch nie auf Click gespielt. Und genau so war es! Als Vorhut erschien Santanas Timbales-Star Karl Perazzo am Abend zur Probe. Der kleine Mann sah aus wie ein Kokaindealer aus Kolumbien, war in der Tat aber der Musical Director der Santana-Band. Er richtete kurz sein Percussionset ein und gab das Kommando: »Lets try ›Oye Como Va‹.« Und plötzlich kommt der Clicktrack in den Monitor. Wie von der Tarantel gestochen reißt er sich die Hörer aus dem Ohr. »What the fuck is that?! We don't use a clicktrack. I AM THE CLICKTRACK!« Unverzüglich raunt Peter den Mann am Monitorpult an: »Mach diesen Scheißclick da raus. Karl braucht das nicht. Der ist selbst ein Clicktrack.« Er wollte sein Gesicht nicht verlieren und zum ersten Mal seit Jahren wurde der Clicktrack abgewählt. Und das nur durch den kleinen Mann aus San Francisco. Karl Perazzo ist gnadenlos in der Time und ein Autokrat in seinem musikalischen Direktiv. Am Ende des Abends war er von unserem Sound begeistert und gab grünes Licht für den bevorstehenden Auftritt mit dem Meister.

Der 1. Juli begann entspannt. Wir waren unweit im Hilton untergebracht und hatten am Vormittag das Wellnessangebot des Hotels ausgekostet.

Gegen Mittag wurden wir in die Jahrhunderthalle chauffiert und spielten mit der Rhythm Section noch einmal die verabredeten Cat-Stevens-Nummern durch, die wir uns akribisch draufgeschafft hatten. Fünf Stunden vor der Show betrat der britische Folkstar die Halle zum gemeinsamen Soundcheck und brachte mehrere Leute seiner englischen Band mit. In der Veranstalterszene gilt Cat Stevens als besonders schwierig. Mir aber kam er sehr freundlich und entspannt vor, bis zu jenem Moment, in dem der Production Manager die Probe abbrach, weil angeblich der Zeitplan überschritten war. Wolfgang Niedecken sollte nun Soundcheck machen, doch Cat Stevens hatte noch nie von einem Herrn Niedecken gehört, und außerdem gab's eine vereinbarte Probezeit und er bestand auf Vertragserfüllung. Cat Stevens wurde tatsächlich unwirsch. *Ohne Probe kein Auftritt am Abend!* Unverzüglich verließ er mit seinem Manager die Halle. Draußen am Auto wurde er abgefangen, belabert und zurückgeholt. Die Probe wurde fortgesetzt und es war ein musikalischer Hochgenuss. Der Auftritt während der Show abends ging lupenrein über die Bühne, wir spielten etliche seiner bekannten Songs wie »Moonshadow« und »Lady d'Arbanville« und Cat Stevens war sichtlich erfreut.

Backstage verfolgte ich über einen Monitor die Diskussionsrunden auf dem Fernsehpodium, bis der Production Manager uns wieder auf die Bühne holte. Jetzt war der Santana Powerblock dran. Ich hätte nie gedacht, dass ich Santana-Musik spielen könnte. Das Schlagzeug übernimmt in seinen Songs eher einfache Figuren, aber wenn diese typische Würze von der Percussion hinzukommt und diese unverkennbare Gitarre, dann ist es sofort Santana.

Das ging total ab! Während der Livesendung realisierte ich plötzlich: Ich spiel mit fucking Carlos! Er drehte sich zu mir um und grinste. Hinterher in der Garderobe flüsterte er mir ins Ohr: »Next time we gonna smoke a joint together.« Hätte er mich damals gefragt, ich wäre sofort in seine Band eingestiegen.

Zum Finale des Abends stand nun Peter Maffay auf dem Plan. Allerdings hatten wir sämtliche Energie bereits bei Santana rausgelassen. Der Höhepunkt des Abends war einfach überschritten. Das tat mir im Nachhinein leid, denn es war schließlich meine Band mit Peter, die darunter zu leiden hatte. Peter war ziemlich abgetörnt.

Am nächsten Morgen in der Hotellobby läuft mir Gitarrist Kuddel von den Toten Hosen in die Arme. »Hey Bertram! Du warst doch bei Gebrüder Engel früher! *Skandal* und *Magengesicht*! Das war unser Role Model für die Toten Hosen!« Dieser Flashback katapultierte mich kurzzeitig 25 Jahre zurück in die Vergangenheit. Mir war nicht bewusst, welche Impulse wir damals gegeben haben.

DER ERDKUNDELEHRER

Carl Carlton und Peter trafen sich per Zufall in Halle (Westfalen) bei einem Tennisevent wieder. Auf dieser Veranstaltung trat Carl mit einer Bluesband auf und Peter war im Rahmen einer Stiftung dort. Und wie das dann so ist … »Komm Carl, lass uns wieder gemeinsam die Zukunft gestalten« … stieg Carl, vier Jahre nachdem er bei *Laut & Leise* die Maffay-Band verlassen hatte, jetzt wieder ein. Pünktlich zur *Ewig*-Tour 2009.

Zu dieser Zeit hatte Peter länger schon darüber nachgedacht, mal wieder einen Perkussionisten auf die Bühne zu bringen – keinen Latin Player, sondern jemanden, der das Rockfeeling beherrschte. Und Carl Carlton schlug Ray Cooper für die Band vor. Ich war natürlich heiß auf diese Möglichkeit und gab Peter zu verstehen, dass Ray Cooper *der* Rock 'n' Roll Player sei – ein Backbeat-Perkussionist, der auch für die Bühnenshow einzigartig wäre. Als 16-Jähriger sah ich ihn das erste Mal im Fernsehen. Er spielte mit Elton John und in dieser Band trommelte auch Nigel Olsson, eines meiner großen Vorbilder. Überhaupt hatte Cooper in den 70ern bei all meinen Idolen seine Finger im Spiel. Peter sichtete im Internet ein paar Videoclips und war sofort begeistert von jenem Typen, der sich selber nicht als Perkussionist, sondern als Kolorist bezeichnet. Seine Farbpalette hatte er schon bei den Stones, The Who, Eric Clapton und George Harrison ausgebreitet. Und jetzt sollte Ray Cooper bei uns in die Band einsteigen!

Carl nahm sofort Kontakt zu ihm auf, und was keiner von uns für möglich hielt: Er sagte zu! Nun reiste der Brite an und bei den ersten Bandproben stand er im Maßanzug wie ein Pinguin auf der Bühne, musterte durch seine runde Hornbrille die Situation, hörte genau hin und kam im richtigen Moment mit seinem Tamburin aus der Deckung. Während wir mit der Band die Stücke durchgingen, bemerkte ich, dass Ray bei manchen Songs gar nicht mitspielte. Er sah aus wie ein Erdkundelehrer aus den 30er-Jahren und stand mit herunterhängenden Armen regungslos auf der Bühne rum. Ich dachte: *Hey, wieso spielt er nicht mit … was ist los?*

»Bertram, man muss nicht immer Percussion und Schlagzeug gleichzeitig haben. Es macht viel mehr Eindruck, wenn ich mal zwei Nummern aussetze und dann mit exorbitantem Spiel wieder reinkomme.«

Ray führte mir die Bedeutung von »Weniger ist mehr« vor Augen. Ich begriff, dass nicht jeder Maffay-Titel geeignet ist, um mit Percussion ein stärkeres Leuchten zu erzielen. Meine typisch deutsche Denkweise musste erst davon überzeugt werden, dass es sich um eine wahrhaft musikalische Entscheidung handelte.

Mit Ray Cooper erlangte unser Bandsound eine neue Dimension. Er hauchte der Musik einen neuen Atem ein. Ray ist ein Eyecatcher, ein Mann, der eine energetische Show macht mit einem einzigen Tamburin.

Ich habe in meinem Leben schon mit großartigen Perkussionisten gearbeitet, mit Leuten von unglaublicher technischer Versiertheit. Aber Ray Cooper ist jemand, den ich wirklich bewundere. Eine Institution!

Und er klebt am Groove wie eine Klette. Wenn ich zu ihm rüberschaute, sah ich das Bild, wie er 1974 mit Nigel Olsson im Londoner Rainbow Theatre »Saturday Night's Alright«, »Goodbye Yellow Brick Road« und die ganzen Hitdinger raushaute. Und jetzt spielte ich mit demselben Typen! Der Wahnsinn!

Einmal sagte er zu mir: »Bertram, can I tell you something? You always talk about Nigel Olsson as your big influence. You're a much better player than Nigel ever was.«

Jaaa, come on … Nigel ist einer der Gründe, warum ich Schlagzeuger geworden bin! Diese Götter holt man nicht vom Thron.

Die *Ewig*-Tour umfasste 55 Konzerte, die vorwiegend in kleinen Auditorien stattfanden. Wir wollten mal wieder richtig Musik spielen und hatten nicht vor, einen weiteren Aufguss der großen Arenashows abzurudern. Kleine Venues waren bestens dafür geeignet, der Band einen Raum kreativer Entfaltung zu geben. Auch extended versions älterer Songs kamen zum Zuge, und für diese hochmusikalische Expedition hatten wir die perfekte Band am Start: Frank Diez, Jon Smith am Saxofon, Ray Cooper, Ken Taylor, Carl, Jean-Jacques, Peter und ich.

Unterwegs gesellte ich mich meist in den Wagen zu Jon Smith und Ray, was zur Folge hatte, dass jedes Mal drei Mentalitäten aufeinandertrafen: Südstaaten, Westfalen und Upperclass-England. Ray entpuppte sich als geborener Storyteller und gab alte Rock-'n'-Roll-Geschichten zum Besten. So auch diese, als sich Elton John während der Orchestertour in Australien angeblich in den ersten Violinisten verknallte. Dummerweise war dieser verheiratet. Wenn die Liebe nicht erwidert wurde, konnte Elton ausflippen wie eine Diva. Irgendwann hat er vor lauter Frust eine Show abgebrochen und verschwand in seiner Garderobe. Das Publikum buhte, und Ray war derjenige, der ihn überreden konnte weiterzumachen. Er musste ihn mit Samthandschuhen anfassen, damit Elton zurück auf die Bühne kam.

Nach der fulminanten *Ewig*-Tour, die am 14. April in der Magdeburger Stadthalle endete, spielten wir im Sommer noch eine Handvoll Open-Air-Shows. In Berlin stapften wir wieder einmal auf der berühmten Wuhlheide im Gras herum. Vom blauen Himmel brannte die Sonne aufs Gelände nieder und am Nachmittag erreichte uns der Marschbefehl zu einem sofortigen Bandmeeting. Peter wollte mit uns reden. Die weißen Planen des Cateringzelts spiegelten ein gleißendes Licht, weswegen alle mit Sonnenbrillen auftauchten. Unsere Zusammenkunft muss wohl ausgesehen haben wie ein Gipfeltreffen der sizilianischen Cosa Nostra. Der »Pate« sprach in die Runde: »Leute, wir haben die Chance, noch einmal in Afghanistan zu spielen. Was meint ihr?« Kurioserweise waren wir vier Jahre zuvor am selben Ort gewesen, als das Wort Afghanistan unsere Feierlaune stocken ließ. Pascal war jetzt der Einzige, der sogleich jubelte. Alle anderen runzelten die Stirn: »Na ja, wenn's sein muss.« Ich hab gar nichts gesagt, guckte nur Peter an und schüttelte den Kopf.

»Okay, alles klar, Bertram geht nicht mit. Wir canceln. Danke fürs Gespräch, wir sehen uns auf der Bühne.«

AHOI

Am 5. Mai 2010 stachen wir mit Udo zum ersten Mal in See. An Bord der *Arche Noah* waren 2900 Kreuzfahrtgäste und eine 220 kg schwere Eierlikörtorte. Schon von Weitem sah man den titanischen Luxusdampfer im Hamburger Hafen liegen, der in seinem Leib bereits die Hardcorefans verstaut hatte. Nun kam das Panikorchester vorgefahren und eine eigene Gangway führte uns hoch auf die schwimmende Kulisse, die bereits mit winkenden Fans und jeder Menge Udo-Doubles ein zeremonielles Eigenleben entfaltete. Von der Reling schrien schon die Ersten runter: »Beertraaaam! Heyyyy!«, und ich huschte zunächst mal mit Petra in meine zugedachte Junior Suite, die sich in einem Bereich des Schiffs befand, der mit eigener Lounge dem internen Kreis von Crew und Panikorchester vorbehalten war. Fünf Tage sollte uns die Kreuzfahrt durch die Wogen der Nordsee gleiten lassen. Es war der Beginn einer Erfolgsgeschichte zwischen TUI Cruises und Udo Lindenberg, der mit dieser Aktion einer seiner spektakulären Visionen zur Realität verhalf. Schiffe übten schon immer eine Faszination auf ihn aus, und seine Sehnsucht, auf den weiten Ozean hinauszureisen, hat er immer wieder in seinen Songs thematisiert. »Odyssee«, »Alles klar auf der Andrea Doria«, »Nichts haut einen Seemann um«, »Lindischer Ozean«, oder »Nordsee ist Mordsee« sind alles Nummern, die mit der See, Fernweh und Schiffen zu tun haben. Udo selbst hat ja früher mal als Schiffskellner gearbeitet. Aber jetzt wollte er auf dem Meer eine Rockshow machen und konnte mit seiner Idee die wichtigen Organisatoren und Manager von seinem Vorhaben überzeugen. Eine Rock-'n'-Roll-Cruise mit Lindenberg-Fans, drei Shows, fünf Tage Panik-Party und alle close together. Ein Event dieser Art hatte es vorher nicht gegeben. Es war wie die Jungfernfahrt der *Poseidon* hinaus auf den Lindischen Ozean. Vorher hatte man im Schiffstourismus vielleicht mal irgendwelche B-Promis der Abteilung »Schlager, Koks und Nutten« auf die MS *Europa* verschifft, die sich dann mit Perlwein zuschütteten und zum Höhepunkt des kulturellen Niedergangs die Hosen runterließen. Aber eine Rockband in einem Theater mit Show auf See avancierte zum absoluten Kult. Udo war mal wieder Pionier und zugleich Wegbereiter für die berüchtigten Metal und Punk Cruises, die Jahre später aufkamen.

Zwei Tage vor Ankunft der Band hatte unsere Crew schon die gesamten Flightcases vom Timmendorfer Strand rangekarrt. Dort hatten wir im angestammten Maritim Seehotel unsere vorausgegangenen Bandproben abgehalten. Es gab die Ansage, dass wir mit unserem Equipment aus Platz- und Gewichtsgründen möglichst zu sparen hätten. Die Gitarristen sollten also nicht jeder 28 Gitarren anschleppen, sondern nur drei. Wie beim TÜV wurde die gesamte Bühnenanlage auf Betriebssicherheit überprüft. Das TUI-Management war in diesen Dingen genauso streng wie beim Boarding aller Panik-Gäste – inklusive Sicherheitseinweisung mit vorgeschriebener Anwesenheitsplicht. Die Teilnahme jedes Einzelnen wurde von der Security kontrolliert. Wie zu erwarten, fehlte mal wieder jemand vom Panikorchester. Offenbar verursachte das Zusammenwirken von heiterer Klassenfahrtslaune und dem fachgerechten Erkunden der kabineneigenen Minibar eine Reaktivierung pubertärer Hormone.

Wir Musiker mischten uns rockstarmäßig unters Publikum und begegneten den Fans mit gebührendem Respekt. Nur Udo residierte in seiner Präsidentensuite, die er in den fünf Tagen selten verließ, obwohl er ja eigentlich den Kontakt zu den Leuten so toll fand. Nur ab und zu kündigte er Audienzen an, flanierte mit seiner »Zarin« plus Entourage über Deck, um eine halbe Stunde mit den Fans Selfies zu machen. Die »Zarin« ist seit Ewigkeiten schon Udos Personal Assistance – eine exaltierte Dame mit Riesenmänteln, Hüten und Sonnenbrillen. In Wirklichkeit heißt sie Niko Kazal und ist von Beruf Stylistin. Sie kümmert sich um Udos Outfit, um Schminke, Hut und achtet darauf, dass er auch anständig isst. Eine legendäre Figur, die stets in Udos Schatten auftaucht und mit ihm ebenso schnell wieder in der Finsternis verschwindet.

Wir als Band waren mitten unter den Fans, sobald wir die Kabine verließen. Zeitweise war es schwierig, den Abstand zu wahren. Aber man entwickelt mit der Zeit seine eigene Strategie. Und wenn Fans zu sehr nerven, zu viele Fragen stellen oder aufdringlich werden, dann kann ich mich gut aus der Affäre ziehen. Ganz freundlich nach der Art: Ich schick mal einen Kollegen vorbei, der kümmert sich drum. Ich will und kann mich nicht immer mit den Bedürfnissen anderer auseinandersetzen. Ich war ja nicht zum Privatvergnügen auf dem Schiff und musste mich in der lockeren Partywelt auf berufliche Dinge konzentrieren. So umfasste das Tagesprogramm zum Beispiel auch sogenannte Drum Classes, also Schlagzeugkurse, um den Fans einen Blick hinter die Kulissen des Schlagzeugspielens zu gewähren. Auch darum musste ich mich kümmern, und eigentlich war ich davon ausgegangen, dass sich kaum jemand dafür interessiert, aber in der Tat saßen 300 bis 400 Leute im Auditorium. Immerhin konnte ich mit Rock-'n'-Roll-Geschichten für Unterhaltung sorgen.

Seit 2010 spielten wir mit Udo insgesamt sechs Rockliner-Kreuzfahrten. Und alle Events hatten ihren Timespot jedes Mal vor einer größeren Arenatour. Die Shows auf dem Schiff waren exklusiv und dienten uns gleichzeitig als Generalproben. So konnten wir uns bandmäßig einspielen und vor Publikum checken, ob das Programm für die anstehenden Tourneen funktioniert. Für uns waren es Proben mit Geldverdienen und gleichzeitig hatte Udo mit den Rockliner-Einnahmen die Kosten für die Vorproduktionen gedeckt.

Peter hatte natürlich davon Wind bekommen, was Udo auf dem Meer veranstaltete, und wollte es ihm nachmachen, zumal die Außergewöhnlichkeit eines Schiffabenteuers auch lukrativ zu sein schien.

So gingen Peter und Band 2018 an Bord des Transatlantik-Luxusliners *Queen Mary 2*, der schon eine andere Hausnummer war als Udos Panik-Arche. Mit ihren Ballsälen glich die *Queen* eher der *Titanic* und das mit samtbezogenen Stühlen ausgestattete Auditorium erinnerte an das Opera House in London. Und täglich um 17 Uhr wurde zur Teatime geläutet.

Sich auf einem Schiff zu befinden und dort tagelang auszuharren, kann durchaus klaustrophobische Zustände hervorrufen. Ich hatte diesbezüglich wenig Probleme. Vielmehr befürchtete ich die berüchtigte Seekrankheit. Das komische Gefühl im Magen befiel mich zum Glück nur ein einziges Mal, als wir mit Peter ein Rock-'n'-Sail-Konzert auf offener See spielten. Das Schiff wankte ordentlich bei hohem Wellengang, und ich versuchte mich am Schlagzeug auszubalancieren, was heftig fürs Timing war. Es war ein ständiges Auf und Ab, das von dumpfen Schlaggeräuschen begleitet wurde, wenn draußen die Wellen gegen den Bug krachten. Ich hatte das Gefühl, leicht angetrunken zu sein. Während einer der Shows ging es unserer Backgroundsängerin Linda plötzlich extrem schlecht. Sie fand in letzter Sekunde einen Sektkühler.

GIFTSCHRANK

Carl Carlton war in der internationalen Musikbranche extrem gut vernetzt. Das hatte den Vorteil, dass ich ab und zu in Projekte außerhalb des Maffay-Lindenberg-Kosmos hineingeriet. Carls Connections reichten unter anderem zu Mick Cater, dem persönlichen Assistenten von Paul Young. Der Brite war in den 80ern mit »Come Back and Stay« und »Wherever I Lay My Hat« zur Popikone aufgestiegen und lag jetzt auf der faulen Haut. Mick Cater war der Ansicht, dass sein Zögling mal wieder was Kreatives hervorbringen sollte, und trat an Carl Carlton heran, ob man in Tutzing das Red Rooster nutzen könnte, um mit der Maffay-Band an neuen Songs für Paul zu schrauben. Also wurden die üblichen Verdächtigen zusammengetrommelt. Ken Taylor, Pascal Kravetz, Carl Carlton und ich vergruben uns im Mai 2010 im Souterrain der Klenzestraße und arrangierten zwei Songs, die für eine Single gedacht waren. Pauls Song »Angel« sollte auf die A-Seite, ein zweites Stück war die Coverversion »Don't Say You Love Me« von der Band Free. Alle Layouts wurden von uns vorbereitet und nun sollte der Rockstar einbezogen werden. Doch das Ganze wurde zum Fiasko.

Unser Plan sah vor, die Songs mit ihm erst mal live im Studio durchzuspielen. Aber Paul zierte sich, ans Mikrofon zu treten. »No, I'll listen first … I'll sing later then.« Von ihm kamen immer wieder Ausreden, warum er mit uns die Tracks nicht proben wollte. Stattdessen saß er in der Regie und murmelte irgendetwas ins Mikrofon. Wir alle dachten: *Na gut, er wird schon wissen, was er macht, Paul Young ist ja der Rockstar.* Aber so lief das drei Tage! Letztendlich hat er nur halb garen Pseudogesang zustande gebracht. Das war einfach nur Mist. Im Nachhinein versuchten wir aus seinen Bruchstücken mühselig noch einen homogenen Vocaltrack zusammenzuschneiden. Aber es war nicht aus einem Guss und das hörte man. Paul schien Probleme zu haben und verarbeitete vielleicht irgendeinen Wahnsinn in seinem Kopf.

Wie immer wohnten wir alle in unserem altvertrauten Hotel Engelhof in Tutzing. Paul auch. Eines Nachts – es muss 4 Uhr morgens gewesen sein – klopfte es an meiner Zimmertür. In T-Shirt und Unterhose stand der Rockstar vor mir. »Bertram, please, where can I get a Scotch?« Ich versuchte ihm klarzumachen, dass sein Wunsch in dieser Mittelklasseunterkunft nicht erfüllt werden könne. Ich verwies ihn auf den Kühlschrank mit Cola und Bier unten im Flur. Aber er müsse das dann auf einem Zettel anschreiben.

Nach drei Tagen reiste Paul ab und hinterließ zwei unbrauchbare Nummern, die den Giftschrank des Red Rooster nie verlassen sollten.

DIE DIKTATUR DER TRILLERPFEIFE

Meine Frau Petra war immer schon ein Eros-Ramazzotti-Fan. Und als der Italiener ein Konzert im fantastischen Ambiente der Arena in Verona ankündigte, wollte sie diese Chance auf keinen Fall verstreichen lassen. Also gönnten wir uns ein Wochenende in der Stadt von Romeo und Julia und hatten Eintrittskarten für den Popstar, der mit großartiger Band das Amphitheater zum Leuchten brachte. Meiner Meinung nach einer der herausragenden Musiker des Abends war der Saxofonist Everette Harp. Er hatte einen wunderbar seidigen Sound, spielte exaltierte Soli und zeigte sich gleichzeitig als wahrer Teamplayer. Petra kam auf den Gedanken, dass er der richtige Solist für Peters Band wäre. Eine utopische Idee. Man sieht jemanden in einer weltberühmten Band spielen und denkt sich, der könnte jetzt bei Maffay auftreten. Doch drei Monate später wurde es Realität. Peter hatte ihn auf meinen Tipp hin kontaktiert und Everette spielte daraufhin einige Tracks auf dem Album *Wenn das so ist*. Das Saxofon wurde in Amerika in einem Studio aufgenommen und in Tutzing in die Albumproduktion eingepasst.

Der erste Gig mit den Songs vom neuen Album war die Plattenpräsentation im Club Zenith in München. Everette sollte mitspielen, er kam extra für die Show aus den USA eingeflogen und weilte im Hilton am Tucherpark. Keiner hatte ihn bis dahin zu Gesicht bekommen. Wir hatten auch nie mit ihm geprobt. Everette versicherte aber, er sei vorbereitet und habe seine Parts exakt so einstudiert, wie sie auf der Platte geschnitten waren. Kurz vor dem Soundchreck war er immer noch nicht zu sehen. Wir mussten jetzt auf die Bühne und alle dachten: *Wo zum Teufel ist Everette?*

Exakt im Moment seines ersten Saxofontons trat er ins Licht. Er hatte Maffay vorher nicht mal Guten Tag gesagt und spielte nun frontstage sein Solo. Das war so was von geil, dass es uns allen kalt den Rücken runterlief und Peter vor Begeisterung ausrastete. Am Ende des Songs gab er Peter die Hand: »Hi, I'm Everette, you must be Peter.« So überzeugt hatte noch nie jemand. Das war hochprofessionell. Everette hatte die unantastbare Aura eines Las-Vegas-Stars. Uns allen war klar, dass er die bevorstehenden Konzerte unbedingt mitspielen musste.

Peter hatte sich in den Kopf gesetzt, dass die 2015er Tour *Wenn das so ist* ein spektakuläres Bühnenkonzept haben sollte. Zum einen war dies eine Centerstage, deren Boden auch als Videoprojektionsfläche diente, wodurch bewegte Lichtatmosphären geschaffen wurden. Diese gelungene Inszenierung erzeugte einzigartige visuelle Effekte. Einer anderen spektakulären Idee stand ich etwas skeptisch gegenüber. Das Schlagzeug nämlich sollte beim Showopener oben aus der Hallendecke gefahren werden. Schon als Kind kostete mich der Sprung vom Dreimeterbrett höchste Überwindung. Beim Schwimmunterricht wurden wir gezwungen, in Reih und Glied die Leiter hochzusteigen. Ich hatte dieses mulmige Gefühl in der Höhe und traute mich kaum, auf diesem wippenden Brett nach vorne zu treten. Jedes Mal wenn die Diktatur der Trillerpfeife in den Ohren schmerzte, kam es mir vor wie eine Hinrichtung.

Und jetzt – Jahrzehnte später – sollte ich mich auf 30 Meter Höhe unter die Hallendecke ziehen lassen! Auf einem Podest mitsamt angeschraubtem Schlagzeug!

Bei den Production Rehearsals erhielt ich die Einweisung durch ein Sicherheitsteam. Ich wurde mit Gurten festgeschnallt, zusätzlich an Seilen gesichert, und mir wurde gezeigt, wie ich mich im Notfall zu verhalten hatte. Zum Sicherheitstraining gehörte die Erprobung des Ernstfalls.

Dazu musste ich aus halber Höhe abspringen, um ein Gefühl dafür zu bekommen, wie es ist, von Seilen aufgefangen zu werden. Das war heavy. Aber der TÜV verlangte diese Maßnahme.

Die Tour mit 20 Konzertterminen startete Mitte Januar in Hamburg und endete einen Monat später in Bremen. Jeden Abend wurde ich bereits 15 Minuten vor Showstart hinter einem Sichtvorhang hochgefahren und wartete mutterseelenalleine in 30 Meter Höhe unter der Hallendecke. Punkt 20 Uhr röhrten die Gitarren los und Maffay sprang raus auf die Centerstage. Den tosenden Applaus übertraf jetzt nur noch der wuchtige Schlagzeugeinsatz. Zeitgleich setzte sich meine Plattform in Bewegung und ich kam, in Nebel gehüllt, von der Decke geschwebt. Durch das Licht und den Rauch hatte ich jegliches Gefühl für Raum und Höhe verloren. Ich spürte nur, dass es nach unten ging. Das Podest wackelte, und ich bemühte mich, das Gleichgewicht zu halten, um nicht aus dem Groove zu fliegen. Dann dackelte das ganze Ding schaukelmäßig runter, rastete unten ein, und ich wurde sofort losgegurtet, während ich den Song weiterspielte. Jedes Mal wenn ich runterfuhr, hatte ich Angst, dass die Plattform auf halber Höhe stecken bleiben könnte.

ANATOMIE DER GROSSMÄCHTE

Im Prinzip führe ich seit 48 Jahren zwei parallele Langzeitehen. Von Beginn an wussten beide Partner voneinander. Anfangs war es wohl etwas schwierig. Aber sie haben sich der Sache angenommen und mit gegenseitiger Achtsamkeit ein respektvolles Gleichgewicht geschaffen. Der Wechsel zwischen Panikorchester und Maffay-Band ist für mich jedes Mal der Trip in eine andere Dimension. Denn Peter und Udo sind Menschen, die von ihrem Wesen, aber auch von ihrem musikalischen Verständnis kaum unterschiedlicher sein können. Diese Polarität hat sich in all den Jahrzehnten, die ich mit ihnen auf Tourneen, im Studio oder hinter den Kulissen und privat verbracht habe, kaum geändert. Jedes Mal heißt es für mich, den Schalter umzulegen, damit beide Welten, die in nahezu entgegengesetzten Schaltkreisen funktionieren, in meinem eigenen Kosmos nebeneinander existieren können.

Eine Analyse bringt durchaus interessante Facetten zutage.

Udo ist von Hause aus Schlagzeuger und er hat in seiner Frühzeit als Instrumentalist hinreichende Banderfahrungen gemacht. Obwohl er heute in den Sphären eines bedeutenden Rockstars schwebt, haben seine Antennen die Erdung zum Ground Control des Panikorchester-Biotops nie verloren.

Peter hingegen war von Beginn an immer ein Soloartist und er kann daher weniger auf die Erfahrung als Bandmitglied zurückgreifen. Peter und Band muss man daher mehr als getrennte Einheiten sehen, die es zu synchronisieren gilt.

Auch der taktische und psychologische Umgang in der Kommunikation mit der Band basiert im Vergleich auf völlig unterschiedlichen Ansätzen. Bei Peter geht's sehr straight, diszipliniert, durchgetaktet und fast militärisch zu. Er braucht die Sicherheit und Perfektion, indem er Songs tausendmal probt. Dadurch verbreitet er in gewissem Maße einen psychologischen Druck.

Udo hingegen ist auf der Bühne und bei Proben wesentlich lockerer. Er hat die »Weltmeister« eingekauft, warum sollte er sich

Sorgen machen. Mit dieser Einstellung bringt er uns Respekt entgegen. Und wenn man sich verspielt, dann betrachtet er den Ausrutscher aus der menschlichen Perspektive: »Hat heute nicht so geklappt, dann machste es morgen halt besser.« Dinge, die nicht so laufen, wie sie könnten, kommentiert Udo elegant und ohne Druck. Fehler können passieren, aber jeder nimmt sich Udos Ansporn zu Herzen und bemüht sich um Eigenverantwortung.

Auch vom musikalischen Ansatz bewegen sich beide in unterschiedlichen Systemen. Peter legt gerne Tempo in die Songs. Alles will mit Excitement schnell gespielt werden, was für mein Empfinden manchmal zu gewollt nach vorne gedacht ist. Dann springt er beim Konzert auf den Drumriser und reißt mit einer wahnsinnigen Kraftausstrahlung die Gitarre hoch.

Bei Udo wiederum kann's nicht langsam genug sein. Das verursacht für mich als Schlagzeuger einen großen Unterschied im Gefühl des Backbeats, der bei Udo eher entschleunigt hinten liegt und bei Peter upfront.

Peter Maffay ist für mich der klare »Eins-und-drei-Typ«. Durch seinen rumänischen Background – vermute ich – dominiert bei ihm dieses Eins-drei-Denken, das auch in der deutschen Musiktradition stark verankert ist. Man muss sich nur mal deutsche TV-Shows angucken – da klatschen die Leute immer auf eins und drei. Auch Marschmusik ist immer basierend auf eins und drei. Bei Peter ergreift der Backbeat nahezu die diktatorische Peitsche ... wie ein Jockey, der sein Rennpferd mit Vehemenz auf die Zielgerade schickt.

Von komplett anderer Natur ist der Backbeatfeel bei Udo, der vom amerikanischen Einfluss kommt. Rock 'n' Roll beruht auf dem »Zwei-und-vier-Denken«. Udo Lindenberg ist ganz klar two and four ... no doubt about it. Und das ganz weit hinten.

Auch vom Wesen her sind Peter und Udo wie zwei Kometen auf unterschiedlichen Flugbahnen. Maffay ist der rumänische Fighter, der sich aus einfachen Verhältnissen hochgekämpft hat und als Geschäftsmann sein Imperium bewahren will. Sein Umgang mit Partnern und Kollegen ist von geradliniger Art: »Das ist so, das wird so gemacht.« Man hat immer klare Anhaltspunkte, die eine Verbindlichkeit darstellen. Peter ist ein loyaler Typ, der seine Sichtweisen engagiert und mit rhetorischem Geschick zu vermitteln weiß. Das Arbeitsklima mit ihm bietet wenig Raum für Emotionen, es ist von straighter und ergebnisorientierter Natur. Diese Tatsache macht das Miteinander mit ihm relativ unkompliziert.

Hingegen ist eine vernünftige Unterhaltung mit Udo nahezu ein Ding der Unmöglichkeit. Man versteht nie so recht, was er tatsächlich meint. Das ist immer so … *flexibel* – und seine verbalen Ausflüge in fremde Galaxien machen es schwierig, zum wirklichen Kern einer Sache vorzudringen. Udo ist auch nicht der geschäftsmännisch Denkende. Ob er Geld hat oder nicht, ist ihm ziemlich egal. Er ist mehr der empathische Typ – der van Gogh – der unter der Last der Emotionen manchmal zugrunde geht, aber daraus auch seine besten Ideen schöpft.

Durch die langen Jahre der Zusammenarbeit mit beiden Großmächten der deutschen Rockmusik hatte ich die Chance, meine Lehren zu ziehen. Bei Udo lernte ich, Dinge mit der nötigen Lockerness anzugehen. Bei Peter die unumstößliche Straightness und Zielorientiertheit, was mir letztlich den Umgang mit Kollegen wie Jimmy Barnes oder Robert Palmer erleichtert hat. Durch Peter konnte ich mir zudem ein dickes Fell zulegen. Für diese Lehre bin ich ihm sehr dankbar.

ZURÜCK IN DIE ZUKUNFT

Damals, beim *Aufmarsch der Giganten,* hatte ich – wie schon oft – das Gefühl, dass es Udos letzte Tour sein könnte. Die Zukunft schien ungewiss. Udo hatte keinen Plattenvertrag mehr. Niemand wollte ihn haben, und alle dachten, der Alkohol hätte seinen letzten Funken an Kreativität ertränkt. Aber das Gegenteil war der

Fall. Keiner konnte ahnen, was vier Jahre später passierte. Seine wahren Texte brachte er immer dann zu Papier, wenn Schicksalsschläge oder tiefe Emotionen an seinem Leben rüttelten. Er hatte sämtliche »Udopiate« aufgegeben und seinen körperlichen Zustand neu justiert. Nur die Zigarren waren ihm geblieben. Dann starb 2006 sein Bruder Erich. Seinen Tod verarbeitete er in jenem Song, der zum Titel des Albums *Stark wie Zwei* wurde. Weil niemand an seine schöpferische Auferstehung glaubte, nahm Udo bei dieser Produktion alles selbst in die Hand. Organisatorisch sowie auch finanziell. Titel wie »Mein Ding«, »Woddy Woddy Wodka« oder »Wenn du durchhängst« hatten plötzlich wieder diese starken Botschaften. Udo war zurück! Und plötzlich lagen ihm die Plattenfirmen zu Füßen. Es grenzte schon fast an Schamlosigkeit, mit welcher Anbiederung sie um die Gunst ihres auferstandenen Rockstars buhlten, den sie vorher hatten fallen lassen. Mit *Stark wie Zwei* hat Udo alle Zweifler, Lästerer und Besserwisser vorgeführt. Diesen Erfolg hatten wir vom Panikorchester nicht erwartet.

Die Tour hatte eine unschlagbare Atmosphäre. Udo landet mit einer Rakete auf der Bühne und steigt im Astronautenanzug aus der Kapsel. Hinter dem Glasvisier des Helms ist die Silhouette seines Huts zu sehen. Und das Publikum rastet komplett aus. Trotz der großen Bühnenproduktion war die gesamte Dramaturgie auf die Musik zugeschnitten. Das Panikorchester spielte mit einer Essenz an Musikern in einer kleinen Besetzung. *Stark wie Zwei* war vom musikalischen Aspekt die beste Tour, die ich jemals mit Udo gespielt hatte. Ich bekomme heute noch Gänsehaut.

Drei Jahre später toppte *MTV Unplugged – Live aus dem Hotel Atlantic* alles bis dato Geschehene. Die Platte wurde zum meistverkauften Musikalbum in Deutschland – zu einer Zeit, in der das Medium CD angesichts einer blühenden Streaming- und Downloadkultur längst schon abgeschrieben war. Ausgerechnet bei dieser wegweisenden Produktion war ich nicht dabei! Ich könnte mich heute noch in den Hintern beißen. Schon manches Mal musste ich verlockende Angebote sausen lassen, weil ich in irgendwelchen vertraglichen Verpflichtungen steckte. Bassist Ken Taylor hatte mich einmal bei Queen-Gitarrist Brian May als Studiodrummer für additional tracks auf seinem 1998er Soloalbum *Another World* empfohlen. Charlie Watts hatte mir einst den Platz im Stones-Privatjet angeboten, um mit den Jungs im Rahmen ihrer *Licks*-Tour 2003 nach Barcelona zu fliegen. 2011 feierte Udo Lindenberg sein Jahrhundertcomeback mit *MTV Unplugged*. Jedes Mal kam etwas dazwischen. Jedes Mal war es wegen Maffay. Die Proben und Aufzeichnungen zu *Live aus dem Hotel Atlantic* waren auf Ende Mai / Anfang Juni 2011 festgelegt. Und genau in dieser Zeit lief die *Tattoos*-Tour mit Peter, die ich schon ein Jahr zuvor zugesagt hatte.

Ursprünglich hatte Udo unser Panikorchester für MTV eingeplant, aber zwei Urgesteine der Band, nämlich Jean-Jacques und ich, waren nicht abkömmlich. Es hätte keinen Sinn ergeben, nur ein halbes Panikorchester antreten zu lassen und den fehlenden Rest durch andere Musiker zu ersetzen. Das wäre nicht Fisch und nicht Fleisch gewesen. Folglich stellte Produzent Andreas Herbig eine komplett neue Band zusammen. Das hat tief geschmerzt. Als einer der neuen jungen wilden Producer, der Acts wie Reamon oder Zweiraumwohnung produziert hatte, nahm er sich den Strategen Udo Lindenberg vor, um Klassiker wie »Vakuum«, »Jonny Controlletti«, »Cello«, »Horizont« etc. im neuen Klangformat wiedererblühen lassen. So wie Rick Rubin sich den alten Johnny Cash holte und ihn noch mal aufpolierte. Da hätte ich gerne mitgearbeitet und die Erfahrung gemacht, die Songs aus der Sicht Herbigs neu aufzuarbeiten, zumal die Zusammenarbeit mit Andreas schon drei Jahre zuvor bei *Stark wie Zwei* extrem gut funktioniert hatte. Das *Unplugged*-Album war super produziert. Da kann ich nichts gegen sagen. Auch nichts gegen meine Kollegen, die das eingespielt haben. Am Ende wurde *Live aus dem Hotel Atlantic* über eine Million Mal verkauft.

Udo konnte sich nun wieder einiges erlauben, er war zur lebenden Legende aufgestiegen und kam auf der 2012er Tour *Ich mach mein Ding* mit einem Zeppelin zur Show eingeflogen. Es war ein multimediales Spektakel mit illustren Gästen. Mit *Stark wie Zwei* und *MTV Unplugged* gelang Udo das ultimative Comeback. Aber auch das Panikorchester profitierte davon. Denn wir waren wieder Nummer eins.

20 000 MEILEN UNTER DEM MEER

Ich mach mein Ding wurde zum Synonym für die Wiederauferstehung eines Rockstars. Wir spielten frenetisch gefeierte Comebackshows und hatten das Gefühl, endlich dort angekommen zu sein, wo wir immer hinwollten. Unser legendärer Manager Balou jedoch dachte einen Schritt weiter und schmiedete einen Plan: »Udo muss auf dem Zenit seiner Karriere ins Stadion.« Niemand außer ihm wettete einen Cent darauf, dass dieses Unternehmen gelingen würde. Doch Balou setzte den Vorverkauf an und wir waren in Düsseldorf und Leipzig in wenigen Stunden ausverkauft. Also sind wir wirklich auf Stadiontour gegangen, die sich in Etappen über drei Jahre hinzog.

Als wir im Sommer 2014 zur Produktionsprobe nach Düsseldorf kamen, sah ich zum ersten Mal die komplett aufgebaute Bühne. Ich stand davor wie ein Kind und war einfach nur platt. Das alles hatte man für uns aufgebaut! Eine gigantische Rockrevuestage mit Reeperbahn-Kulisse und 600 Quadratmeter High-Resolution-LED-Screens. In dem Moment wurde mir klar: Auch nach 50 Jahren ist das Panikorchester nicht gealtert. Im Gegenteil! Jetzt geht es richtig ab! »Wenn die Mütter morgens in der Zeitung lesen, dass wir kommen, kriegen die 'n Schock«, sang Udo. Heute müsste man dichten: »Töchter, sperrt eure Mütter ein, das Panikorchester kommt.«

Als allererste Soundchecknummer auf der noch jungfräulichen Bühne spielten wir »Wenn die Heizer kommen«. Eigentlich war ich ziemlich cool, obwohl ich dachte, dass es vom Drumsound gewöhnungsbedürftig werden könnte, gegen diesen riesigen Raum anzuspielen. Aber es war das Gegenteil. Ich fühlte mich wie in einer

Limousine. Beim Schlussbreak vom Schlagzeug hörte ich dann diesen Acht-Sekunden-Hall nach dem letzten Abschlag. Da bin ich aufgesprungen – so Klitschko-mäßig, und hab geschrien: »Jaaa, das ist fucking Stadionrock!«

Und Udo schnorchelt mir ganz süffisant ins Ohr: »War gut, der Sound, ne … schön groß hier, he he … is' ja standesgemäß … wir spielen jetzt immer hier.«

Lange im Vorfeld der Tour wurde vom Produktionsteam die Bühne entworfen. Das Thema Seefahrt spielte mal wieder eine zentrale Rolle. Udo hatte immer schon einen Hang dazu. Auch zu Raketen, zum Mond fliegen, Gene Galaxo, out of space – all diese Dinge beflügeln seine Fantasie. Er wäre der erste Passagier, wenn es kommerzielle Fahrten mit einem Raumschiff ins All gäbe … und dann würde er da oben einen Gig machen mit dem Panikorchester.

Eine überdimensionale Videoprojektion des tosenden Ozeans, der mit ganzer Macht über die Bühne hereinbricht, sollte als Show Opener fungieren. Abgesehen davon waren auch wieder Ufos und diverse Flugkörper geplant, denen Paradiesvögel entstiegen. Als man uns die ersten Layouts von der Bühne präsentierte, hatte ich sogleich die Assoziation von *20 000 Meilen unter dem Meer* … Jules Verne und Unterwasserfahrzeuge. Das Design des Tourkits wollte ich unbedingt diesem fantastischen Kosmos anpassen. Mit rostigen Schrauben und Blechen sollte das Schlagzeug aussehen wie diese alten Taucherhelme aus den 20er-Jahren – wie *Nautilus*, das alte Unterseeboot. Inspiriert dazu hatte mich auch ein Foto von Nigel Olssons Aviator-Drumkit, das er 2012 bei Elton Johns *The Million Dollar Piano* in Las Vegas spielte. Das Ding sah unfassbar aus! Wie eine alte Spitfire … mit Nieten drin und Navy-Plaketten drauf. Also rief ich John Good an, Mastermind und Firmenchef der kalifornischen DW Drums Company, und erzählte ihm von der Idee.

Kurze Zeit später schickte man mir ein Foto von der ersten Umsetzung. Ich war überwältigt von diesem kunstvoll gefertigten Airbrush Graphic Design. Man hatte den Eindruck, als bestünde das Schlagzeug aus vernieteten Blechen mit Bullaugen drin.

Natürlich war ich in der komfortablen Situation eines sogenannten Artist Deal mit DW – so wie ich eigentlich seit Beginn meiner Karriere immer Vertragspartner an meiner Seite hatte. Dass man die Partner auch mal wechselt, hatte in der Regel geschäftliche oder persönliche Gründe.

DW wollte mich 2006 unbedingt als deutschen Drummer im Artist Roster haben. Für die war ich der Drummer, der mit den größten Acts spielte und am häufigsten bei *Wetten, dass..?* aufgetreten war. »Say what you need and you get it.« Für dieses gigantische Event mit Udo wurde schließlich das Tourkit in den USA gebaut. Es war technisch sowie optisch sicherlich das aufwendigste Schlagzeug seiner Art. Zumindest was meine Sets angeht, die in den vergangenen Jahrzehnten eher eine Sixties-Retrotendenz hatten.

Aber diesmal ging es um eine der größten Lindenberg-Shows ever.

DW hatte mir ein Set mit Cherry-Wood-Kesseln angefertigt. Ein absolutes Soundmonster im großartigen »Jules-Verne-Look«. Wir nannten es deshalb »Nautilus«.

Seit dem Zeppelinfeld – damals 1977 – spielten wir jetzt durch Udo die größten Shows in der Geschichte Lindenbergs.

APOLLO 13

Eine Stadionshow vor 50 000 Leuten ist wie in eine Apollo-13-Rakete einsteigen. Alles ist auf den Moment fokussiert, wenn der Countdown startet und die Lichter angehen. Dann gibt's kein Zurück mehr. Die Minuten vorher bin ich sehr konzentriert und werde ganz ruhig. Wie ein Apnoetaucher, der durchatmet und seinen Puls runterbringt. Manche Drummer spielen sich vorher heiß. Ich halte es da mehr wie der berühmte Schlagzeugpionier Buddy Rich, der auf die Frage, welche Warm-ups er macht, antwortete: »I take the hands out of my pocket.«

Ich geh da raus und weiß, dass die Audience auf diesen Moment wartet. Ein kurzer Check, alle Signale sind da, der Click läuft. Zwischen Becken, Mikrofonen, Stativen und Kameras erahne ich ein Meer von Köpfen im Rausch des frenetischen Jubels. In wenigen Sekunden kommt der Einzähler und Apollo 13 startet. Dieser Moment ist ein Kick von positiver Macht. Da braucht es eine gewisse Abgebrühtheit, um das ganze Ding nicht zu versauen. Und das geht nur, wenn man mental ausgeschlafen ist und die Waage halten kann zwischen Adrenalin, Power und Relaxtheit. Aber wenn es um Leben und Tod geht, dann kenn ich kein Erbarmen.

Die Nummer »Odyssee« war der Opener der *Panik-Virus*-Tour, ein Song mit dem einfachsten Beat der Welt. Und die Show fing ganz alleine mit dem Schlagzeug an, mit diesem simplen Beat, der sich wie ein Achtzylinder-Cadillac Eldorado mit aller Macht vorwärtsschiebt. Jedes Mal kam mir das Tempo so langsam vor und ich dachte: *Das kann nicht sein!* Das Adrenalin sagt einem, dass 90 bpm eigentlich 110 sein sollen. Aber die japanische Maschine ist knallhart. Dasselbe Tempo wie bei der Probe. Es ist die Atmosphäre im Stadion und die Leute dort, die dir diesen Druck machen … tief einatmen und langsam die Luft dosiert abgeben. Das hilft, um locker und cool zu bleiben.

Es gibt nicht viele Drummer, die in dieser Größenordnung überhaupt spielen dürfen – nur ein paar Auserwählten ist die Möglichkeit gegeben, diese Magie zu atmen. Bei allem muss man sich dessen bewusst sein, dass das schöne Rockbusiness ganz schnell wieder vorbei sein kann. Nichts dauert ewig. Deswegen gehe ich immer mit vollem Bewusstsein auf die Bühne und spiele, als wär's das letzte Mal.

Auf Arenabühnen ereilt mich das unendliche Gefühl von Freiheit.

Und ich will die Welle bis hinten in die letzte Reihe tragen. Der Puls muss erbarmungslos sein. Dann gehen die Leute mit. Nur so wird man Weltmeister. Simpel ist nicht dumm. Eine Four-on-the-floor-Bassdrum zu spielen, ist das Einfachste auf der Welt. Aber um diese Bassdrum überzeugend zu spielen, brauchst du Ausstrahlung. Das macht es dann geil, weil du merkst, wie die Leute mitgehen. Und das hat mit Talent und Geschmack zu tun. Wenn du das nicht hast, bist du der Falsche. Ich war immer ein Charakterspieler mit starkem Willen und Leidenschaft. *Always play like you mean it!* Es gibt keine Ausrede und auch kein halb gares Spiel.

Als Drummer musst du klare Signale liefern. Ich denke zwar viele Noten, spiel sie aber nicht. Es geht darum, das Simple clever zu machen. Hier trennt sich die Spreu vom Weizen. Wenn ich die Songs nur runterhacke, dann ist es lediglich Rock, aber noch lange nicht Roll. Die Leute wollen klatschen und toben. Wenn das nicht gelingt, dann sitzt du abends im Hotelzimmer und denkst: *Scheiße.* Aber wenn du einfach spielst, dann trägst du die Welle bis ganz nach hinten in die letzte Reihe und alle flippen komplett aus. So einfach ist das. Und ich krieg auch noch Geld dafür. Die Frage ist nur, ob auch in angemessenem Verhältnis.

ONKEL DAGOBERT

Das Showbusiness ist nicht immer so funny, wie alle glauben. Von wegen: Hey toll, wir sind Rockstars, haben Kohle und werfen Fernseher ausm Fenster. Das ist Bullshit! Leider ist es in Deutschland nicht angesagt, dass man als Musiker die Gagenverhandlungen einem eigenen Manager oder Anwalt überlässt. Einmal hatte ich dieses Thema bei Peter angesprochen, aber die Retourkutsche kam prompt: Wenn du mit so was anfängst … dann sind wir getrennte Leute. Meine Gagen habe ich folglich immer selbst aushandeln müssen, was schwierig ist, weil man im Künstlergewerbe nicht gerne über Geld redet. Pokerst du zu hoch, bist du das Arschloch oder eben einfach raus.

Maffay schickt keinen Manager vor. Er will mit mir unter vier Augen reden. Also bleibt nur der Gang nach Canossa, und das ist eisenhart. Udo hingegen hat seine Leute für diese Dinge. Wir beide reden nie über Geld, nur über Musik. Folglich hatte ich 2014 mit Manager Balou mein Honorar für die Lindenberg-Tour *Stärker als die Zeit* verhandeln müssen. Sein Angebot war lächerlich. Es ging um die größte Stadiontour seit Bestehen des Panikorchesters und die

Tickets waren binnen weniger Stunden ausverkauft. Ich bin nicht geldgierig, aber ich fühlte mich als Mitglied vom Panikorchester nicht genügend wertgeschätzt. Nach 40 Jahren waren wir am Zenit angekommen und Udo der größte Rockstar in Deutschland. Da hätte man das Panikorchester zumindest ein wenig am Erfolg teilhaben lassen müssen. In einem Stadion mit 50 000 Leuten hat man bei 100 bis 200 Euro pro Ticket schnell einen Umsatz von acht Millionen. Merchandise nicht eingerechnet. Selbst bei zwei Millionen Produktionskosten bleibt immer noch ein Haufen Geld übrig. Und diesen Braten teilen sich nur wenige Leute. Vor diesem Hintergrund habe ich das Gagenangebot abgelehnt. Ich war tierisch sauer über diese unredliche Haltung angeblicher Geschäftskollegen, die immer auf verständnisvoll und nett machen. Überall im Business wird viel für gute Zwecke gespendet, aber nie hat jemand daran gedacht, auch mal den Leuten vom Panikorchester etwas abzugeben, nachdem wir all die Funktionäre zu Multimillionären gemacht haben. Als Retour schrieb ich Balou eine Smiley-Mail und unterbreitete ihm mein Gegenangebot: *Wir sind die 1-Euro-Band.* Man möge doch 1 Euro pro verkauftem Ticket für jeden vom Panikorchester als Honorar berechnen. Das wäre eine angemessene Spende, damit wir nicht von der Hand in den Mund leben müssen und im Alter auch was übrig behalten. Ich finde das nicht zu viel nach 40 Jahren Dienst. Mit dieser Forderung konnte ich mich leider nicht durchsetzen. Zumindest aber hatte man jetzt zwei Verhandlungspositionen in der Waagschale. Dass man sich auf dem Weg letztlich irgendwo treffen musste, war klar. Ich hatte hoch gepokert und erreichte zumindest ein angemessenes Honorar, was deutlich das ursprüngliche Angebot überstieg. Am Ende hat Balou gar nicht geweint. Wahrscheinlich hätte ich das Vierfache verlangen können.

Aber jedes Mal kommt das Geheule vom Management, dass alles so viel Geld koste und man uns Musikern auch noch teure Gagen zahlen müsse. Man bedient sich gerne des Druckmittels des schlechten Gewissens. Tut mir leid, aber soll ich jetzt für Herrn Maffay oder für Herrn Lindenberg noch einen Hut aufstellen? Ich lebe mit Peter länger, als es sämtliche Ehefrauen mit ihm ausgehalten haben. Natürlich ist er auch ein alter Kumpel und ich würde unsere Freundschaft nicht wegen Geld aufs Spiel setzen. Dafür haben wir uns gegenseitig zu viel zu verdanken. Trotzdem wird in diesem Business manchmal nicht mit offenen Karten gespielt, obwohl ich nach all der Zeit eigentlich Anspruch darauf hätte, Einsicht in die Geschäftsgebaren zu bekommen.

Es ist schon länger her, dass ich bei Peter einmal den Vorstoß wagte, hinsichtlich einer zukunftsorientierten Absicherung über Beteiligungen an Plattenumsätzen nachzudenken. Im Gegenzug würden wir die Sessions umsonst spielen. Ein kleiner Prozentsatz Beteiligung würde ja gar nicht von Peter persönlich ausgezahlt werden müssen, sondern der Erfolg wäre der Geldgeber. Und Peter könnte das noch von der Steuer absetzen. Er selber würde die Verdienstschmälerung kaum merken. Aber für mich wäre es ein spürbarer Zuwachs. Leider wurde eine Beteiligung abgewiesen.

SANDUHR

Meine Mutter Marta sah ich das letzte Mal, als ich sie im Dietrich-Bonhoeffer-Seniorenstift in Steinfurt besuchte. Wir hatten mit Udo an diesem Tag einen Auftritt im Jovel in Münster. Die 2014er Stadiongigs lagen hinter uns, und nun gab es noch eine letzte Show, sozusagen eine familiäre Abschlussfeier, die Steffi organisiert hatte. Am Nachmittag nahm ich mir eine Stunde und fuhr rüber zu meiner Mutter. Sie hatte vor längerer Zeit schon ihr Haus verkauft und konnte mit dem Geld die Heimunterkunft finanzieren. Ihr war damals bewusst, dass die Finanzen irgendwann aufgebraucht sein würden. Und mit dem Blick auf die Sanduhr entwickelte sie finstere Gedanken.

Bei meinem Besuch ging es ihr nicht gut. Sie war 93 Jahre alt und wir sprachen über die schönen Dinge des Lebens. In mir kündigte sich ein Gefühl an, dass es mit ihr bald zu Ende gehen könnte. Vielleicht hätte ich länger bleiben sollen, aber ich hatte es mal wieder eilig und musste zum Gig. Sie wünschte mir noch »eine gute Reise«. Ich saß schon im Auto und dachte über ihre Abschiedsworte nach. Mir kam es komisch vor, denn von Burgsteinfurt nach Münster ist es ja keine Reise. Das sind nur 30 Minuten. Auf dem Weg zum Konzert wurde mir klar, dass sie nicht die Autofahrt meinte, sondern die Reise auf meinem weiteren Lebensweg – wir sehen uns auf der anderen Seite. Es war eine Verabschiedung und ich kämpfte mit den Tränen, musste jetzt rauf auf die Bühne, den Gig spielen und alles vergessen. Im Showbusiness musst du antreten, auch wenn's dir mal nicht gut geht. Denn allen ist es egal, ob jemand gestorben ist, ob du kein Geld mehr hast oder ob der Gerichtsvollzieher vor der Tür steht. Von dir wird uneingeschränkt erwartet, dass du dir den Arsch abspielst. Diesem mentalen Druck muss man standhalten.

Meine Mutter hatte mir damals bei der Klavierlehrerin Trude Sturm quasi das Ticket für meine Reise gekauft. Dieses Ticket musste ich nun einlösen – the show must go on.

Ohne den Zuspruch von Marta Passmann wäre mein Leben völlig anders verlaufen. Trotz ihres Instinkts als besorgte Mutter hatte sie zu allem ihr Okay gegeben und lediglich Steffi Stephan eindringlich gebeten: »Pass auf meinen Jungen auf.«

Wenige Wochen nach meinem Besuch, am 9. September 2014 machte sie sich auf ihre Reise. Die Sanduhr war abgelaufen.

UNTER STROM

Udos *MTV Unplugged – Live aus dem Hotel Atlantic* hatte ich ein paar Jahre zuvor verpasst. Diesmal aber war ich zur Stelle, als wir im August 2017 mit Peter Maffay in Halle (Saale) aufschlugen und das Steintor-Varieté für die MTV-Aufzeichnung in Beschlag nahmen. Wie man es von den etablierten Unplugged-Sendungen kannte, hatte man alles wohnzimmermäßig aufgebaut. Es sollte ja auch die Atmosphäre rüberkommen, dass wir vor kleinem Publikum ein quasiakustisches Privatkonzert spielen. Daher gab es seitens der Produktion einige technische Vorgaben. Zum Beispiel durften Stromgitarren und Geräte wie Synthesizer oder Amps eigentlich nicht angestöpselt werden. Wenn überhaupt, dann nur getarnt. Statt E-Gitarre wurde also auf akustische Gitarre umgesattelt, die Keyboards wichen einem Klavier, und die Band saß gepflegt auf Barhockern, um den guten Ton handgemachter Musik unverstärkt vorzutragen. Entgegen allen elektrischen Einschränkungen kamen Mikrofone und ein paar versteckte Tonabnehmer dennoch an den Start. Auch eine kleine Beschallungsanlage war aufgebaut. Schließlich sollte das Ganze ja hörbar gemacht und live vor Publikum stattfinden. Den Begriff unplugged – also ausgestöpselt und ohne Elektrifizierung – darf man nicht wörtlich nehmen. Diese Bezeichnung bedient das reine Marketing für ein Fernsehformat, das seitens MTV Ende der 80er entwickelt wurde. Ein puristisches Unplugged würde ja nur am Lagerfeuer funktionieren und hätte mit einer technikbasierten Fernsehproduktion nichts zu tun.

Einer der ersten Pioniere dieses Formats war 1992 Eric Clapton mit Ray Cooper an der Percussion. Ich hatte damals dieses Konzert im Fernsehen verfolgt und war total geflasht von Ray Cooper, dem Weltmeister des Tamburins, der nun, 25 Jahre nach seinem Clapton-MTV-Debüt, mit uns in dieser Sendung als Special Guest auftreten sollte. Wir alle hatten uns vorgenommen, im Rahmen der Wohnzimmerklangtechnik sehr leise zu spielen. Daher entschied ich mich für ein reduziertes Schlagzeug mit kleinen Kesseln. Es war aber eine falsche Annahme, dass kleine Trommeln auch leise klingen. Beim Soundcheck produzierte das Kit extrem viel Druck und die Band war lauter als erlaubt. Also ließ ich mich auf ein Experiment ein und probierte das Gegenteil. Ich baute mir große Trommeln dahin und dämpfte sie stark ab. Das Ergebnis war sensationell, und wir ernteten einen weichen Schlagzeugsound, der trotzdem kraftvoll war. Das Problem lag jetzt nur noch bei der Snare, da ich von Stadionshows her gewohnt war, sie rockmäßig zu nageln. Das konnte ich in diesem Ambiente komplett vergessen und versuchte meiner linken Hand die dezente Jazzhaltung schmackhaft zu machen – den sogenannten »Traditional Grip«, bei dem der Stock nicht von oben nach unten aufs Fell gezogen wird, sondern mit Effet seitlich in der Hand tänzelt. Sieben Tage dauerte es, bis ich diese Handtechnik einigermaßen unter Kontrolle hatte, ohne meinen Stil zu verbiegen. Wenn ich so weich und leicht spielte, klang das Schlagzeug draußen im Ü-Wagen erstaunlicherweise total heavy und fett. Für mich war es eine Erleuchtung festzustellen, dass die Trommeln bei leichtem Spiel erst richtig zu leben beginnen.

An drei Abenden im ausverkauften Steintor-Varieté spielten wir uns durch die Hits aus Peters Karriere und zogen neben Ray Cooper noch einige Gäste wie Johannes Oerding, Tony Carey und Katie Melua hinzu. Unser Bandsound war grandios, und deshalb planten wir, dieses Klangformat auf unsere bevorstehende *Unplugged*-Tour zu übertragen. Allerdings verging erst mal ein Jahr, und da war Ray Cooper leider schon an Elton John vergeben, der seine *Yellow-Brick-Road*-Farewell-Tour gestartet hatte. Alternativ kam Percussionist Lenny Castro infrage, doch er konnte wegen Toto nicht. Petra kam letztlich auf die Idee, Hakim Ludin zu fragen. Ihn hatte ich schon bei gemeinsamen Drumseminaren erlebt. Hakim war ein kompatibler Musiker für unsere Band, vom Style jedoch komplett das Gegenteil von den hartnäckigen Groovetypen Cooper und Castro. Hakim ist mehr der Soundmaler, der mit vielen exotischen und zum Teil orientalischen Klängen ein ganz eigenes Flair einbringen kann.

Um die 2018er Tour unter einem besonderen Branding zu promoten, wurde aus Marketinggründen die MTV-Headline beibehalten, obwohl der Fernsehsender mit der Konzertreihe gar nichts zu tun hatte und wir komplett frei waren in unserer Performance. Wir hielten an der Idee fest, mit derselben Attitude zu spielen wie in diesem Varietétheater, um mit der Soundatmosphäre dem Unplugged-Image gerecht zu werden. Es war für uns ein psychologisches Ding, das akustisch anmutende Feel eines Wohnzimmerkonzerts in eine Arena zu transportieren. Das galt genauso für meinen Drumsound. Obwohl ich auf dieser Tour ein ganz anderes Kit einsetzte, konnte ich mit ein paar technischen Tricks den Schlagzeugklang der ursprünglichen MTV-Aufzeichnung nachempfinden. Außerdem spielte ich inzwischen konsequent mit der linken Hand eines Jazzers.

Wir hatten bereits die Hälfte der Tour hinter uns, als mich in Leipzig der Influenza-A-Virus überfiel. Ich lag mit 39 °C Fieber im Bett und griff zum Telefon. Peter schickte sofort den Bandarzt, ich landete kurzfristig im Krankenhaus und hing am Tropf. In meinem Zustand ein Konzert zu spielen, geschweige denn eine Tour, war aus medizinischer Sicht komplett unverantwortlich. Die Entscheidung lag letztendlich bei mir und ich versicherte Peter: »Ich spiele! Aber nur abends die Show, kein Soundcheck und nichts anderes.« Drei Tage lang ging das Fieber nicht runter. In Leipzig, Erfurt und München bekam ich meine eigene Garderobe und wurde von der Band abgesondert. Durch Medikamente war ich zeitweise benebelt und hab die Shows mehr oder weniger auf Autopilot durchgezogen. Danach ging's sofort mit Privatfahrer zurück zum Hotel. Das Ganze war eine harte Nummer. Vor allem der Zugabenblock raubte mir die letzten Kraftreserven. Als Überraschungseffekt hatten wir ein AC/DC-mäßiges Stromset vorbereitet. Während Peter – quasi als Ablenkungsmanöver – den letzten Song des offiziellen Unplugged-Teils ganz alleine mit Gitarre irgendwo im Lichtkegel inmitten der Audience spielte, wurde die Bühne in Windeseile heimlich zur Hardrock-Stage umgebaut. Und bei »Siehst du die Sonne nicht« ging es schlagartig über in den Stromteil. Wie nach einem Blitzeinschlag war die Wohnzimmerbühne komplett verschwunden und gigantische Marshall-Türme ragten in meterhoher Kulisse Richtung Hallendecke. Der plötzliche Effekt des Szenenwechsels von Lagerfeuergitarre auf verzerrten AC/DC-Starkstrom unter dem Zucken gleißender Scheinwerfer war gigantisch.

KAPITEL 8

VON BERUFS WEGEN

ICH SPIELE SCHLAGZEUG WIE EIN PIANIST

Das Klavier hat meine musikalische Auffassung extrem geprägt. Damals schon bei Trude Sturm. Sie war streng mit mir und Fingertechnik bildete ihr oberstes Gebot. Etüden rauf und runter, Bach, Beethoven und das Lehrbuch *Hanon* waren acht Jahre meine steten Begleiter. Die Challenge aber kam von oben herab, eine Botschaft, die auf allen Empfangskanälen in das Innerste meiner Seele vordrang. Elton John wurde meine Rock-'n'-Roll-Droge. Sie entließ mich aus der Geiselhaft von Pflicht und Moral. Mit seinen Songs betrat ich eine Welt, die mich alles Reale vergessen ließ. Abend für Abend, Tag für Tag, Wochen und Monate verbrachte ich mit »Rocket Man« und »Goodbye Yellow Brick Road«, vergrub mich in die Tasten und legte mir Handsätze zurecht, um diese genialen Songs nachzuspielen. Was meinen Horizont nochmals sprengte, war das Klavierstudium an der Musikhochschule Münster. Von da an begriff ich die Welt der harmonischen Zusammenhänge, erkannte den Sinn von Akkordfolgen, die Absicht von Melodiebögen, und ich entlarvte das Prinzip von Strukturen, die letztlich einen Song ausmachen. Die Idee einer Komposition, ihr Kern, ihre Botschaft und die zielgerichtete Ausarbeitung zu einem Musikstück unterliegen auch handwerklichen Geschicken, die man wie Werkzeuge einsetzen kann, um musikalischen Eingebungen eine hörbare Plastizität zu verleihen. Was ich in den frühen Jahren gelernt habe, war eine enorm wichtige Basis für mich als Musiker. Daher beruht meine Sichtweise als Schlagzeuger auch eher auf dem integralen Aspekt von Musik. Ich betrachte Songs als komplexes Ganzes und aus dieser Perspektive entsteht die Idee eines tragfähigen Schlagzeugspiels. Die Gewürze, die man ins Spiel legt, um den homogenen Mix zu formen, sind ein wichtiger Aspekt. Man darf sich nicht verführen lassen, nur den reinen Drumtrack zu fokussieren, sondern muss die Musik ganzheitlich erfassen. Nur so ergibt sich der Schlüssel zum Instrument Schlagzeug, dessen primär funktionale Form – im Dienste eines Songs – den Grundstein bildet, um die Emotion rhythmischer Events in einen Groove zu gießen. Manchmal genügen wenige Details, um musikalische Größe zu erzielen.

Tatsächlich bin ich, was das Notenlesen und auch filigrane Technik angeht, besser am Klavier. Aber Schlagzeug empfinde ich mehr und es ist für mich das natürlichste Instrument.

DIE QUADRATUR DES KREISES

Der Trommler hinter mir rockte los wie 'n Verrückter
Und der Typ da am Bass wie ein vom Jenseits Geschickter
Das Panikorchester haute mich um
Und dann auch noch du
Du flipptest da rum.

Diese Szene aus Udos »Boogie-Woogie-Mädchen« zeichnet in ihrer ganzen Klarheit ein wunderbares Bild der Verführung. Es ist der vom Rock 'n' Roll getriebene Zauber eines Moments, wenn die Magie die

Regie übernimmt. Man schwebt über dem Boden und der Autopilot hat sich zwischen Himmel und Erde eingeloggt. Wahrscheinlich ist dies einer der besten Zustände, den man als Musiker in einer Band erreichen kann. Die Frage lautet nur, welche entscheidenden Faktoren es sind, die diesen Zustand herbeiführen. Dies scheint ähnlich schwierig zu sein, wie die Quadratur des Kreises vorzunehmen. Und mathematisch kann man dem Phänomen schon gar nicht beikommen. Vielmehr ist es ein Abtauchen in die Sphäre des Empfindens und in die Psyche musikalischer Ereignisse. Das Feel gilt hier als wichtiger Schlüssel, um Musikalität und Emotion auf eine Ebene zu bringen. Und dieser Ground Control muss von allen Akteuren gleichermaßen als gemeinsamer Kompass empfunden werden. Man kann Musik fehlerfrei und »richtig« spielen. Doch der Rock ist das eine, aber der »Roll« ist das Entscheidende in der Musik.

Seit Aufkommen der Beatmusik wird der zementierte Pakt zwischen Schlagzeug und Bass als DIE uneingeschränkte Achse eines funktionierenden Bandmotors bezeichnet. Aber jener so oft beschworene Subkosmos lässt sich nicht verallgemeinern. Bei den Stones waren zum Beispiel Charlie Watts und Keith Richards die Achse – also Schlagzeug und Gitarre – während Bill Wyman mit dem Bass das Ganze umspielte. Und Robert Palmer sagte einst: »The most important thing is bass, drums and vocals. All other stuff is decoration. But the decoration has to be perfect.«

Letztlich ist es doch die gesamte Band, die aus der Einvernehmlichkeit des Feels lebt. Das Team muss rocken. Nur ist es mit dem Feel immer so eine Sache. Wir Menschen empfinden individuell. Aber erreicht man jenen Zustand, der die gemeinsame Achse einer Unabdingbarkeit hervorruft, dann bewegt sich die Erfüllung des Grooves in einem Terrain jenseits erklärbarer Dinge. Man spürt es, wenn der Groove da ist, wenn plötzlich die Magie Fahrt aufnimmt und es einfach nur noch rollt. Wenn das passiert, gibt es keine Diskussion, wo der Beat zu sitzen hat. Dieser Beatkompass ist wiederum im eigenen Pulsempfinden verankert. Manche fühlen den Beat weit hinten, völlig relaxed. Andere upfront. Entsprechend formt sich das eigene, rhythmisch komplexe Universum. Das hat nichts mit besser oder schlechter zu tun. Es ist ein persönliches Empfinden, und man muss begreifen, wo die Kollegen timingmäßig denken. Bestenfalls gelingt es, sich beim anderen einzuloggen. Dazu gehört Erfahrung, musikalische Reife, Vertrauen und das Eingespieltsein.

Es ist nicht immer der Fall, dass erfahrene und talentierte Musiker unbedingt als Teamplayer funktionieren. Daher sehe ich es als glückliche Fügung, dass das musikalische Empfinden zwischen mir, Steffi Stephan und Ken Taylor oder auch Wyzard dieses nicht zu hinterfragende intime Verständnis hat.

Es macht also wenig Sinn, eine Band mit Superstars zu bestücken, wenn die musikalischen Uhren unterschiedlich ticken. Dann nämlich verzockt man die Magie und im Publikum gehen alle Würstchen essen.

DER STUDIODRUMMER, DER ICH NIE WAR

Niemals kam ich in die Verlegenheit, eine Audition spielen zu müssen. Das stand gar nicht auf meinem Plan. Ich hatte immer das Glück, sofort derjenige zu sein für den Job. Das fing damals 1976 mit Jackboot an. Im Laufe der Jahre sind um die 150 Alben zusammengekommen, auf denen ich zu hören bin. Wahrscheinlich sind es noch mehr. Dabei habe ich mich nie als Studiodrummer gesehen und mich als solchen auch nie promotet. Ich war immer Schlagzeuger im Bandkontext und nie der Sessiontyp. Außerdem dachten die Leute immer: *Der spielt bei Lindenberg und Maffay und hat eh keine Zeit*, was in den meisten Fällen auch zutraf. In den 80ern und 90ern hab ich mit Peter und Udo unfassbar viel gemacht. Wir waren ständig im Fernsehen, on the road oder arbeiteten an neuen Stücken. Und da stand mir nicht der Sinn nach Advertising für andere Jobs. Die Leute sind hauptsächlich auf mich zugekommen, und das waren in der Regel Leute aus dem Umfeld, Freunde und Familie. Ulla Meinecke, Milva, Nino de Angelo, Veronika Fischer,

Volker Lechtenbrink und wie sie alle heißen. Die italienische Sängerin Gillian Scalici und Hannes Wader passierten über meinen Freund Detlef Petersen – damals Keyboarder der Band Lake.

Ulla Meinecke war im Umfeld von Udo. Auch Milva war insofern Familie, als Tony Carey, der damals bei Peter Maffay spielte, ihr Album *Unterwegs nach morgen* produzierte und ich war dann dabei. Volker Lechtenbrink kam ebenfalls aus dem Maffay-Umfeld. Er hatte ein paar Songs geschrieben wie »Leben so wie ich es mag« oder »Du hattest keine Tränen mehr«. Für Kollegen wurden solche Sachen auf kurzem Dienstweg erledigt.

DER SPION, DER MICH LIEBTE

Ich bin in die Zeit der Drum-Maschinen hineingegrätscht – sozusagen in die KI des Schlagzeugs. In den 1980ern wurden Tonstudios zunehmend von Schlagzeugcomputern beherrscht, die eine neue Messlatte in Sachen Genauigkeit und Tempo setzten. Alles vorherige war plötzlich altmodisch. Die Sounds der amerikanischen und japanischen Wunderwerke beglückten Heerscharen von Studiobetreibern. Dabei galten die Erfindungen von Roland und Linn als das Nonplusultra. Eine ganze Producerszene schien ihrem Diktat hörig und verschanzte sich hinter der Perfektion, mit der die menschliche Komponente – vor allem die der Schlagzeuger – auf die hinteren Plätze verwiesen wurde. Diese Maschinen haben in der Trommlerszene Angst geschürt – Angst vor dem Verlust der eigenen Existenz. Zum Glück war ich davon wenig betroffen, weil Studiojobs sich hauptsächlich im Lindenberg-Maffay-Umfeld bewegten, wo noch handgemachte Musik und echt gespieltes Schlagzeug wertgeschätzt wurde. Im Endeffekt war es mit den Maschinen nicht ganz so schlimm wie befürchtet. Irgendwann werden solche Dinge normal. Wenig später wurde auch der Einsatz von Metronomen beziehungsweise Clicks und Clicktracks zum Standard moderner Musikproduktionen erkoren. Die Gründe für deren Einsatz waren und sind nach wie vor vielfältiger Natur, und belegen auf einer Skala der (Un-)Sinnhaftigkeit eine Bandbreite zwischen Gehirnfolter und cleverer Produktionslogistik. Schlagzeuger, die perfekt zum Click spielen konnten, wurden plötzlich als die Guten gehandelt.

Ich selbst hatte keine Berührungsängste mit den aufkommenden technischen Errungenschaften, bin in diesen Kosmos der Clicktracks hineingewachsen und lernte schnell mit ihnen zu kommunizieren. Ich fand schnell die Justierschraube, die mir den Klopfgeist – den Spion im Ohr, der meinen inneren Puls überwacht – zum liebenswerten Freund machte. Der Click ist nicht immer das Gesetz, sondern auch eine Art Spielpartner, wie in einem Match.

Für mich war es immer die Messlatte, dass man mit Menschen Musik macht. Und eine clickfeste Time ist noch lange kein Groove. Der Swing und alles, was den Roll ausmacht, hat mit dem Click, der dir ins Gehirn hämmert, nichts zu tun. Spielt man vor dem Beat oder hinter dem Beat, ist es immer noch in Time, suggeriert jedoch ein anderes Feel.

Mir geht es um die Lebendigkeit der Musik. Ich spiele zum Song! Das ist das Entscheidende! Nicht die Perfektion.

Inzwischen geht der Trend wieder zu den natürlichen Konzepten zurück. Man will die Emotion von Led Zeppelin mit dem Druck von heute hören.

Am Ende kommen die Leute immer wieder aufs Holzspielzeug zurück. Der Mensch bleibt menschlich.

ÜBEN IST WIE NOTDURFT VERRICHTEN

Udo verglich einmal die Kunst der Trommelei mit dem Phänomen des Außerirdischen. Was sich in seiner Fabulierung so verstiegen und ungreifbar anhören mag, beinhaltet einen Funken Wahrheit. Denn nicht alle Dinge sind erklärbar und die Frage nach dem Warum bleibt oft unbeantwortet. Warum spiele ich Schlagzeug so und nicht anders? Warum bin ich der, der ich bin? Ich denke, dass Inspirationen und Einflüsse, die man bewusst oder unbewusst einatmet, eine Wirkung auf den eigenen künstlerischen Spirit ausüben. Das ist ein normaler Prozess. All diese Musik damals, die mir mein Bruder und Karl Allaut vorspielten, habe ich regelrecht aufgesogen und verinnerlicht. Allem voran waren es griffige Songs und clevere Arrangements, die mich berührten. Und ich fand solche Trommler grundsätzlich am besten, die in einer Band funktionierten. Nicht die verkopften Techniker auf dem Komplizierttrip beeindruckten mich, sondern jene, die sich traumwandlerisch in die Musik einfügten und Teil des Ganzen waren. Diese Leute entsprachen meiner Vorstellung von Musikalität.

Simon Kirke war für mich der erste richtige Einfluss für mein Spiel.

Mein Bruder hatte sich die Single »I'll Be Creepin'« besorgt, und als ich das hörte, hat es mich umgehauen. Ich sagte mir: DAS muss man machen!

Kirke hatte einen Groove drauf, der zwar simpel tickte, aber ungeheuren Sex-Appeal besaß. Und dann war da noch dieser Sänger. Eine solche Stimme hatte ich im Leben noch nie gehört. Und das war Paul Rodgers. Heute gilt er als der größte weiße Sänger der Rockmusik. Er hat alle beeinflusst, von Lou Gramm über Rod Stewart, Robert Plant und Jon Bon Jovi bis Bryan Adams.

1974 hörte ich Eric Claptons *461 Ocean Boulevard*. »I Shot the Sheriff« mit Jamie Oldaker am Schlagzeug. Dieser Drummer hat mich zu dem gemacht, was ich heute bin. Ihm habe ich zu verdanken, dass ich mit Musik mein Geld verdiene. Jamie Oldaker wird immer mein Lifetime Hero sein.

All diese Einflüsse von früher sind ewig schon auf meiner Festplatte verarbeitet. Um Updates aufzuspielen und neue Energien zu ziehen, habe ich mir bis zum heutigen Tag auch immer die jungen Typen angehört. Und wenn Simon Kirke in seinem Podcast von einem sensationellen Zac Farro spricht, dann google ich sofort hinterher. Dieser Trommler der US-Avantgarde-Punker Paramore ist eine intelligente Mischung aus John Bonham, Richie Hayward (Little

Feat) und Al Jackson (Brooker T. & the M.G.'s, Eric Clapton). Dieses neue Zeug ziehe ich mir gerne rein, um nicht zu altern und meinen Style mit den Errungenschaften junger Spieler weiterzuformen.

Viele Schlagzeuger in Deutschland reden vom »Bertram Engel Style«. Was dieses Elixier auch sein mag, können nur andere beurteilen. Ich spiele so, wie ich bin. Keltner sagte einmal: »I do my shit. Nobody can ever do what I do.« Das ist auf den Punkt genagelt. Ich weiß nur, dass ich eine Tendenz habe, Grooves zwischen Shuffle, Swing und straight punkig zu spielen. Vielleicht ist es das, was meinen Stil ausmacht, obwohl man plakativ nur piffpaff hört. Aber genau zwischen piff-paff spielt sich die ganze Welt des Feels ab – zwischen den Noten, im stillen oder kaum hörbaren Bereich der Ghostings – jenen Noten, die man mehr denkt als wirklich spielt. In der Subtilität liegt oft das Geheimnis. Mathematisch entziehen sich solche Dinge einer Analyse.

Phil Rudd von AC/DC ist ein Trommler mit gnadenlosen Ghost-Chops. Und man fragt sich, warum dieser Typ nach 40 Jahren mit derselben Scheiße immer noch da ist. Die Antwort ist klar: Weil es immer wieder fasziniert! Diese Jungs bringen ihren Enthusiasmus immer wieder auf den Punkt, als wäre es das letzte Mal … egal, wir können nichts anderes … ich nehme immer wieder die Axt und ich werde den Baum immer gleich fällen. Phil Rudd ist für mich einer der am reduziertest spielenden Schlagzeuger der Welt, gleichzeitig ist es das komplizierteste Zeug, was man trommeln kann. Auch Mickey Curry von Bryan Adams gehört für mich in diese Riege.

Die Frage ist nur, wie simpel kann man spielen und gleichzeitig dabei clever sein. Die Suche danach war für mich stets ein Antrieb, in der Reduktion alles zu sagen. Es steckt eine gewisse Weisheit dahinter, mit der Essenz eines stringenten Pulses eine Magie zu erzeugen – das ist die Kunst. Es ist die intelligente Art zu trommeln.

Ich halte auch Jim Gordon für einen der größten Trommler der Geschichte. Er hat bei Joe Cocker gespielt, bei Zappa, den Everly Brothers, Derek and the Dominos, und seine Grooves sind Teil wegbereitender Alben der 1960er und 1970er Jahre. Gordon hat später leider seine Mutter erstochen. Angeblich litt er an Halluzinationen und wurde in eine geschlossene psychiatrische Klinik eingewiesen, die er nie wieder verlassen sollte.

Bei Steve Jordan fragen sich viele Leute, was er denn bei den Stones Großartiges macht. Aber das ist doch völlig klar: Er hat die Verantwortung für das Vermächtnis von Charlie Watts! Diesen Swing zu spielen ist sauschwer. Und es ist sauschwer, mit diesen Chaoten umzugehen. Die Rolling Stones sind wie eine Jazzband – das ist wie Miles Davis. Man spielt da nicht wegen Geld, sondern weil man es kann. Steve Jordan ist ein absoluter Weltmeister und einer der ganz großen Trommler unserer Zeit.

Das Gleiche gilt für Ringo Starr. Mit seiner Musikalität hat er Geschichte geschrieben.

Ich denke, wir alle sind auf eine Weise gegenseitig beeinflusst. Und jeder probiert schon mal das eine oder andere Ding eines Kollegen aus. Bei Udos *Horizont* spielte ich einmal kleine Fills, die ich mir von »Cuts Like a Knife« auslieh. Nur wusste es keiner. Eigentlich spiele ich bei Udo eine Mischung aus Mickey Curry und Phil Rudd. Man kann klauen, ohne dass es jemand merkt, solange man es in seinen eigenen Stil einbindet.

Und wenn eine Legende wie Jim Keltner sich an Steve Gadd versucht, wird es immer nach Keltner klingen. Für mich der absolute Guru. Es gibt Legenden, vor denen man ehrfurchtsvoll ist. Schon damals im Keller trommelte ich zu den Platten meiner Helden. Und was ich spielte, verschmolz mit der Musik. Es war purer Enthusiasmus und auf diese Weise konnte ich mich sofort ausdrücken. Die Trommler auf den Alben haben mir gezeigt, wie es geht. Dieses dogmatische und regelrechte Üben hat mich nie interessiert. Ich wollte meine Zeit nicht mit unemotionalen Geschichten verschwenden. Üben war für mich wie Notdurft verrichten. Aber Songs spielen und das richtige Feel herausfinden, das war immer ein erklärtes Ziel. An so was konnte ich acht Stunden arbeiten, bis alles blutet – und ich wusste, dass das Ding jetzt fliegt. Deswegen kann ich auch sagen: Ich habe nie geübt! Ich habe immer nur gespielt.

KAPITEL 9

SCHWERE ZEITEN

TAKE THE LONG WAY HOME

Die Frage einer finanziellen Altersabsicherung hatte ich immer gerne verdrängt. Petra war da wesentlich bodenständiger und holte mich oft von meinen naiven Höhenflügen auf den Boden der Wirklichkeit zurück. Durch sie hat sich mein Leben geändert und klare Strukturen bekommen. Als wir 2005 ein Paar wurden, sind wir anfangs noch zwischen Mallorca und Köln gependelt, doch wir wollten gemeinsam etwas Neues schaffen, um auch die Erinnerung an die Vergangenheit abzulegen. Ich verkaufte die Wohnung in Köln-Nippes und wir suchten etwas Größeres und bezogen in Bergheim-Oberaußem, westlich von Köln, einen Reihenbungalow. Petra aber spielte mit dem Gedanken, in die Nähe ihrer Eltern zu ziehen, die in Wesel lebten. Sie war ständig auf Immobilienportalen unterwegs und entdeckte ein exklusives Objekt, das uns beide ob der Außergewöhnlichkeit des architektonischen Ambientes vor Begeisterung brennen ließ. Mitten in Wesel. Den Erlös aus Köln und Mallorca investierte ich in diese verrückte Immobilie.

Auch wenn ich mit Peter und Udo gut zu tun hatte und der Erfolg durch *Stark wie Zwei* keinen Grund zur finanziellen Unruhe gab, entwickelte Petra aus den Gedanken an die Zukunft die vorausschauende Idee zu Rhythm & Art. Es sollte unser gemeinsames Projekt werden, um ein eigenes Leben mit finanzieller Unabhängigkeit außerhalb des ganzen Musikwahnsinns zu schaffen. Man weiß nie, wie lange Peter und Udo noch auf Tour gehen. Petra dachte über ein Geschäftsmodell nach, das sich unter der Headline »Musiker, die malen« auf die Vermarktung von Gemälden prominenter Künstler spezialisiert. Wir beide waren immer schon an Kunst interessiert, und ich hatte ja beste Kontakte zu zahlreichen Kollegen, die neben ihrer Musik auch im Bereich Malerei unterwegs sind. Udo Lindenberg, Frank Zander, Otto Waalkes, Armin Mueller-Stahl, Klaus Voormann, Herman van Veen und viele andere. Ihre Bilder wollten wir in einer Galerie ausstellen und vermarkten. Das Ganze brauchte ein stilvolles Ambiente, angereichert mit edlen Wohnaccessoires für den geschmackvollen Kunden. Petra kümmerte sich vorwiegend um diesen Kunst- und Lifestylebereich, wogegen mein Arbeitsfeld auf der Idee sattelte, Masterclasses und Drumcoachings anzubieten. Rhythm & Art also – zwei ineinandergreifende Formate, die unter dem Aspekt der Exklusivität und auch hinsichtlich des Synergieeffekts eine zukunftsweisende Perspektive offerierten.

Christiane Hetzel, eine langjährige Freundin von uns und gleichzeitig Geschäftsführerin des Waldhotels Tannenhäuschen, sowie der Hoteldirektor Oliver Scholten verhalfen uns 2011 zur Umsetzung des Projekts. Sie boten uns Räumlichkeiten ihres Hotels an, das in traumhafter Lage am Weseler Stadtrand eine nicht nur beliebte Adresse war, sondern auch die nötige Infrastruktur zur Verfügung stellte. Während Petra oben im Eingangsbereich einen kleinen Glaspalast als Galerie nutzte, wurden im Keller der Tiefgarage Wände gezogen und Böden verlegt, um ein Studio für meine Schlagzeug-Workshops entstehen zu lassen.

Alles lief alles super an, Udo und Peter kamen zu Eröffnung, die Masterclasses hatten ihren Zulauf und in der Galerie gab sich die Prominenz kunstinteressierter Hutträger die Klinke in die Hand. Aber dann passierte der Horror mit unserem Haus. Wir waren noch nicht lange eingezogen, hatten 700 000 Euro in das Objekt gesteckt und entdeckten nun im ganzen Gemäuer kriechenden Schimmel. Mit fiesen Tentakeln machte er sich über die Wände her. Die Bausubstanz war komplett angegriffen und wir standen mit dem Rücken zur Schimmelwand. Es war die komplette Katastrophe. Die Beratung mit einem Anwalt ergab zwei Möglichkeiten: Schadensersatz oder Rückabwicklung. Für Petra war sofort klar: Rückabwicklung! Sie wollte da nicht mehr sein und der Verkäufer sollte die Kohle zurückzahlen. Fast hätte uns das, nach dem Desaster im Osten, ein weiteres Mal das Leben gekostet. Die Strategie stützte sich auf den Verzicht einer Klage wegen Betrugs und im Gegenzug bekamen wir den vollen Kaufpreis zurück. Es gab für niemanden eine Alternative und das Geld fand seinen Weg zurück.

Der Vorschlag unseres Freundes Gerd Pasemann aus Leipzig – seines Zeichens Konzertveranstalter – kam uns in dem Moment gelegen. Leipzig sei eine aufstrebende junge Stadt und dort könne man Rhythm & Art fortführen. Wir hatten ja nichts mehr zu wohnen und sind mit der Kohle in den Osten geflüchtet. Nina hatten wir dort auf die renommierte Thomasschule gepackt, ein Gymnasium, auf dem sich einst Die Prinzen im Thomanerchor engagierten.

Zwei Jahre blieben wir in Leipzig, aber für unsere Vision bot die Stadt keine wirkliche Zukunft. Immerhin hatte Nina ihr Abitur mit fantastischer Einsernote bestanden, und ihr Ziel war es, ein Jurastudium zu beginnen. Mit ihrem exorbitanten Schulabschluss an der leistungsstärksten Bildungseinrichtung Mitteldeutschlands lagen ihr die Studienplätze quasi zu Füßen. Die beste Universität für Rechtswissenschaften war jedoch in München ansässig. Perfekt getimt unterbreitete uns Peter Maffay den Vorschlag, wir könnten mit unserem Projekt ja auch zu ihm nach Tutzing kommen. Ein Glück verheißendes Lockmittel. Da ich sowieso ständig in seinem Studio zu tun hatte, landeten wir am Starnberger See. Nur hatten wir mit den astronomischen Immobilienpreisen nicht gerechnet. Zwar hatte ich nun die Gelegenheit, Masterclasses in Peters Red Rooster abzuhalten, doch unsere Kräfte, eine Galerie in dieser teuren Nobelgegend zu stemmen, waren schnell erschöpft.

Nina hatte inzwischen ihr Jurastudium in München begonnen, während wir über die Zukunft unseres Geschäfts nachdachten und schließlich der Kompassnadel folgten, die seit Leipzig konsequent nach Süden zeigte. Unser Ziel war Tirol. Die idyllische Bergwelt mit ihren friedlich schlummernden Tälern hatte uns sofort in die Arme geschlossen. Und die Entscheidung, dort etwas Neues zu beginnen, war augenblicklich geboren. Also packten wir unsere Koffer und mieteten in einem Tiroler Bergdorf ein Häuschen, das sein wahres Gesicht aber schon nach wenigen Wochen preisgab. Die Heizung funktionierte nicht richtig. Dort konnten wir unmöglich bleiben. Also landeten wir übergangsmäßig in Leutasch und entdeckten während der ganzen Suchaktionen nach geeigneten Immobilien mitten im charmanten Urlaubsort Seefeld ein leerstehendes Ladenlokal. Ideal für die Umsetzung unserer Galerie.

Inzwischen jedoch kursierte im Freundeskreis schon ein sarkastischer Running Gag wegen unserer angeblichen Sucht nach Umzügen. Falsch gedacht! Ständig umzuziehen war immer ein pain in the arse. Wir waren einfach noch nicht dort gelandet, wo wir hinwollten. Wir sind – wie Udo sagt – flexibel unterwegs und bleiben nicht auf der *Titanic*, wenn sie untergeht. Insofern gab es immer gute Gründe umzuziehen, was allerdings jedes Mal einen Haufen Kohle wegfraß.

Im Winter 2013 eröffneten wir im Zentrum von Seefeld die Engel-Art Galerien. Zu dieser Zeit trafen wir uns noch mit Klaus Voormann, dem großartigen Bassisten, mit dem ich viele Jahre zuvor die Stephan-Remmler-»Mortadella-Session« vollbrachte und der in seiner Prominenz als »fünfter Beatle« lange schon seinen Wohnsitz an den Starnberger See verlegt hatte. Als gelernter Illustrator fertigte er zu seiner Beatles-Intimus-Zeit einige Porträts der »Fab Four«. Klaus Voormann war es auch, der das berühmte Beatles *Revolver*-Plattencover entwarf. Bei einer netten Tasse Tee in seinem Garten, gemeinsam mit seiner Frau Christina, sprachen wir über Möglichkeiten, einige seiner Werke in unsere Galerie aufzunehmen. Tatsächlich stellte Klaus uns eine Handvoll Bilder zur Verfügung. Am Ende entpuppte sich die Sache mit den Exponaten aber als zu elitär. Die Umsätze lagen weit hinter den Erwartungen zurück. Um unser Standbein außerhalb der Musik nicht aufzugeben, gingen wir ins Tal zurück und führten in der Altstadt von Innsbruck den kleinen Laden Lifestyle & Couture for little Angels mit exklusiven Kinderklamotten.

Fünf Jahre waren wir nun schon in Tirol, wir wurden quasi Österreicher, kauften nordwestlich von Innsbruck auf dem Berg ein schönes Haus und waren überzeugt, in diesem finanzstarken Land, inmitten der Touristenzentren, gute Kohle zu machen. Wir hatten die Rechnung ohne Corona gemacht.

DER SCHOCK

Drei Wochen haben wir für die Peter-Maffay-Tour geprobt. *Jetzt! – Für immer jung* startet in Kiel mit unbändiger Energie. Am übernächsten Tag in Hamburg passiert das Unglück. Bassist Ken Taylor fällt während des Soundchecks in der Barclaycard Arena von der Bühne und bricht sich mehrere Knochen. Er muss sofort ins Krankenhaus. Der Unfall hätte die sofortige Absage der Show zur Folge gehabt, wäre Pascal Kravetz mit seinen multiinstrumentalen Fähigkeiten nicht heldenhaft und spontan als Bassist eingesprungen. Kurz vor Publikumseinlass fällt die Entscheidung, und Pascal macht einen Superjob, obwohl er selbst gesundheitlich angeschlagen ist und mit Thrombosen in den Beinen kämpft. Die Show am darauffolgenden Tag in Berlin hat er mit derselben Stierkämpfermentalität gerockt. Aber die Sache mit der Thrombose war zu riskant, um ihn weiterhin dem Tourstress auszusetzen. Hinzu kommt, dass dieses verdammte Coronavirus im Anmarsch ist und alles lahmzulegen droht. Intern erfahren wir: Das eigentlich zwei Wochen später angesetzte Konzert in Zürich ist infolge der Viruslage bereits gecancelt. Am Morgen des 29. Februar 2020 zitiert Peter die Band in sein Hotelzimmer. Er hat entschieden, unter diesen Umständen die Tour sofort abzusagen. Und zwar wegen Unfall und Krankheit zweier Bandmitglieder. Für uns alle der totale Schock. Wir waren super eingespielt und heiß auf die Tour. Aber jetzt saßen wir da im Sheraton Hotel – unfähig, die Realität dieses Supergaus zu begreifen. Zudem hatte jeder mit seinem Verdienst gerechnet. Peter ließ sich darauf ein, dass die Hälfte der Gage bezahlt wurde, ohne zu spielen – für den Fall, dass die Versicherung einspringt.

Kurz drauf wird aufgrund der Ausbreitung des Coronavirus das gesamte Land dichtgemacht. Eine kollektive Quarantäne überzieht nicht nur ganz Deutschland, auch die europäischen Nachbarländer schließen ihre Grenzen und die Angst vor dieser unsichtbaren Gefahr bestimmt von nun an die Zeit.

PANDEMIE

Anfangs empfand ich die ungewohnte Situation, nichts zu tun, sogar als erholsam. Die Sträucher im Garten wurden geschnitten, Petra und ich genossen unsere langen Spaziergänge in die Berge, und abends hatten wir Zeit, mal wieder ausgiebig zu kochen. So schleppte man sich über Wochen dahin, hatte aber stets die lebenserhaltende Zuversicht vor Augen: Alles wird gut und im Sommer gehts mit der Maffay-Tour weiter. Aber es ging nicht weiter. Die anvisierten Shows wurden erneut gecancelt und auf unbestimmte Zeit verschoben. Hinzu kam, dass Innsbruck im Lockdown saß und unser Laden schließen mussten. Was wir damals nicht wussten: Er würde nie wieder öffnen. Trotz allen Übels einer um sich greifenden Pandemie und der Folgen für die mittlerweile krepierende Musikbranche gab es für mich nur die eine Überlebensstrategie:

positive thinking! Also richtete ich im Keller meines Hauses ein kleines Tonstudio ein und begann Songs zu schreiben. »Dein Herz« war die erste Single in der Coronazeit, die auf verschiedenen Streamingplattformen erschien, wobei der Hintergrund des Songs auf ein trauriges Ereignis zurückgeht. Denn Petra hatte den Text unter dem Schock des plötzlichen Todes ihrer Freundin zu Papier gebracht. Nach der englischen Version »Your Heart« folgte kurz drauf die italienische Fassung »Nelle tue mani«. Sie wurde von Nino de Angelo gesungen und gedachte der Coronaopfer in Italien. Mit einem weiteren Song, »Was diese Welt zu bieten hat« (Petra hatte auch hierzu den Text geschrieben), bezog ich Stellung zu Rassismus und Diskriminierung – ein hässliches Phänomen, das auch in Österreich aufmarschiert. Letztlich waren all meine kreativen Aufblühungen auch therapeutische Maßnahmen, um nicht komplett in der Lethargie des Zeitvakuums unterzugehen. Das galt auch für den Versuch, Online-Zoom-Lessons an den Start zu bringen. Mit großem technischen und finanziellen Aufwand veranstaltete ich den mehrstündigen Livestream einer Masterclass mit Gastdozent Armin Rühl, dem Longtime Drummer von Herbert Grönemeyer. Finanziell waren diese Aktionen jedoch das reinste Fiasko. Hätte mir damals einer gesagt, dass diese Pandemie zwei Jahre alles lahmlegt, wäre das der Vollfrust gewesen. Doch man hatte immer das Ziel vor Augen, dass alles bald wieder normal wird. Wurde es aber nicht. Es hörte nicht auf. Die erste Zeit war nicht so schlimm, das harte Jahr war 2021.

HABSUCHT, NEID UND GIER

Als erfolgreicher Bertram Engel dürfte man sich eigentlich keine Sorgen mehr machen. Doch die Wahrheit ist das Gegenteil. Die Zeit der Pandemie war auch eine Zeit des Reflektierens. Es hieß immer: *Man sorgt dafür, dass die eigenen Leute überleben.* Ich hatte mein ganzes Leben mit den erfolgreichsten deutschen Typen gearbeitet, ihnen Loyalität erwiesen und war der festen Überzeugung, dass aus der gemeinsamen Vergangenheit auch Verlässlichkeit gewachsen ist. Wenn's drauf ankommt, werden Freundschaften auf die Probe gestellt. Und in der Coronazeit kam's drauf an. Ich stand finanziell mit dem Rücken zur Wand. Keine Gigs, keine Einkünfte. Es gibt stille Reserven, die man in einer solchen Situation anzapfen kann. Aber irgendwann sind diese Rücklagen versiegt. Und zwar so schnell, dass ich im Mai 2021 kurz vor dem Bankrott stand. Das konnte doch alles gar nicht sein!

Wer sein ganzes künstlerisches Leben nach den beiden Großmächten ausgerichtet und alle Höhen, aber auch jahrelanges Leiden mitgetragen hat, der sollte schon aus moralischer Sicht nicht alleingelassen werden. Schon gar nicht in Notlagen. Und irgendwie ging mir Udos Text »Durch die schweren Zeiten« nicht aus dem Kopf. Wir Musiker haben an dem ganzen Kram eigentlich zu wenig verdient in all den Jahren.

Manchmal musste ich an unseren früheren Tourmanager Michael Gehrke denken. Immer wenn ich zu naiv über die Menschheit nachgedacht hatte, nahm er mich wie ein Lehrer zur Seite: »Bertram, komm mal hierhin, die Welt ist schlecht. Die Welt besteht nur aus Habsucht, Neid und Gier. Wenn du dir das merkst, kommst du einigermaßen zurande.«

Seitens Peter wurden während Corona vereinzelte Bandmeetings via Zoom einberufen. Die virtuellen Treffen dienten dem Informationsstand hinsichtlich Tourverschiebungen und anvisierter Perspektiven. Man war bemüht, das Prinzip Hoffnung nicht untergehen zulassen. Aber sobald der Finanzcrash der Musiker zur Sprache kam, hörte man nur kumpelhaftes Ausweichen: »Wir sitzen ja alle in einem Boot.« Das ist Gelaber! Denn wir sitzen überhaupt nicht in einem Boot. Wir leben nur in derselben Zeit und haben alle mit Corona zu tun. Klar, auch Peter und Udo spürten den Umsatzrückgang. Aber das nagt nicht an ihren Fundamenten. Denn die sind so millionenschwer, dass es ein Leben lang reicht.

Ich habe immer gerne Benefizshows mitgemacht, ohne eine Gage zu verlangen. Das war für mich selbstverständlich, weil es darum ging, soziales Engagement zu zeigen und Peters Kinderhilfsprojekte oder die Udo-Lindenberg-Stiftung zu unterstützen. Aber mein Name wurde nie erwähnt. Da stand nie: *Bertram Engel hat sich für die Kinder eingesetzt.* Und jetzt gab es definitiv kein Geld mehr zum Überleben. Ich musste die Notbremse ziehen und jeglichen finanzfressenden Ballast abwerfen, der nicht unbedingt lebensnotwendig war. Um aus dem bereits geschlossenen Laden in Innsbruck rauszukommen, haben mir Udo und Peter aus der Patsche geholfen. Das rechne ich ihnen bis heute hoch an.

Aber im Sommer 2021 hatte ich ernsthaft darüber nachgedacht, irgendeinen beschissenen Job anzunehmen, um wenigstens die Stromrechnung zu bezahlen. Das alles brachte mich sehr ins Grübeln. Meine Wahlheimat ist zwar das schöne Tirol mit Blick auf die Berge. Aber wenn dir die Zukunft um die Ohren fliegt, dann gerät das Paradies ganz schnell an den Abgrund. Du blickst hinab in den Sog, der dich nach unten zieht, und wirst schweißgebadet aus dem Schlaf gerissen. Mich überkamen Existenzängste. Ich werde älter, die Dinge werden nicht besser, die Gigs nicht größer. Neulich verkündete mir mein Arzt, ich hätte in den Händen womöglich eine Ringbandstenose. Morgens nach dem Wachwerden kann ich nur mit Mühe die Finger strecken. Dann greifen diese Horrorgedanken um sich, dass ich irgendwann vielleicht nicht mehr trommeln kann. Mit 20 hab ich mir keine Gedanken um die Zukunft gemacht. Aber mit Mitte 60 hat man eine andere Sichtweise auf das Leben, das ja nunmehr begrenzt vor einem liegt. Dieser Endlichkeitsgedanke lässt mich manchmal fürchten, dass ich verarmt irgendwo im Sumpf ende. Ich habe nie eine Rente eingefahren. Stattdessen investierte ich fatalerweise in Immobilien. Es geht nicht immer nur bergauf. Ich hab nie übertrieben, ich war nie drogensüchtig, hab nie ein Casino besucht und auch nicht drei Autos auf einmal gefahren. Gelder sind durch andere Sachen verbraucht worden. Durch Umzüge, Häuser, Scheidungen und Finanzämter.

Es passieren Schicksalsschläge, aber dann müssten eigentlich genug Finanzpolster im Rücken sein, wenn du Jahrzehnte für die erfolgreichsten deutschen Rocksänger gearbeitet hast. An dieser Stelle muss ich knallhart sagen: Ich habe nicht genug Geld verdient. Ich muss kein Multimillionär mehr werden, aber ich möchte auch nicht in Altersarmut sterben.

Ich hoffe nur, dass die beiden zum Schluss noch ein Modell auspacken und den Leuten helfen, die ihnen Jahrzehnte die Stange gehalten haben. Als Dank oder als Abfindung dieses Geschäftsmodells.

READY TO ROCK

Inmitten dieser irrsinnigen, von Frust und finanziellen Sorgen getriebenen Zeit bewunderte ich Petra für ihr Durchhaltevermögen. Sie fasste allen Mut … we take the risk … ready to rock Seefeld. Im Juli 2021 feierten wir die Neueröffnung unserer EngelArt Lifestylelounge in Seefeld. *Rockin' Things for Rockin' People* – diesmal mit Schwerpunkt Wohnaccessoires plus einer Auswahl wertiger Gemälde. Es war eine clevere Entscheidung, denn weiter warten auf das, was musikalisch vielleicht nicht passiert, das hätte ich mental nicht durchgehalten. Mit der Musik war im Moment nicht mehr zu überleben, und jetzt hatten wir etwas aufgebaut, das zumindest eine Chance bot. Die Perspektive auf eine Zukunft außerhalb der Musik machte mich wieder lockerer. Ich stand nicht mehr unter dem Dauerstress der Existenzangst.

Zur gleichen Zeit versuchte Carl mit der Brechstange eine Songdogs-Tour durchzuziehen. Die hätte ich gerne gemacht, musste aber aus zwei Gründen ablehnen: Zum einen waren die finanziellen Bedingungen für mich nicht tragbar. Zum anderen steckte in meinem gerade neu eröffneten Laden in Seefeld zu viel Zukunft, weshalb ich nicht für Taschengeld mit den Songdogs durch die Corona-Republik tingeln wollte. Carl war natürlich sauer. Sorry, Carl!

Trotz aller schwierigen Umstände stand ich musikalischen Unternehmungen mit Udo und Peter – sollten sie sich am Horizont abzeichnen – relaxed gegenüber. Aber da war erst mal nicht mit zu rechnen. Positive Signale kamen jetzt aus ganz anderer Richtung.

Denn Nina hatte ihr Jurastudium abgeschlossen und war bei einer Anwaltskanzlei in München untergekommen. Und Timmy, inzwischen ein stattlicher junger Mann, verkündete zu meinem Erstaunen, dass er die Trommelei nicht nur wieder aufgegriffen hatte, sondern auch mit beruflicher Perspektive vorantrieb. Mein Einfluss von früher hatte im Nachhinein doch noch etwas bewirkt. Einen gewissen Stolz als Stiefvater kann ich nicht von der Hand weisen. Beide Kinder sehen mich auch als Vater und Freund.

Nun aber musste ich mich damit auseinandersetzen, mein Rock-'n'-Roll-Leben umzukrempeln und mich in völlig andere Themen reinzudenken. Früher war ich auf Musikmessen – jetzt besuchte ich Wohnmessen. Und wenn mir bei der Maffay-Show 30 000 Fans Standing Ovations erwiesen, so verkaufte ich jetzt Lampen. Applaus gab's dafür nicht. Ich war in einer anderen Welt angekommen.

FRENCH CONNECTION

Anderthalb Jahre waren vergangen, seitdem die Peter-Maffay-Tour abgebrochen wurde. Corona legte unsere Branche immer noch lahm. Doch Ende August 2021 erhellte ein Hoffnungsschimmer den Horizont. Wir konnten mit Peter zum ersten Mal wieder auf die Bühne. Back to live – wenn auch nur für ein paar Gigs. Dresden empfing uns in der Jungen Garde mit drei Shows. Das Wetter war beschissen, die Leute saßen im Regen, aber wir haben es gerockt – wenn auch unter durch Corona verschärften Bedingungen, die mit Rock 'n' Roll rein gar nichts zu tun hatten. Danach standen drei Festivals in der Schweiz auf dem Programm, und Jethro Tull machte den Support Act. Wir fühlten uns wie in einer Zwischenwelt. Hinter uns lagen harte Monate des Lockdowns. Jetzt war die Rock-'n'-Roll-Maschine zwar angelaufen, aber schon drängte sich die Vorahnung auf, dass die bereits zweimal verschobene Tour auch im kommenden Frühjahr abgesagt werden würde.

Zum Jahresabschluss lag noch ein Konzert der ungewöhnlichen Art vor uns, das für etwas Unbeschwertheit sorgen sollte. Es begab sich, dass uns ein deutscher Unternehmer für Körperersatzteile auf sein Anwesen nach Griechenland einlud. Wir sollten als Exklusivact auf seiner privaten Party spielen. Das Engagement verströmte im Vorfeld eine besondere Aura. Und Geld schien in diesem Gewerbe eine Nebensache zu sein. Jedenfalls hatte er Kohle ausgepackt, eine Bühne bauen lassen und unser gesamtes Equipment wurde nach Kreta eingeflogen. Am Morgen des 25. September trifft sich die Peter-Maffay-Band in Bern. Dorthin hatte der Unternehmer einen seiner Privatjets hinbeordert, der uns nach Griechenland einfliegen soll. Es ist kein Learjet, sondern schon ein größeres Teil von der Variante Luxussuite und Champagner inklusive. Wegen der Corona-Sicherheitsbestimmungen auf der Insel unterzogen wir uns vor Abflug einem Antigen-Schnelltest.

Wir sitzen bereits im Flieger und die Motoren laufen, als die Eilnachricht hereinflattert, dass zwei Tests positiv sind. Zwei Leute aus der Band also. Die beiden Jungs werden sofort entsorgt – raus ausm Flieger und ab in Quarantäne. Aufgrund dieser prekären Situation haben wir im Flieger ganz schnell noch Selbsttests gemacht. Es ist ein Bild wie bei *French Connection*. Alle hängen über dem Tisch und hantieren mit weißen Kästchen, so als gäbe es eine größere Charge Koks zu verteilen. Die moderne Variante nennt man heute Antigentest.

Alle sind negativ! Jetzt wird der Pilot unruhig und drängt auf baldigen Abflug, weil er einen Timeslot einhalten muss. Maffay gibt den Befehl und dann fliegen wir mit dem Jet und zwei Leuten weniger an Bord nach Griechenland.

Bei der Landung telefoniert Peter mit dem Gastgeber, der zu unserer Überraschung ausflippt: »Keiner steigt aus! Ihr fliegt sofort wieder zurück!« Er will keinen in seiner Nähe haben, der mit den positiven Leuten im Flieger gesessen hat.

Wir waren also mal eben umsonst in Griechenland gelandet und durften gleich wieder kehrtmachen. Carl Carlton wirkte indes etwas unruhig.

Er hatte sich auf der Insel mit seiner Freundin verabredet, die schon vorgeflogen war und jetzt im Hotel saß und auf ihn wartete. Die beiden wollten ein paar Tage Urlaub anhängen, weshalb Carl darauf bestand, auf eigenes Risiko auszusteigen.

Dummerweise hatte der Gastgeber von dieser Aktion Wind bekommen und drohte nun, Leute loszuschicken, um Carl verhaften zu lassen. Aus Angst, von irgendwelchen Typen verfolgt zu werden, hatte Carl sein Handy abgeschaltet und war untergetaucht.

Derweil sind wir zurückgeflogen – mit drei Leuten weniger an Bord. Aber nun hatte ich ein Problem an der Backe. Bei unserer Ankunft in München war meine Frau Petra am Telefon und macht mir unmissverständlich klar, ohne richtigen PCR-Test käme ich ihr nicht ins Haus! Gesagt, getan – zum Glück mit negativem Resultat.

Trost in dieser Zeit fand ich bei Petra, die mit ihrer kämpferischen Art an meiner Seite stand. Aber auch unser Hund Anton brachte mich auf andere Gedanken. Petra und ich nahmen den kleinen weißen Bologneser in unsere Familie auf. Ich hatte immer schon einen guten Draht zu Hunden. Sie sind vertrauenswürdige Wesen und die Charaktereigenschaft der Unehrlichkeit gibt's bei ihnen nicht. Ein Hund ist auch immer ein wahrhaftiger Freund.

ERSATZBANK WIE BEIM FUSSBALL

Udo hatte seine *Udopium*-Tour angekündigt. Bis zuletzt wussten wir allerdings nicht, ob die Sache wirklich stattfinden würde. Immer noch war Corona allgegenwärtig und verunsicherte jegliche Planungen. Zwar waren Großveranstaltungen zum Teil schon wieder angelaufen, mussten sich aber verschärften Hygienekonzepten unterwerfen. Das soldatenhafte Auftreten der Security erinnerte an Söldnertruppen und erstickte jegliches Gefühl von Freiheit eines kulturellen Begehrens. Kurzum: Der Botschaft des Rock 'n' Roll waren Handschellen angelegt. Und der Krieg in der Ukraine dämpfte die Stimmung abermals. Trotz aller widrigen Umstände kam das Go für *Udopium*. Udo und der Veranstalter Think Big hatten entschieden. Am 26. April 2022 fuhren wir tatsächlich zu den Proben ins Maritim Seehotel an den Timmendorfer Strand. Petra und Anton sind mitgekommen, und wir waren guter Dinge, weil Petras Geburtstag bevorstand, den wir gemeinsam mit ihren Eltern Erika und Issam dort feiern wollten. Aber es passierte, was niemals hätte passieren sollen. Nach lediglich fünf Tagen war die gesamte Band infiziert. Wieder mal durchschlug die Axt alle Planungen, und ich musste mich zusammenreißen, um nicht auszuflippen. Petra war zum Glück negativ getestet, ich aber musste in Quarantäne. Ihre Geburtstagsfeier, die wir uns so groß und ausgeschmückt vorgestellt hatten, schrumpfte zu einem sentimentalen Spaziergang am Strand. Die Schwiegereltern waren extra angereist und ich durfte aus der Entfernung mal winken. Es war eine mental heftige Zeit. Nur Udo erduldete gelassen die Tage, die wir allesamt in Einzelhaft verbrachten. Immerhin mit Ausblick auf die Ostsee. Udo wohnte im Zimmer nebenan, und manchmal telefonierten wir, um uns gegenseitig Mut zuzusprechen. Trotzdem kamen mir wieder die Zweifel an der Zukunft.

Das einzig Beruhigende war, dass es kein Zurück mehr gab. Mein Vertrag nämlich war unterschrieben und mein Honorar damit gesichert. Udo hatte die Rakete gestartet und innerhalb weniger Stunden waren 100 000 Tickets verkauft. Eine Riesennummer mit 20 Shows stand bevor und man musste das Risiko eines Ausfalls minimieren. Daher wurden zum ersten Mal in der Geschichte des Panikorchesters Sub-Musiker engagiert, die für den Fall, dass jemand in der Band während der Tour ausfiel, sofort einspringen sollten. Wir spielten also mit einer Ersatzbank wie beim FC Bayern.

Einer der Corona-Ersatzleute war der junge, wilde Gitarrist Benny Young, der im Prinzip direkt auf die Bühne gehievt wurde, da Jörg Sander sich die Hand verletzt hatte. Für Steffi saß Ken Taylor auf der Bank, und sollte ich vom Hocker fallen, stand Jean-Jacques' jüngster Sohn Julien Kravetz parat.

Udo hatte in den Jahren eine Affinität dafür entwickelt, auf dem Schachbrett des Panikorchesters auch jüngere Leute zu positionieren. Mir wurde dann jedes Mal bewusst, welcher Nimbus das Panikorchester umgibt. Zugleich fand ich manche Ersatzspieler nicht immer weise ausgewählt. Ich will nicht schlecht reden über Kollegen, aber beim Panikorchester lässt man kein Küken ans Steuerrad. Zum Glück blieb die Ersatzbank im Stall. Rechtzeitig vor Tourstart war die Band wieder okay und die ehrwürdigen »Panik-Schwerverbrecher« ritten in alter B54-Manier noch einmal zum Grande-*Udopium*-Finale.

In der zweiten Jahreshälfte wurde dann endlich auch die viermal verschobene Maffay-Tour nachgeholt, die natürlich zu spät für Peters längst erschienenes Album *Jetzt!* kam. Unter der Headline »Soweit« und mit Centerstage plus rotierendem Drumriser – der diesmal brav gehorchte – spielten wir daher einen Familienmix aus alten Hits, neuen Stücken und *Tabaluga*-Nummern. Auch bei dieser Tour saßen Spieler auf der Ersatzbank. Der Ernstfall blieb zum Glück aus.

DINOSAURIER MIT AIRBAG

Ich sitze gerne in einem Straßencafé. Menschen zu beobachten und deren Eigenarten zu studieren ist ein heimlicher Spaß, den ich oft mit meiner Frau Petra teile. Man beobachtet Leute aus dem Augenwinkel, studiert ihre Gesten und stellt sich vor, wie sie wohl heißen mögen und welchen Berufen sie nachgehen. Nicht, dass wir uns lustig über andere machen würden, vielmehr ist es eine private Vergnüglichkeit, bei der Menschenkenntnis einerseits, aber auch leicht dosierter Sarkasmus Hand in Hand gehen.

»Der Herr am Nebentisch könnte durchaus Winkelmann heißen, vielleicht auch Dr. Klöbner, der seinen Akademikertitel auf der Kirmes geschossen hat und in Wirklichkeit bei einem Herrenausstatter Feinrippunterwäsche mit Preisetiketten versieht.« Loriots Sinn für Humor und seine liebevolle Verabreichung von Böswilligkeiten hat mich immer schon aufs Herzlichste berührt.

Wir sitzen auch gerne in unserer Lieblings-Rooftop-Bar in Innsbruck, um über Dinge nachzudenken, um zu reflektieren und die Zeit Revue passieren zu lassen. Bei einem ausgelassenen Campari Spritz habe ich mich oft gefragt, wie das alles sein kann, dass ich mich seit Jahrzehnten in der oberen Liga halten konnte. Das ist die totale Ausnahme und gelingt nur wenigen Artists. Der Gedanke führt mich schnell zum Panikorchester. Mein Ziel war es immer, das Richtige zu tun. Und wahrscheinlich war es in all den Jahren meistens richtig. Aber eines ist klar: Meinen Namen als erfolgreicher Bertram Engel verdanke ich dem Standing von Udo und Peter. Ihre Bands haben sich so lange gehalten, weil die beiden kreative Köpfe sind und in ihrer Arbeitswut leben. Es ist diese völlige Hingabe zu ihrem Ding. Das muss ich ihnen ganz klar zusprechen. Weil sie mich in der Band gehalten haben, bin ich seit 50 Jahren da. Natürlich, jeder verfehlt auch mal sein Ziel und versagt. Jedem Künstler sei dies zugestanden. Das gehört zum Leben dazu. Aber niemand hat auch nur jemals über mich verlauten lassen: »Der Typ ist nicht kompatibel, drogensüchtig und geldgierig.« Das ist nicht eingetreten.

Auf der anderen Seite hat meine eigene Dedication zum Job eine ebensolche Tragweite. Ich war immer da, mit voller Power, und ich spiele jeden Gig, als wäre es der erste oder auch der letzte. Es gibt keine Ausrede und jeder kann sich 1000-prozentig auf mich verlassen. Ich hab den Airbag eingebaut und der gibt allen Sicherheit. Udo schrieb einmal in einem Social-Media-Post: »Wenn Berte da reinballert, dann weitet die Nachtigall ihre Flügel und da empfang ich dann diesen Groove, diesen Rhythmus, diesen Beat, und das hebt mich richtig hoch, uns alle, und dann heben wir ab, mit allen Boogie Woogie Mädchen und Woddys im Saal.«

Ich danke für das Kompliment! Aber ich war auch immer diplomatisch, bin nie wirklich ausgeflippt, habe dennoch stets meine Meinung gesagt. Man hört mir zu und ich höre anderen zu. Udo und Peter bauen auf meine Erfahrung – auf den Achtzylinder-Cadillac, der die Maffay-Maschine fährt und Udo im Segel davonträgt. Das zeugt von Respekt und gibt einem das Gefühl, gebraucht zu werden. Ich war ja schon dabei, als wir noch in »Schwarz-Weiß« spielten, bin also einer der letzten Dinosaurier. Aber immer noch hip. Und zwar deshalb, weil ich mich mit der Geschichte der Musik auseinandergesetzt und mich weitergebildet habe.

Anstatt am Prestige zu schrauben, Golf zu spielen und mir einen ganzen Fuhrpark an Oldtimern zuzulegen – wie es so manche im Rockbusiness schick finden –, habe ich mich ausschließlich für Musik interessiert. Deswegen auch mein historisches Verständnis und mein eigenes Wikipedia im Kopf über Leute, Bands und Platten.

Tatsächlich bin ich in Arenen groß geworden und hab kaum die harte Zeit der Clubgigs mit wenig Geld und Sichhochkämpfen erlebt. Ich war sofort der Star. Man hat mich da einfach reingeworfen … damals im Catcheranzug und noch halb nackt im Stehen spielend. So Keith-Moon-mäßig. Auf diese Weise bin ich aufgefallen. Nicht ganz unschuldig daran war meine frühe Affinität zum Glamrock. Es ging immer um Sonnenbrillen, ausgeflippte Outfits und Rock-'n'-Roll-Klischees. Da stehe ich heute noch drauf und ich empfinde diese Art von Drama als nahezu verpflichtend für eine gute Rock-'n'-Roll-Show.

Aber weil ich so früh ins Business reingerutscht bin, habe ich manche Facetten sozialer Kompetenz nicht erfahren. Man hatte zu viele Jasager um sich und die ganze Welt lag einem zu Füßen. Steffi Stephan war zwar mein zweiter Vater und passte auf mich auf, lebte aber in derselben Welt. Und wenn diese Leute dich mit Joints und Jack Daniel's aufziehen, während irgendwelche Lakaien für dich das Kleingedruckte erledigen, dann verliert man schnell den Bezug zur Realität. Der moralische Kompass war nicht da. Und dieses Defizit musste ich auszugleichen lernen.

Als mich Udo in den Olymp des Panikorchesters berief, war ich 17, fühlte mich wie ein Rockstar, hatte aber zu wenig Lebenserfahrung, um die Dinge reflektiert zu betrachten. Die Anfangsjahre waren für mich wie ein Trip, der ganz schnell zur Normalität wurde. Zum Glück hatte ich immer dieses konservative Alter Ego in mir. Wenn ich nach den Konzerten nach Hause fuhr und meine Mutter besuchte, anstatt dem After-Show-Modus zu verfallen, konnte ich der Verführung des Rock 'n' Roll einigermaßen entkommen. Auf diese Weise bin ich immer wieder in die Realität zurückgerutscht. Haschisch rauchen oder Acid Trips nehmen, nur um sich wegzublasen, das war nie mein Ding. Ich merkte, dass mich das ganze Zeug von meiner Persönlichkeit entfremdet, während das Koks eigentlich meine Persönlichkeit verstärkt hat. Ich war immer voller Energie, bloß kein Stillstand, sondern vorwärts und weitermachen – also Nase rein und los. Nur kann es vorkommen, dass ich als engagierter Mensch in der Euphorie schnell Feuer fange und Grenzen überschreite. In diesen Situationen ist mein Drumtech Benji ein Freund, der mir sagen kann, wenn's zu weit geht: »Pass mal auf, Engel, benimm dich jetzt und mach hier nicht auf Rockstar.«

Ich hatte das Glück, mit Musikern zu spielen, die erfahrener waren, als ich es damals war. Durch sie habe ich gelernt, wie wichtig es ist, den Spannungsbogen einer Show dynamisch zu gestalten, sodass man am Ende immer noch Kraftreserven abrufen kann. Aber auf dieses Wissen trifft man nur im Ernstfall – nämlich auf der Bühne.

Wenn ich mir die alte Aufnahme von 1977 ansehe, als wir mit Udo auf dem Zeppelinfeld in Nürnberg spielten, dann sehe ich, wie gigantisch der Enthusiasmus war. Aber es war noch unglaublich gezwungen.

Erst später verstand ich Musik besser und ich hörte mir clevere Leute an, um zu begreifen, worum es geht. Rock 'n' Roll … heavy, sweaty, swingy … das war's, was mich packte. Ich mochte den Roll mehr als den Rock. Rocken können viele, but to make the rock roll, das ist ein anderer Punkt. Es muss swingen! Zu jeder Zeit!

Mein ganzes Leben war ich mit den beiden größten deutschen Rockacts im Rampenlicht. Das Panikorchester war immer ein eigener Kosmos, der als homogene Band eine Gesamtwirkung ausstrahlte. Bei Maffay hingegen hatte ich den größeren Fokus als das Machtzentrum seiner Band. Folglich haftete irgendwann an mir dieses Image des Maffay-Trommlers. Dadurch fühlte ich mich jahrelang unterbewertet. Ich glaube, dass die Leute mich nie richtig begriffen haben. Trotzdem war ich einer der ersten deutschen Drummer, der auch mit internationalen Big Acts spielte – Robert Palmer, Joe Cocker, Jimmy Barnes und Bruce Springsteen. Aber in Deutschland hatte ich immer ein leichtes Ding anheften: »Der kann ja technisch nicht gut spielen.« Mit diesem Vorurteil hatte ich lange zu kämpfen. Eine Zeit lang dachte ich, als Schlagzeuger im falschen Land geboren zu sein. Aber das ist totaler Unfug. Ich bin zwar kein technisch ausgefuchster Trommler, weiß dafür aber, wie man ein Stadion rockt. Das ist nicht nur Party! Dahinter steckt verdammt harte Arbeit. Man braucht Selbstbewusstsein, Disziplin und Kreativität, um Shows in der Größenordnung überhaupt zu bezwingen. Dazu braucht es Gespür, und das hat sicherlich mit Talent zu tun, das einem in die Wiege gelegt wurde. Und dann hatte ich viel Glück. Mir war diese einzigartige Chance bewusst, und die wollte ich nicht vertun. Ich war plötzlich vorne in der ersten Liga. Und dann muss man hart arbeiten, kein Stillstand, immer weiter, kein Fake. Und am Ende kriegst du bestätigt, dass du richtigliegst.

ROCK 'N' ROLL IST NICHT TOT

»Ich erhebe mein Glas auf euch, auf alle, die jemals Teil dieses wundervollen Orchesters waren, von der Gründerzeit bis in die goldene Zukunft. Das wilde, wahnsinnige, crazy-glamouröse, legendäre one & only Panikorchester feiert unglaubliche 50 Jahre gemeinsamen Durchdreh-Lifestyle & Rock-'n'-Roll-Eskapaden, endlose Power und Freundschaft, stärker als die Zeit.«

Immerhin hat Udo seine Dankeshymne im Netz verbreitet. Aber eigentlich stand für 2023 das große Jubiläum »50 Jahre Panikorchester« an. Es war im Vorfeld von einer Tour die Rede, die aus irgendwelchen Gründen nicht zustande kam. Stattdessen veröffentlichte Udo gemeinsam mit Apache 207 den Song »Komet« und knackte mit Streams im dreistelligen Millionenbereich den Allzeitrekord. Ich gönne Udo, dass er den Kometen abgeschossen hat. Auch vor dem Hintergrund eines generationen- und kulturübergreifenden Songs. Aber Rock 'n' Roll definiere ich anders. Dieses Lied ist nicht mehr der Udo von damals mit dem Mädchen aus Ostberlin. »Komet« und der ganze Hype ist das Ergebnis cleveren Marketings – und das geht mir total auf den Keks. Die Generation vieler neuer Songs, die plötzlich aus der Wundertüte sprudeln und im Radio auf Rotation landen, basiert immer mehr auf den Strategien der KI. Nach meiner Auffassung sind diese Machenschaften zu verurteilen, weil die Kunst und all das, wofür wir immer gelebt haben, mit Füßen getreten wird.

Auch der Maffay-Song »Just You« ist für mich nichts anderes als weichgespültes Formatradio. Und dann setzt man da die Stimme von Anastacia drauf und schon wird das Ding Nummer eins. Das ist keine Welt mehr für mich. Trotzdem glaube ich fest an den Rock 'n' Roll und dessen Unsterblichkeit. Geil gespielt und voll in die Fresse. Die wahrhaftige Rock-'n'-Roll-Philosophie hat auch nach 60 Jahren ihre Identität nicht verraten. Selbst wenn die Vorzeichen sich ändern mögen, so gibt es heute immer noch Botschafter, die die Fahne hochhalten. Eine Band wie Paramore würde den Teufel tun, sich auf KI einzulassen. Diese Avantgardeband spielt mit voller Empathie und lebt den Rock 'n' Roll in seiner ganzen Dringlichkeit genau so, wie es die Pioniere in der frühen Aufbruchsstimmung getan haben.

Die Frage war nur, wie lange für mich diese Welt noch existieren würde. Udos Pläne schienen nebulös, und Peter hatte sich jüngst entschieden, nur noch eine letzte Tournee zu spielen. Tschüss und vorbei. Die Großmächte legten sich aufs Sofa, für mich aber bedeutete es eine massive Veränderung. Doch mit jedem Finale einer Episode rücken für gewöhnlich wieder neue Aufgaben auf den Plan. So kam es, dass mir über einen alten Freund aus Wesel das Demotape einer jungen Band zugespielt wurde. Als ich deren Sound und dazu die herausragende Stimme des Sängers hörte, war ich auf der Stelle davon überzeugt, diese Jungs produzieren zu müssen. Aëdon kommt aus dem Ruhrpott und steckt voller Potenzial zeitloser Popmusik. Ich aktivierte Peter Keller – seines Zeichens Gitarrist der Peter-Maffay-Band und Betreiber eines eigenen Tonstudios – und wir nahmen gemeinsam die Jungs unter unsere Fittiche. Nach einer Woche hatten wir eine Handvoll radiotauglicher Poptracks am Start. Seit Maffays *Begegnungen II* im Jahre 2006 war ich kaum noch als Producer in Erscheinung getreten, was sich jetzt änderte. Stillstand war nie eine Option, und diese Haltung wirkt wie ein Katalysator von Botschaften, die bestimmte Leute erreichen. Nicht ohne Grund trat im Mai 2023 Agent Tobias Stupeler an mich heran – Abteilung 007 in Sachen Industrieveranstaltung und Marketing. Dieses Segment war eine für mich unbekannte Welt. Aber ich ließ mich gerne davon überzeugen, dass ich das Zeug dazu hätte, in das exklusive Speaker-Territorium einzutreten. Und zwar als Prominenz deutscher Rockgeschichte mit der Lizenz zum Entertainen. Meine Passion, Geschichten aus dem Leben des Rock 'n' Roll zu erzählen und diese zu verknüpfen mit jenen Motivationsstrategien, die nachhaltige Rezepte des Selbstbewusstseins sichtbar machen, war der Schlüssel für ein Konzept, das bei Teamveranstaltungen von Konzernen gerne als suggestiv verpackter Unterhaltungsfaktor gebucht wird. So trat ich zum ersten Mal in der Funktion des Storytellers auf die Bühne. Ich hatte natürlich ein Ass im Ärmel, weil ich als Überraschungsgast auftauchte und live on stage erst mal ein paar Originaltracks legendärer Lindenberg- und Maffay-Nummern trommelte. Nach einem 30-minütigen Powerblock aus Musik und Storys schwebten

2500 Mitarbeiter eines Pharmaunternehmens ein paar Zentimeter über dem Boden. So was hinzukriegen ist auch Rock 'n' Roll. Und am Ende noch gut bezahlt.

DER SCHMETTERLING

Es ist der 25. Oktober 2023 und die Berggipfel ganz oben zeigen schon erste weiße Akzente. Anton ist unruhig und will raus. Wir drehen eine Runde durch den Wald, als die knirschenden Stratocaster-Chords, die ich meinem iPhone als Klingelton beigebracht habe, in die Stille des Mooser Forstes grätschen. Das Display zeigt »Unbekannte Nummer«. Eigentlich gehe ich bei so was ungern dran – schon gar nicht beim Waldspaziergang. Aber meiner Intuition folgend drücke ich dann doch auf »Annehmen« und hab Dany Dietz, die ehemalige Assistentin von EMI-Manager Harald Engel am Telefon. Sie kommt gleich zur Sache und erzählt vom niederländischen TV-Format *The Tribute – Battle of the Bands*, das von Cheerio Entertainment nun auch für den deutschen Sender SAT.1 produziert wird und 2024 zur Primetime ausgestrahlt werden soll. Für die Jury suche man noch einen Fachmann und sie hatte mich der Produktionsfirma als Musikexperten mit jahrzehntelanger On-Stage-Erfahrung vorgeschlagen. Es ginge um fünf Sendungen, in denen Tribute Bands im Stil von Roxette, Bon Jovi, Robbie Williams etc. hinsichtlich Performance und Musikalität beurteilt werden sollen. Und ob ich mir überhaupt vorstellen könnte, in einer Fernsehcastingshow Dieter-Bohlen-mäßig anzutreten. Die Euphorie schoss mir sogleich durch die Venen. Das hörte sich wie ein Lottogewinn an! Zur Primetime vor einem Millionenpublikum im Fokus zu sein und endlich mal aus dem schicksalhaften Schatten meiner Chefs Peter und Udo herauszutreten. Ich bemühte mich, am Telefon cool zu bleiben, bekundete aber durchaus mein Interesse an dieser Geschichte. Mir kam es vor, als würde gerade das Glück vom Himmel fallen, und ich hatte während des Telefonats völlig ausgeblendet, dass Anton schon eine ganze Weile wie wild an der Leine zerrte, um einer Kaninchenfährte abseits des Weges nachzujagen.

Tatsächlich ging jetzt alles unheimlich schnell. Ich war im Handumdrehen mit den Machern von Cheerio Entertainment verknüpft. Zum ersten Mal in meinem Leben bestritt ich so was wie eine Art Audition. Man interviewte mich und wollte herausfinden, wie souverän und abgebrüht ich die Befragung des TV-Castingteams bestehe. Das wurde alles per Video aufgezeichnet und den Chefs von SAT.1 vorgespielt. Dann hörte ich drei Wochen nichts. Es vergingen Tage, die mir unendlich lang vorkamen, zumal ich mit der unlustigen Abwicklung unserer EngelArt Lifestylelounge zu tun hatte, die in den Monaten zuvor immer weniger Gewinn abgeworfen hatte und deren Schließung aufgrund einer Prognose der Unwirtschaftlichkeit nun unausweichlich bevorstand.

Vielleicht hatten wir uns verzettelt oder waren zu naiv in unserer Vorstellung eines lukrativen Ladenlokals, das der Abhängigkeit vom Tourismus auf Dauer jetzt nicht mehr standhielt. Ständige Mieterhöhungen und rückläufige Umsätze legten uns den Strick um den Hals. Umso mehr brannte ich auf das Feedback von SAT.1. Eine wirtschaftliche Alternative musste her, zumal Peter Maffay die Beendigung seiner Karriere angekündigt hatte und sein definitiver Bühnenabschied mit der *We Love Rock 'n' Roll – Farewell Tour 2024* besiegelt war.

Dann endlich, am 24. November, kam der entscheidende Anruf. Cheerio teilte mir mit, dass ich den Posten hätte. Ich jubelte innerlich, während wir über Honorare und das ganze Prozedere sprachen. Schon in zehn Tagen sollte die Produktion anlaufen. Anfang Dezember traf ich das Team zum Dinner im Fletcher Hotel in Amsterdam, und hier wurden mir auch die beiden bis dato geheim gehaltenen Mitjuroren vorgestellt: Yvonne Catterfeld und Conchita Wurst. Yvonne hatte ich bereits 20 Jahre zuvor als aufstrebende Sängerin im Rahmen unserer *Aufmarsch-der-Giganten-*Tour mit Udo kennengelernt. Und Tom Neuwirth – alias Conchita

Wurst – ist ein netter und ganz normaler Typ in Jeans, der erst mit Perücke und Schminke zur Kunstfigur wird. Wir drei also sollten nun für den Unterhaltungswert der Sendung sorgen, wobei für die Jury eine thematische Arbeitsaufteilung nach Schwerpunkten vorgesehen war. Yvonne musste sich auf die Gesangsstärke der Acts konzentrieren, während Conchita die Bühnenauftritte und Kostüme zu beurteilen hatte und mir die Aufgabe zuteilwurde, die Performance nach Musikalität zu bewerten. Schon am nächsten Tag war der Ernstfall angesagt. Ich hatte meinen eigenen Chauffeur und wurde mit einem Mercedes 600 rockstarmäßig zum Talpa TV-Studio nach Hilversum gebracht. Es gab eine kurze Einweisung in die technischen Gerätschaften. Jeder hatte seinen Sessel, ein Pult und ein iPad, auf dem verschiedene Infos während der Sendung aufgespielt wurden. Außerdem diente das Tablet der Punktevergabe. Man wurde gebrieft, wie man vorteilhaft sitzt, wo die Kameras stehen und dass man mit der Punktevergabe respektvoll umgehen sollte. Nach einem Testdurchlauf war jetzt noch eine Stunde Zeit bis zum Beginn der ersten offiziellen Aufzeichnung. Während das Publikum eingelassen wurde, besprach ich mit der Garderobiere die verschiedenen Outfits, wobei Kleidungsstücke aus der Kategorie Produktplatzierung sofort in der No-Go-Tonne landeten. Kaum war ich aus dem Make-up raus und verkabelt, ging die Sendung los.

Die meisten der Bands wussten nicht, dass ich in der Jury sitze. Und als ich das Studio betrat, ging ein Raunen durch den Saal. Man hatte wohl Angst vor der professionellen Expertise. In der Sendung habe ich zwar das Image des erfahrenen Kritikers vertreten, versuchte aber mit meiner Wortwahl nett und sympathisch rüberzukommen. Während Yvonne und Conchita sich von der Euphorie manchmal hinreißen ließen und von ihren Sesseln aufsprangen und die Bands abfeierten, war ich der Reflektierte, der erst mal sitzen blieb, in sich ruhte und das Ganze im Kontext zu bewerten versuchte, was mich aber nicht davon abhielt, auch manche Sprüche abzulassen, die Moderator Matthias Opdenhövel wiederum aufgriff, um sie sarkastisch zu kommentieren. Und alle haben es total abgefeiert. Die ganze Produktion erschien mir wie ein Fantasyfilm, der schließlich am letzten Tag der Aufzeichnung in einem privaten Dinner mit John de Mol endete. Ich saß einem der reichsten Menschen der Welt gegenüber, einem Medienmogul, der *Big Brother* erfunden hat und aus dessen Feder auch das *Tribute*-Format stammt. De Mol wusste genau, wer ich bin. Er hatte mich ausgecheckt und lobte mein souveränes Auftreten vor der Kamera: »Sie machen das so, als hätten Sie es schon immer gemacht.« Mehr Ritterschlag konnte ich von einem Fernsehprofi nicht kriegen und unterschrieb einen Optionsvertrag für weitere *Tribute*-Folgen.

Die Zukunft sieht also nicht unrosig aus. »Hinterm Horizont geht's weiter« erhält plötzlich eine große Tragweite. Und sollten neue Berufszweige fruchten, wäre ich unabhängiger von den Großmächten und müsste mich nicht mehr verlassen auf Leute, die zehn Jahre älter sind als ich. Mein Umfeld nämlich scheint sich gerade zu verjüngen.

»The future is wide open.« Ich kann nicht leben ohne Bühne und Musik, weil Musik alles ist, woraus ich bestehe. Und jetzt könnte es richtig losgehen mit einer eigenständigen Karriere.

Und der Schmetterling verwandelt sich noch mal in was anderes.

ABSPANN

MACH MAL BITTE DAS LICHT AN

WOLFGANG HAFFNER

Es ist lange her, aber dieser Abend war nachhaltig. Die Udo-Lindenberg-Show bei der 1980er *Heizer*-Tour war nach Status Quo mein zweites großes Konzert, das ich damals als 14-Jähriger erlebt hatte. Bertram Engel war für mich ein Idol – ich hatte sogar Poster von ihm über dem Bett hängen. Und dann spielte Udo bei uns in Nürnberg. Ich stand vor der großen Bühne mit den bunten Lichtern, die wuchtigen Lautsprecher stemmten den betonschweren Sound und mir wurde klar: Eines Tages möchte ich auch auf solchen Bühnen stehen. Dieses Konzert hat mich nachhaltig bestärkt, Profimusiker zu werden. Lange Jahre schwelte in mir der Wunsch, Bertram einmal persönlich kennenzulernen. Im März 1993 sollte es endlich so weit sein. Ich spielte mit Konstantin Wecker in Leipzig auf dem Augustusplatz im Rahmen der »Gewalt-ätzt«-Veranstaltung. Es war Schneesturm und auf der Bühne wurden Heizkanonen aufgestellt. Auch Peter Maffay trat auf und Bertram kam gerade aus dem sonnenverwöhnten L. A. eingeflogen. Ich sehe das Bild noch vor Augen, als wäre es gestern, wie der Typ da in T-Shirt und Sonnenbrille im Schneesturm auf der Bühne sitzt. Abends nach der Show trafen sich alle möglichen Leute noch im Hotel – da waren Gott und die Welt, Freunde, Typen, Gestalten. Es war eine der typischen Rock-'n'-Roll-Nächte, in denen Storys ihren Ursprung finden. Bertram und ich waren die Letzten am nächsten Morgen und dann höre ich ihn sagen: »Wolfgang, mach mal bitte das Licht an.« Ich entgegnete: »Bertram, nimm einfach deine Sonnenbrille ab.« Solche Momente werde ich nie vergessen, wie keine unserer vielen Begegnungen in den letzten 30 Jahren.

Bertram ist ein herzlicher Zeitgenosse und für mich nach wie vor mit all seinem Wissen eine Institution in der Musik. Wir haben viel gemeinsam gelacht und uns unzählige Male alte Elvis-Platten angehört oder Bryan Adams mit Mickey Curry und dabei die Spielweisen der Trommler analysiert. Seine Begeisterung für Musik ist regelrecht ansteckend. Auch wenn er alles im Großen erlebt hat und seit Dekaden im Rock-'n'-Roll-Business Maßstäbe setzt, so hat er sich trotzdem diesen jugendlichen Elan bewahrt – diese Neugierde. Er ist immer auf der Suche nach dem Optimum. Und er gibt immer alles. Das ist die große Kunst.

Was Bertram spielt, klingt vermeintlich einfach. Ist es aber nicht. Das ist musikalisch hochkomplex, wo er den Backbeat setzt und wie er den Puls der Bassdrum atmen lässt. Die Massen mit Piff-Paff zum Toben zu bringen, beruht auf einer immensen Erfahrung und Reife. Er hat diese Präsenz und alle drehen durch. Keiner verfügt im Ansatz über diesen Punch. Bertram ist ein Charakterspieler, Kapitän und Säule jeder Band. Und egal mit wem er spielt, am Ende klingt es immer nach Bertram Engel. Für mich ist er ein Musiker von Weltformat. Ohne Bertram Engel, ohne Phil Collins und ohne Steve Gadd wäre meine musikalische Identität heute womöglich eine andere. Daher empfinde ich einen tief empfundenen Dank für den Kerl. Ich schätze ihn gleichermaßen als Menschen und bin froh, dass ich ihn als Freund in meinem Leben habe.

IM RAHMEN DER MÖGLICHKEITEN

PETER MAFFAY

Wir hatten uns in den Kopf gesetzt, mit drei Schlagzeugern eine Passage zu spielen. Ich glaube, das war auf der *Niemals-war-es-besser*-Tour. Berte der Leuchtturm, Charly an der Percussion und Pascal, der ein gutes Rhythmusgefühl hat und gewisse Pattern mitspielen konnte, war am zweiten Drumset. Und jetzt versuchten alle zu zeigen, was sie so draufhatten. Sichtlich genervt von der übereifrigen Musikantenfreude, unterbrach Bertram die Probe, erhob sich hinter seinem Schlagzeug und griff zum Mikrofon. Es war plötzlich Stille im Raum. Dann sagte Bertram in einem zynischen Lehrmeisterton: »Könntet ihr bitte im Rahmen eurer Möglichkeiten bleiben.« Das war gnadenlos! Wir haben uns bepisst vor Lachen. Aber ich fand es irgendwie auch charmant.

Bertram ist eine Institution, und ich habe oft beobachtet, wie viele seiner Kollegen ihm mit großer Ehrfurcht begegnen. Gleichzeitig ist er ein guter Lehrmeister. Das schätze ich sehr an ihm. Es gibt Leute, die Schwierigkeiten haben, ihr Wissen an andere weiterzugeben. Aber Berte ist jemand, der sagt: »Pass auf, so geht das.« Und dann steigt er von seinem Olymp runter und ist auf Augenhöhe mit seinen Schülern. Er macht das sehr gut.

VOM ZAUBERLEHRLING ZUM WELTMEISTER

UDO LINDENBERG

Sein Talent sprach sich rum im westfälischen Gebüsch. Als ich Berte am Schlagzeug hörte, da kriegte ich lange Ohren und mein Hut aufm Kopf rotierte. Da war er gerade 16 oder so und ich wusste: Das ist jetzt der Zauberlehrling. Im Grunde ist die Trommelei schwer zu erklären. Sie hat geradezu mit genetischen transzendentalen Feldern und Schaltkreisen zu tun. Wie alle außerirdischen Phänomene. Damals hatten wir in Münster einen Proberaum – direkt an der B54. An dieser Bundesstraße zwischen Gronau und Münster, genau da in der Mitte, da taucht das Phänomen besonders häufig auf. Da haben es die Götter besonders gut gemeint mit den Trommelwissenschaften. An dieser Straße entlang flossen Energieströme auf wundersame Weise. Die Amis haben ihre Route 66 und wir in Deutschland die B54. Da sind wir alle geboren – ich, der Bertram, Steffi und auch Karl Brutal kommt daher. Berte hat mich auf Anhieb überzeugt – der brachte das kosmische Talent mit. Vom Zauberlehrling zum Weltmeister – dieser Weg war für ihn vorbestimmt.

Es gibt zwei Motoren im Panikorchester: den Trommler und den Sänger. Und da ich auch selbst Trommler bin, haben wir eine Art Familienstil. Und dann ist da dieser geile Schinken-Groove und ich bin die Nachtigall, breite die Flügel aus und gleite in die Thermik.

Bertram ist das Gesetzbuch der Trommler. Jeder Trommelschlag ist Gesetz! Die Heilige Schrift. Goldene Trommelstöcke in den Himmel gemeißelt.

PÜNKTLICHKEIT, AUFMERKSAMKEIT UND ENGAGIERTHEIT

STEFFI STEPHAN

Als Bertram Mitte der 70er zu uns kam, war er von seiner schlagzeugerischen Substanz gut aufgestellt. Er hatte total überzeugt. Auch von seiner Art des exaltierten Auftretens passte er hervorragend ins Panikorchester und war sich nicht zu fein, im Catcheranzug aufzutreten. Wir alle wollten auf der Bühne Charaktertypen darstellen und jeder sollte in seiner eigenen Rolle auffallen – gemäß unserem Motto: *Das Auge hört mit.*

Ich bin zehn älter als Bertram und war ihm Jahre an Erfahrung voraus. Auf Bitten seiner Mutter übernahm ich eine Art Aufpasser- und Vaterrolle für ihn. Mir war bewusst, dass ich Bertram von Anfang an reinen Wein einschenken musste. Ich wollte ihm nicht verheimlichen, auf was für ein gefährliches Business er sich einließ.

Wir alle hatten unsere Träume damals und rochen an der Lunte, die von den Beatles und Stones gezündet wurde. Aber die Realität bot wenig Platz für Fantastereien. Und die Illusion von Musikerkameradschaften und Bandabenteuern musste ich ihm nehmen. Stattdessen brachte ich ihm bei, dass er sich im Business auf einen Knochenjob einzulassen hatte. Udo Lindenberg und das Panikorchester sind eine knallharte Profigeschichte. Unabhängig davon, dass ich Mitbegründer vom Panikorchester bin, war Udo immer der Chef. Er ist es, der im Endeffekt alles zu entscheiden hat.

Wie ein alter Opa habe ich Bertram die strategischen Tugenden eingetrichtert: Pünktlichkeit, Aufmerksamkeit und Engagiertheit. Das hat er sich zu Herzen genommen und seine ganze Haltung nach diesem Kompass ausgerichtet. Mit ganzer Konsequenz zieht sich diese Gewichtung durch Bertrams Leben. Er hat noch nie jemanden hängen lassen.

Selbst wenn er hundert mal »Rudi Ratlos« getrommelt hat, könnte es sein, dass die beste Version noch kommen wird. Also spielt er den Song nicht einfach weg, sondern opfert seine ganze Empathie dem bewussten Moment. Berte hat sich all die Jahre immer bemüht, für den Künstler und den Song das Beste zu geben. Es ist ein Teil des Erfolgsrezepts und macht im Endeffekt die Qualität der Rhythm Section vom Panikorchester aus.

Ich habe mit vielen guten Trommlern gespielt … Simon Phillips, Billy Cobham, Keith Forsey, Mark Schulman, Marco Minnemann, Curti Cress … aber den besten Groove kriege ich mit Berte zusammen. Natürlich habe ich mit ihm jahrelang gespielt, was das Verständnis untereinander formt. Zugleich hat musikalisches Vertrauen auch mit menschlicher Nähe zu tun.

Diese sogenannte Pflegevaterschaft für Bertram habe ich nie als Belastung empfunden. Ganz im Gegenteil. Für mich war es eine Ehre, dem Jungen aus Burgsteinfurt das harte Business behutsam beizubringen. Es mag an meinem Wesen liegen, dass ich andere immer schon gerne von meinen Erfahrungen profitieren ließ. Darin steckt auch eine tiefe Freude. Man gibt sie weiter und auf gleiche Weise kommt sie als Geschenk zur dir zurück.

Das gegenseitige Empfinden von Freude ist letztlich das, was eine Freundschaft ausmacht.

S-CLASS

ERIC BURDON

Bertram has the name of an angel but plays like a devil. They say that Germans make great machines. Bertram is definitely a Mercedes S-Class.

DANKSAGUNG

Ein großes Dankeschön an all die Menschen, die mich im Lauf der Jahre in meiner Arbeit unterstützt und inspiriert haben, vor allem an:

Christiane Hetzel
Dr. Ralf Rohmann
Ansgar Borgmann
Steffi Stephan
Karl Allaut
Frank Diez
Peter Keller
Ken Taylor
Felicia Taylor
Thomas Passmann
Harald Engel
Dany Dietz
Dr. Matthias Grundmann
Dr. Jörg Hammer
Thomas Steinberg (WDR)
Nadine Gruenfeld (Cheerio)
Maui Michael Maurer (Cheerio)
Christian Koch (Sabian Cymbals)

Stanley Strobel (Rohema Sticks)
John Good (DW Drums)
Scott Garrison (DW Drums)
Nico Nevermann (GEWA)
Volker Träuptmann (Drumsigns)
Tobias Stupeler
Christian Burmeister
Tom Schäfer
Jens Puppe
Benjamin Johl
Klaus-Peter Fehr
Wolfgang Treutler
Wilfried Wacker
Jochen Fischer
Peter Maffay
Daniel Maurer
Hans Gemperle
Fabian Schulte-Terboven (Think Big)
Balou Temme (R. I. P.)
Dr. Issam (R. I. P.) und Erika Nasrawi
Nina und Tim Gawert
Albert Luppart
Udo Lindenberg
Jean-Jacques Kravetz
Pascal Kravetz
Arno Köster
Frank Bartsch
Andre Kolb
Helmut Götz
Alisa Wessel
Abdel Barhoul
Jim Rakete
Sandra Hofer
Frank Bruns

Sibi Siebert
Mag. Rainer Partl (Treuhand-Union Innsbruck)
Nino de Angelo
Peter Koobs
Wolfgang Haffner

Besonderer Dank gilt meinen Vorbildern:

Viv Prince (Pretty Things)
Mitch Mitchell (Jimi Hendrix Experience)
Elton John
Nigel Olsson (Elton John)
Ray Cooper (Elton John)
Ringo Starr (The Beatles)
Simon Kirke (Free)
Roger Taylor (Queen)
Jamie Oldaker (Eric Clapton)
Mickey Curry (Bryan Adams)
Edgar Winter
Jon Smith (Edgar Winter's White Trash)
Bobby Ramirez (Edgar Winter's White Trash)
Phil Rudd (AC/DC)
Jim Keltner (Ry Cooder)
Graham Lear (Gino Vannelli)
Udo Lindenberg

Der größte Dank geht allerdings an die Liebe meines Lebens, meine Frau Petra. Ohne ihre Inspiration, ihren Ideenreichtum und ihre ständige Unterstützung wäre dieses Buch nie entstanden. Ich liebe dich für immer, mein Hörnchen.

ENGELPEDIA

1957

Am 27.11. um 14 Uhr kommt Bertram Lutz Wilhelm Passmann im Ev. Krankenhaus in Burgsteinfurt (Münsterland) zur Welt.

1965

Initialzündung für Bertrams Leidenschaft: die Fernsehübertragung der Beatles aus dem New Yorker Shea Stadium.

Am 01.08. verunglückt Bertrams Vater Wilhelm bei einem Segelflugzeugabsturz tödlich.

Der Klavierunterricht bei Trude Sturm nimmt seinen Anfang.

1968

Die Rolling Stones treten mit »Jumpin' Jack Flash« in der Fernsehsendung *Beat-Club* auf. Dieser Titel wird zu Bertrams erklärter Definition des Rock 'n' Roll.

1970

Bertrams Mutter kauft für 300 D-Mark ein gebrauchtes Schlagzeug der Marke Tromsa.

Die Schülerband Agnostos Theos wird gegründet.

1972

Am 16.12. spielt Fancy (ehemals Agnostos Theos) im Vorprogramm von Atlantis.

Bertram ist Mitglied in verschiedenen regionalen Rocktrios.

1973

Abschluss der Mittleren Reife

Bertrams neun Jahre älterer Bruder Thomas gründet im Herbst die Band Lolita.

Im Proberaum des Panikorchesters spielt Bertram – gerade erst 16 Jahre – zum ersten Mal spontan mit Udo Lindenberg den Song »Jonny Controlletti«.

Erstes selbst gekauftes Schlagzeug: ein Set der Marke Ludwig im Oyster Green Pearl Finish (1300 D-Mark)

Unbewusste Audition für die Band Karthago

1974

Einziger Auftritt mit Lolita auf einem Krautrockfestival in den Hammer Zentralhallen

Am 27.09. erfolgt die Abmeldung vom Gymnasium Arnoldinum in Burgsteinfurt.

Studienbeginn an der Westfälischen Wilhelms-Universität Münster in den Fächern Klavier und klassisches Schlagwerk

1975

Gründung der Band Gebrüder Engel

Bertram nimmt den Künstlernamen Bertram Engel an.

Erstes Engagement als Studioschlagzeuger für das Projekt Jackboot

1976

Erste Studioarbeit mit Udo, für die Filmmusik zu *Nordsee ist Mordsee*

Bertram trommelt ein paar Tracks auf Udo Lindenbergs Album *I Make You Feel Good.* (Mit allen Mitgliedern des Panikorchesters, aber veröffentlicht unter dem Alias Das Waldemar Wunderbar Syndikat.)

Bertram wird Mitglied im Panikorchester.

Bertrams erste Tour mit Udo Lindenberg: *Galaxo Gang* startet am 02.03. mit einem Promotion-Konzert in Stadthagen und endet am 24.04. in der Dortmunder Westfalenhalle.

Abbruch des Studiums in Münster
Die Debüt-LP *Gebrüder Engel* entsteht im Star-Musikstudio in Hamburg. Wohngemeinschaft mit Steffi Stephan in Hamburg.

1977
Trip nach London und Fernsehauftritt mit dem Panikorchester in der britischen Rocksendung *The Old Grey Whistle Test*
Bertram zieht mit seiner Freundin Claudia auf den Hof von Steffi Stephan nach Havixbeck.
Durch die bewusste Einnahme spezieller Mittelchen wird Bertram ausgemustert und entgeht der Einberufung zur Bundewehr.
Peter Maffay besucht das Lindenberg-Konzert im Deutschen Museum in München.

1978
Erste Studioarbeit für Peter Maffay am Album *Dein Gesicht*
Erste Tour mit Peter Maffay: *Dein Gesicht* (13.03.–31.03.)

1979
Bertram spielt die Drumtracks für das Marius-Müller-Westernhagen-Album *Sekt oder Selters* ein.
Steffi Stephan wird von Bertram in die Peter-Maffay-Band geholt.
Das Maffay-Album *Steppenwolf* wird Bertrams erste Goldene Schallplatte.
Die ewige Sonnenbrille wird zu Bertrams Markenzeichen.
Während der *Dröhnland*-Tour stürzt eine Lichttraverse auf die Bühne und zerstört die aufgebauten Instrumente des Panikorchesters völlig.
Am 16.06. treten Udo Lindenberg und die Gebrüder Engel beim ersten Rock gegen Rechts in Frankfurt auf.
Während des Urlaubs in Griechenland trennt sich Bertram für immer von seinen langen blonden »Engelslocken«.
Im Herbst wird *Skandal* als zweites Album der Gebrüder Engel veröffentlicht.

1980

Udopia-Sessions mit Udo Lindenberg auf den Bahamas

Am 08.12., dem Tag, an dem auch John Lennon erschossen wird, begegnet Bertram in Nassau (Bahamas) zum ersten Mal Robert Palmer.

Erstes internationales Projekt mit der Band Eric Burdon's Fire Department

Hochzeit mit Claudia und Umzug von Havixbeck nach Münster in eine Mietwohnung

Die Gebrüder Engel veröffentlichen ihr drittes Album *Magengesicht*.

1981

Bertram steigt bei Gebrüder Engel aus.

1982

Bei drei Supportshows für die Rolling Stones im Juni und Juli werden Peter Maffay und Band mit Tomaten und Eiern beworfen.

1983

Erstes Tabaluga-Album: *Tabaluga oder die Reise zur Vernunft*

Die Gründung der niederländisch-deutschen Band The Raiders of the last Corvette ist der Beginn einer langen Zusammenarbeit Bertrams mit Carl Carlton.

Bertram bringt Keyboarder Hendrik Schaper ins Panikorchester.

1984

The Raiders of the Last Corvette lösen sich auf.

Bertram prägt den Satz »Mit alten Männern spiel' ich nicht«.

Bertram spielt einige Konzerte mit The Pretty Things.

1985

Bertram und Frank Diez realisieren das Projekt Average Businessmen.

Bertram spielt die Drumtracks auf Tony Careys Album *Blue Highway* und lernt dabei den australischen Rockmusiker Jimmy Barnes kennen.

1987

Nostalgisches Revival der Gebrüder Engel in Originalbesetzung. Das einmalige Konzert fand in Münster im Jovel statt und wurde als Live-LP mit dem Titel *Watt 'ne Welt* veröffentlicht.

Das Pretty-Things-Album *Out of the Island* erscheint (live aufgenommen im Jovel in Münster).

1988

Videodreh mit Stephan Remmler in Brasilien

Ende der Ehe mit Claudia

Bertram und Carl Carlton werden Peter Maffays Produzenten.

Ausstieg beim Panikorchester. Das vorerst letzte Konzert mit Udo findet in Berlin auf der Wuhlheide statt.

Gründung der Rockband New Legend

1989

Das erste von Bertram und Carl Carlton produzierte Maffay-Album *Kein Weg zu weit* erhält Platin.

Bertram lernt in den Dierks Studios seine künftige Lebensgefährtin Miriam kennen.

Showcase von New Legend am 16.12. im Jovel in Münster

1990

Ausstieg aus der Maffay-Band

Konzerte mit New Legend in Amerika

1991

Rückkehr zur Maffay-Band

Bertram und Carl Carlton produzieren das Maffay-Album *38317* (»Liebe«).

1992

Das Aus von New Legend

Während einer Studioproduktion für Stephan Remmler in München lernt Bertram den Bassisten Klaus Voormann kennen.

1993

Clubtour *Vamos* mit Stephan Remmler

1994

Studioproduktion des Albums *Leopardefell* mit Wolfgang Niedecken

1995

Rückenoperation nach einem verschleppten Bandscheibenvorfall (19.01.)

Tour mit Niedecken und der *Leopardefell*-Band

Am 09.07. kommt es zum überraschenden »Hungry Heart«-Videodreh mit Bruce Springsteen in Berlin.

Recordings mit Jimmy Barnes im Red Rooster (zu »Lover Lover« und »No Second Prize«)

Bertram und Carl Carlton produzieren das Maffay-Album *96*.

Promotion-Shows mit Robert Palmer in Köln und Paris

Über Weihnachten dreiwöchiger Aufenthalt mit Peter Maffay in Australien, denkwürdiger Videodreh in der »dritten Bucht«

1996

Reunion des Panikorchesters anlässlich von Udos 50. Geburtstag am 17.05.

Der für Jimmy Barnes produzierte Titel »Lover Lover« steigt in die Australian Top Ten Single Charts ein.

1997

Dreimonatige *Hits-Again*-Tour durch Australien mit Jimmy Barnes

Konzert mit Joe Cocker am 09.03. in Melbourne (Grand Prix After Race Show)

Weitere Shows mit Jimmy Barnes als Support für Tina Turner in Neuseeland

Studioarbeit für Robert Palmers Album *Rhythm & Blues* in den Digital Studios auf Capri

1998

Bertram und Carl Carlton produzieren das Maffay-Konzeptalbum *Begegnungen.*

Videodreh in Australien mit Yothu Yindi sowie in den USA mit Keb' Mo'

1999

Bertram und Carl Carlton produzieren das Maffay-Album *X*

Gründung der Band Carl Carlton & the Songdogs

Bertram lernt während der Produktion des Songdogs-Albums *Revolution Avenue* den Schlagzeuger Levon Helm (The Band / Bob Dylan) kennen.

Benjamin »Benji« Johl wird Bertrams Drumtech.

2000

Bertram und Carl Carlton produzieren das Maffay-Best-of-Album *Heute vor 30 Jahren* (mit neu aufgenommenen Titeln).

2001

Im Amphitheater in Xanten trifft Bertram am 31.05. zum ersten Mal seine zukünftige Frau Petra.

Während der Terroranschläge vom 11. September befindet sich Bertram mitten in New York City.

2003

Letzte Arbeit von Bertram und Carl Carlton als Maffays Produzententeam beim Album *Tabaluga und das verschenkte Glück*

Am 26. September stirbt Robert Palmer (die Maffay-Band probte gerade in Potsdam für die Tabaluga-Tour).

2004

Lindenberg-Tour *Aufmarsch der Giganten* zum 30. Jubiläum des Panikorchesters (05.02.–15.02.)

2005

Die Maffay-Band reist nach Afghanistan und spielt mehrere Shows im Bundeswehrcamp Warehouse in Kabul.

Bertrams Lebensgefährtin Miriam stirbt am 10.08.

2006

Gemeinsam mit Kader Kesek tritt Bertram noch einmal als Produzent für Peter Maffay in Erscheinung. Es entsteht das Album *Begegnungen – Eine Allianz für Kinder*.

2008

Hochzeit mit Petra am 19.06. im Domhotel Köln

2010

Aufnahmen mit Paul Young (22.05., Red Rooster in Tutzing)

Petra und Bertram gründen das Joint Venture Rhythm & Art, eine Kunstgalerie und Drumschool.

2011

Die Aufnahmen von Bertrams frühem Projekt One-Or-Zero mit Hendrik Schaper werden nach 30 Jahren von Sireena Records unter dem Titel *Lost Album* veröffentlicht.

2013

Bertram und Petra ziehen nach Österreich.

Eröffnung der EngelArt Galerien in Seefeld, Tirol

2014

Am 9. September stirbt Bertrams Mutter.

2019

Songdogs-Reunion-Tour *Reunion On Revolution Avenue* (in der Originalbesetzung aus dem Jahr 2000)

2020

Maffay-Tour zum 50. Jubiläum: *Jetzt! – Für immer jung* (Start am 26.02.)

Tourneeabbruch am 01.03. in Berlin, weil Ken Taylor sich verletzt hat sowie wegen der aufkommenden Covid-19-Pandemie

Auch die Lindenberg-Tour *Live 2020* wird aufgrund der Pandemielage abgesagt.

2021

40 Jahre nach Gründung von Raiders of the last Corvette werden die bis dato verschollenen Studioaufnahmen als *From the Stable – The Lost Tapes* veröffentlicht.

Am 6. August stirbt Roland »Balou« Temme – der langjährige Veranstalter des Panikorchesters, dem alle freundschaftlich verbunden waren.

2022

30 Jahre nach dem New-Legend-Desaster wird ihr Album *Dangerous Mission* auf Streamingplattformen gelistet.

2023

Am 21.03. stirbt Carola Kretschmer, die ehemalige prägende Gitarristin des Panikorchesters.

40-jähriges Tabaluga-Jubiläum: TV-Gala am 10.04. und Veröffentlichung des Albums *Tabaluga – Die Welt ist wunderbar*

Am 13.08.2023 hat das Panikorchester 50-jähriges Jubiläum. Eine geplante Tournee findet nicht statt.

2024

Maffay-Abschiedstour *We Love Rock 'n' Roll – Farewell Tour 2024* (21.06.–20.07.)

Zusammen mit Yvonne Catterfeld und Conchita Wurst sitzt Bertram in der Jury der SAT.1-Show *The Tribute – Die Show der Musiklegenden*.

REGISTER

A

B

C

D

E

F

G

H

I

J

K

L

M

N

O

P

Q

R

S

T

U

V

W

Y

Z

ÜBER DIE AUTOREN

Bertram Engel stammt aus Burgsteinfurt in Westfalen und studierte Musik mit Hauptfach Schlagzeug in Münster. Nach ersten Banderfahrungen mit seinem älteren Bruder Thomas spielt er seit Mitte der 1970er-Jahre als Schlagzeuger bei Udo Lindenberg und Peter Maffay. Außerdem komponiert und produziert er für beide und viele weitere Musikkünstler. International spielte er unter anderem mit Bruce Springsteen, Robert Palmer, Joe Cocker und Eric Burdon. Ab August 2024 ist er Jurymitglied der Sat.1-Show *The Tribute – Die Show der Musiklegenden.*

Tom Schäfer publiziert als Musikjournalist seit 35 Jahren in deutschen Print- und Digitalmedien. Er veröffentlichte Hunderte von Interviews mit der Prominenz internationaler Popstars sowie Investigativstorys über Protagonisten der Subkultur. Seine Expertisen haben die Schlagzeugszene mitgeprägt. Als Musiker trommelte er für deutsche Acts. Seine unikalen Percussionsounds finden sich auf Schallplattenproduktionen wie auch in der Library mancher Electronic Drums. Als Autor veröffentlichte er DVDs und Fachbücher. Tom Schäfer lebt im Bergischen Land und in Umbrien.